60

تاريخ العلاقات المغربية الصينية

摩中
合作60年

(1958—2018)

【摩洛哥】纳赛尔·布希巴 / 著

Nasser BOUCHIBA

南方出版传媒 花城出版社

中国·广州

图书在版编目（CIP）数据

摩中合作60年 /（摩洛哥）纳赛尔·布希巴著. -- 广州 : 花城出版社, 2021.3
ISBN 978-7-5360-9404-8

Ⅰ. ①摩… Ⅱ. ①纳… Ⅲ. ①中外关系－友好往来－摩洛哥 Ⅳ. ①D822.241.6

中国版本图书馆CIP数据核字(2021)第040940号

著作权合同登记号　图字：19－2021－016号
本书为中国花城出版社与摩洛哥 Librairie Dar Alamane 出版社合作出版项目

出 版 人：肖延兵
策划编辑：林宋瑜
责任编辑：刘玮婷　揭莉琳　林　菁
技术编辑：凌春梅
封面设计：书窗设计

书　　名　摩中合作 60 年
　　　　　MO ZHONG HEZUO 60 NIAN
出版发行　花城出版社
　　　　　（广州市环市东路水荫路 11 号）
经　　销　全国新华书店
印　　刷　佛山市迎高彩印有限公司
　　　　　（佛山市顺德区陈村镇广隆工业区兴业七路 9 号）
开　　本　787 毫米×1092 毫米　20 开
印　　张　14　2 插页
字　　数　200,000 字
版　　次　2021 年 3 月第 1 版　2021 年 3 月第 1 次印刷
定　　价　69.80 元

如发现印装质量问题，请直接与印刷厂联系调换。
购书热线：020－37604658　37602954
花城出版社网站：http://www.fcph.com.cn

谨以此书

献给我的父母 Rabea & Tayeb

感谢他们认可并支持

我在中国学习和工作的二十余年

愿中摩关系的研究所获得的小贡献

让他们在天之灵安息

以“互利共赢”原则指导中摩合作

——《摩中合作60年》序

郭忠华*

一年多前的景象仍然历历在目。2019年6月8日，我与肖滨教授走出摩洛哥卡萨布兰卡机场，与前来迎接的纳赛尔博士一同驱车前往首都拉巴特。汽车首先行进在一片开阔而翠绿的平原上，其中偶尔点缀着悠闲的畜群，高耸的清真寺塔楼不时从眼前晃过。进入拉巴特之后，则是一条条宽阔的林荫大道、一排排鳞次栉比的楼房。没有肮脏和杂乱，没有贫穷和忧郁的人群，相反，一切都显得那么祥和、那么富有生气。这些景象瞬间打破了我脑海中长期形成的“非洲”印象。而随后肖滨教授的一句“摩洛哥是非典型非洲国家”，则使我意识到这种印象冲击非我独有。

对大多数中国人而言，摩洛哥是一个遥远和陌生的国度。但实际上，尽管两国在空间上相隔万里，却有着诸多相似的历史经历：都曾遭受西方列强的侵略、都在20世纪中期实现国家主权独

---

* 郭忠华，江西万载人，2004年获复旦大学政治学博士学位，现为中山大学政治与公共事务管理学院教授、博士生导师、广东省珠江学者特聘教授，主要研究领域为政治学理论和当代中国政治，在《中国社会科学》《政治学研究》、*Citizenship Studies* 等学术期刊上发表论文上百篇，出版中英文学术著作20余部，主持国家社会科学基金重大项目等研究课题10余项。

立、都奉行不结盟的外交政策、都强调以独立自主方式发展本国经济……两国的友好交往可以远溯至元朝。1346年，摩洛哥旅行家伊本·白图泰来到中国泉州，此后一直游历到元大都，沿途留下了丰富的记述。他的游记影响了一代又一代摩洛哥人。1956年摩洛哥独立后，两国的交流则更显频繁：在政治领域，两国领导人一直保留着密切友好的互访机制，从1959年至今，中国先后派驻16任大使，摩洛哥则派驻了10任；在经济领域，从1958年签订第一个贸易协定到2017年，中国已成为摩洛哥第三大贸易伙伴，两国进出口总额超过425.34亿迪拉姆（约合42.06亿美元）；在文化领域，从1957年中国第一次参加在卡萨布兰卡举行的国际博览会至今，两国已在教育、科学、文化、出版、广播、体育、艺术、汉语学习等诸多领域展开合作，已建立起多个孔子学院、中国文化中心等交流平台。事实证明，中摩关系走过了一段辉煌而丰硕的历程。

但在国际关系领域，“现实主义”被看作是国际援助的基本范式，认为国际援助是国内政治的延伸，援助国之所以实施国际援助，在于受援国能够给援助国带来实实在在的利益，如形成国际同盟或者带来发展资源。摩根索指出，发达国家提供的任何援助本质上都是政治性的，自身国家利益是对外援助唯一和根本的目的；被誉为现实主义援助范式研究之发起人的史提芬·胡克则认为：“发达国家，尤其是美国与法国的援助动机纯粹是出于自身国家利益而并非人道主义。在这种以单方面援助国利益为导向的关系中，确保受援国的依赖是至关重要的。”[①]现实主义范式是对发达国家对外援助政策的总结，反映了发达国家自利的援助动机。在这种动机的驱使下，发展中国家很难获得真正的发展，最终导致的结果很可能是“依附理论”所表明的“对帝国主义的依附”[②]。

---

① 以上有关摩根索和胡克的引文请参阅本书前言，第5页。

② 参阅：[巴西]特奥托尼奥·多斯桑托斯：《帝国主义与依附》，杨衍永、齐海燕、毛金里、白凤森译，社会科学文献出版社，1999。

有着共同苦难经历的中摩两国是否注定必须重蹈“现实主义”的覆辙？半个多世纪以来的中摩合作史表明，答案完全是否定的，发展中国家之间完全可以开辟国家间合作的新范式——互利共赢范式。正如本书前三章所表明的，中摩两国在政治上存在着诸多共同利益，在经济上存在着诸多互补性领域，在文化上存在着诸多值得广泛交流的主题。把握好这些共同点，两国完全可以实现互利共赢。20世纪中期以来“南南合作”的历史表明，发展中国家之间的平等合作是抵制发达国家巨大虹吸力的基本手段，而60年来的中摩合作则堪为“南南合作”的典范。《摩中合作60年》全面展示了中摩两国基于“互利共赢”原则基础上所取得的成果。在我看来，本书的特色主要有以下方面：

第一，阐明了中摩两国60年合作所围绕的主轴——“互利共赢”原则。在本书开篇，作者即对西方发达国家所奉行的现实主义原则进行检视，指出这一合作原则所必然导致的问题。在这一基础上，以对中摩两国交往与合作的历史梳理作为基础，表明两国合作所围绕的是“互利共赢”这一新型原则，并把这一原则作为全书的指导思想。互利共赢原则不仅是对中摩两国60年合作史的理论提炼，而且构成了与现实主义相对立的新型国际合作原则。从这一角度而言，本书的理论贡献是明显的。

第二，全书的系统性。以互利合作原则作为指导思想，作者分别从两个维度对中摩互利合作所取得的成果展开分析：首先是“要素之维”，即从政治、经贸、文化角度表明中摩60年合作所取得的丰硕成果；其次是“时间之维”，即依据时间线索对不同时期的中摩合作展开分析。两个维度结合在一起，全面展现了中摩60年合作的恢宏画卷。

第三，资料的完备性。如作者所言，有关中摩关系史的原始研究材料仍然十分阙如，但从本书可以看出，作者花费了大量的时间来搜集和整理相关资料。其中既包括中摩两国政府签署的双边协议和备忘录等，也包括两国出版的报纸、期刊以及政府部门网站所发布的数据等。可以肯定，本书可以为中摩关系史的未来研究提供诸多难得的材料。尤其值得肯定的是，作者对诸多人物和事件进行了详细注解，使读者能够对书本内容形成更加深入的理解。

从20世纪90年代末到2018年，作者在中国学习和工作的时间逾20年。20多年来，他不仅见证了中国的滚滚发展，而且还深入参与到这一洪流中。除阿拉伯语、法语、英语、西班牙语等语言外，作者的汉语水平亦已胜过诸多国人。他的博士论文以汉语语言写就，并顺利通过答辩，本书也以汉语语言作为最初语言，作者的中文能力由此可见一斑。他在中国开展的职业培训曾经声名卓著，使大量青年学子获益匪浅。2016年摩洛哥国王穆罕默德六世访华期间，他曾担任国王的翻译。博士毕业回国后，他随即担任“摩洛哥非洲中国合作与发展协会”主席，为中非“一带一路”合作倡议的落实做出了巨大的贡献。从普通民众到政治精英、从文化学习到深度经济政治参与，毫不讳言，作者对于两国社会都有深刻的理解。由他来总结中摩60年合作史，的确最合适不过。我希望中国读者们在阅读本书后，能够对摩洛哥以及中摩两国关系史有更加深入的了解。

中摩交流源远流长，中摩合作成就斐然。但如作者在书中所提到的，中摩合作的潜能尚有待充分挖掘，两国合作过程中仍然存在不少的问题（如贸易逆差）；在理论层面上，两国学者也需要加强合作，建构更加符合彼此国家合作的理论依据。在这些动力的驱使下，基于“互利共赢”原则的指导，我期待，中摩合作将迈向更加广阔的未来。

是为序。

2020年9月于中山大学

目 录

前 言

虽然相隔万里，中摩友谊源远流长。早在14世纪，著名的摩洛哥丹吉尔[①]旅行家伊本·白图泰[②]在游记中描述了元朝时期他在中国的所见所闻。他的游记影响了一代又一代的摩洛哥人，伊本·白图泰播下的友好种子使摩洛哥人对遥远的东方国度产生了无穷无尽的想象，十分渴望了解有五千年文明历史的中国的灿烂文化。

作为伊本·白图泰的后裔，笔者在20世纪90年代就曾怀着求学的梦想来到中国，踏入了这片正处于改革开放快速发展时期的广阔

① 丹吉尔（Tangier），是连接地中海和大西洋的摩洛哥北部城市。根据2014年人口普查，总人口为947 952人。丹吉尔的历史可追溯到3000年前的腓尼基时期。古罗马时期成为重要的贸易港口和军事要地。伊斯兰时期，丹吉尔成为北非与西班牙安达卢西亚伊斯兰王朝的桥梁。15世纪末，随着摩洛哥王朝的衰弱，丹吉尔成为包括西班牙、葡萄牙、英国等欧洲国家进攻与占领的目标。1925年，英国、西班牙、比利时、荷兰、美国、葡萄牙、苏联、法国和意大利等国签署了关于将丹吉尔用以国际自由贸易城市的协议。1940年西班牙弗朗西斯科·佛朗哥（Francisco Franco）军队占领丹吉尔。自摩洛哥独立后，丹吉尔继续发挥其国际化窗口的作用。如今是摩洛哥继卡萨布兰卡后第二大经济枢纽，吸引了来自世界各地的外商投资。丹吉尔地中海码头（Tanger Med）是非洲以及环地中海地区的第一集装箱码头。

② 伊本·白图泰（Ibn Battuta），摩洛哥14世纪著名的旅行家、神学家和外交家。1304年2月25日出生于摩洛哥北部城市丹吉尔。1325年6月前往麦加（Mecca）朝拜，从此开始了长达25年的探险历程。1346年作为印度国王的代表到达中国泉州并北上元大都。1349年返回摩洛哥。1368（或1369年）逝世。

热土，并在中国南方著名学府中山大学取得了政治学博士学位。笔者在中国生活、学习和工作了二十余年，目睹了中国一日千里的发展速度以及在国际舞台上日渐成熟的表现。2018年正值摩中建交60周年，身为沉浸摩中关系二十载的摩洛哥人，借此时机回顾和梳理摩中两国自1958年建交至今的合作关系，就成为个人内心强烈的愿望和一项极具挑战的任务。

摩洛哥与中国于1958年11月建交，是继埃及后第二个与中国建交的非洲国家，至今两国一直保持着良好的政治合作关系。2016年5月，摩洛哥穆罕默德六世国王[①]在访华期间与中国国家主席习近平签署了《中华人民共和国与摩洛哥王国关于建立两国战略伙伴关系的联合声明》，两国合作打开了新的局面。2017年摩中双边贸易规模突破40亿美元。2018年中国文化中心在摩洛哥首都拉巴特[②]揭牌。

然而虽然摩中两国积极地开展良好的政治、经贸与文化合作，但摩中关系的潜力尚未完全开发。笔者长期客居中国，也清晰地看到摩中两国的合作仍有较大的发展空间。但因相关研究文献较少，

① 穆罕默德六世国王（King Mohammed Ⅵ），1963年8月21日生于摩洛哥首都拉巴特，是摩洛哥前国王哈桑二世的长子，1979年被立为王储。穆罕默德六世国王曾就读于拉巴特穆罕默德五世大学和法国尼斯索菲亚大学，1985年毕业于拉巴特穆罕默德五世大学法学院，获法律学士学位，并于1987和1988年分别获得政治学高等研究一级证书和法律高等研究博士证书。1985年11月26日被哈桑二世任命为摩洛哥皇家武装部队总参谋部各局、处协调员。1999年7月30日继任王位成为摩洛哥阿拉维王朝第22位君主。穆罕默德六世国王精通阿拉伯语、法语、西班牙语和英语。

② 拉巴特（Rabat），摩洛哥首都，位于大西洋海岸，总人口为572 717人（2014年）。由穆瓦希德王朝（Almohades）建城于1150年。拉巴特建城初期，只是作为军营为来自北非各地赴安达卢西亚给穆斯林诸侯国解围的志愿者所用。15世纪末，安达卢西亚沦陷，大批难民来到这里定居，城市从此不断扩展。1912年法国占领摩洛哥，路易·赫伯特·贡萨伏·利奥泰（Louis Hubert Gonzalue Lyautey）元帅把摩洛哥首都从菲斯（Fez）迁移到拉巴特。自2012年以来，拉巴特的多处历史景点被联合国教科文组织列入《世界遗产名录》。

缺乏互相认知的资料，阻碍了双方决策者进一步采取有力的措施来强化两国关系。另外，企业家、学者、大学生和社会组织中关注摩中合作的有识之士，也因缺乏详尽的介绍资料与资讯，相互了解不足，无法在各领域展开进一步的合作。这也是笔者创作本书的缘由之一。

那么要探讨摩中合作关系，首先需要了解国际合作关系理论的发展与现状。

西方国际合作关系主流理论视角

从古至今，国与国之间怎样发展合作关系都是被高度关注的问题。近现代以来，国家状况以及国际关系更为复杂多变，国际关系的发展更是关乎一国的发展与生死存亡。二战后的国际关系相关理论经过西方学者的反复验证，已经形成一套较完善的理论体系。这些理论通常用来解释西方发达国家如何改善与发展中国家的关系。在西方发达国家官方话语中，发达国家与发展中国家之间的合作动机是为了协助发展中国家实现经济发展。[①]但这种观点并没有解释若只是为了“协助”发展中国家实现经济发展的目标，为何对不同国家的协助会存在优先度这一问题。这说明，在协助发展经济动机外，还有其他未说明的动因。

几乎所有发达国家在不同的历史时期，都会根据对外政策的需求，把不同的发展中国家视为合作对象。[②]以美国为例，20世纪50年代中期到70年代，随着朝鲜战争、越南战争以及1967年与1973年的

① Samuel P. Huntington, “Foreign aid for what and for whom,” *Foreign Policy*, no.1, (1970–1971): 161–189.

② 参见：John White, *The politics of foreign aid* (London; Toronto: Bodley Head, 1974).

两次中东战争，与苏联的间接冲突进一步扩大。美国的支持重点从西欧开始转向东亚的日本、东南亚的越南“亲美派”以及西亚的以色列。[①]而到了20世纪70年代末，苏联通过古巴开始深入南美洲，美国的重点随之转移到南美，并通过“拿骚集团”为南美亲美政权提供支持。[②]20世纪90年代，在苏联解体后，为了促进原苏联集团国家快速融入全球化经济，美国把支持重点转移到俄罗斯以及东欧和中亚国家。“9·11事件”发生后不久，美国再次把方向调整到中东地区。[③]从上述美国重点合作对象的历史变迁可以看出，与发展中国家的合作与其政治、经济利益息息相关。提供援助成为发达国家常用的万能利器，尤其在后二战时期。

西方国家的“协助”是指发达国家对发展中国家给予不同领域的援助。国际政治学的国际政治动机理论（Motivational Approach）假定：“援助国的动机基本上决定了其与受援国之间互动行为的特性。”[④]援助国需要产生一定的动机才能决定提供援助与否，例如政治、经济、贸易以及人道主义等的多种动机。另外，受不同时期世界格局变化的影响，援助被看成是援助国获得政治利益的工具，而纯粹为帮助发展中国家促进其经济发展的援助则是次要的。这种基于争取政治同盟动机的援助方式被学者称为现实主义援助范式

① 1954年美日两国签署了《日美共同防御援助协定》；1979年美国对以色列的援助单年最高达157亿美元（扣除通货膨胀因素，含直接援助与贷款）。（来源：中国商务部http://www.mofcom.gov.cn/article/i/jyjl/k/201303/20130300065048.shtml）

② 参见：方连庆、王炳元、刘金质：《国际关系史（近代卷）下册》，北京大学出版社，2006。

③ 数据均为官方发展援助（Official Development Assistance）净支付，来源：Aid（ODA）disbursements to countries and regions，accessed June 11，2016，https://stats.oecd.org/index.aspx? datasetcode=TABLE2A#.

④ 参见：Peter P. Ekeh，*Social exchange theory：The two traditions*（London：Heinemann，1974）.

（Realist Paradigm）。

史提芬·胡克被誉为现实主义援助范式研究的发起人，他认为："发达国家，尤其是美国与法国的援助动机纯粹是出于自身国家利益而并非人道主义。在这种以单方面援助国利益为导向的关系中，确保受援国的依赖是至关重要的。"①汉斯·摩根索认为，任何发达国家提供的援助本质上都是政治性的，自身的国家利益是对外援助唯一的、根本的目的。②

中国合作模式的兴起

再来看看中国与同样属于发展中国家的非洲国家之间的合作状况。

新中国成立初期，中国政府便开始把在工业、农业与基础设施建设等领域所取得的成就和经验分享给其他刚获得独立的第三世界③国家。中国作为世界最大的发展中国家，与西方国家相比，在国际合作方面形成了自身的"中国合作模式"。在1955年万隆会议上一致通过的《亚非会议最后公报》中提出了著名的十项原则，是和平共处五项原则④的引申和发展，同时也提出了与会国在互利和

---

① 参见：Steven W. Hook，*National interest and foreign aid*（Boulder，Colorado：Lynne Rienner Publishers，1995）.

② H. J. Morgenthau，"Public Affairs：The Impotence of American Power，" *Commentary* 36，no.5（1963）：384.

③ 第三世界（The Third World），中国国家主席毛泽东在1974年2月22日同赞比亚总统卡翁达（Kenneth David Kaunda）的谈话中曾提出："我看美国、苏联是第一世界。中间派，日本、欧洲、澳大利亚、加拿大，是第二世界。咱们是第三世界。"

④ 和平共处五项原则，周恩来总理于1953年12月31日在接见参加中印有关问题谈判的印度代表团时首次提出。1954年6月，周恩来总理在访问印度、缅甸期间，分别与印度总理尼赫鲁和缅甸总理吴努发表《联合声明》，共同倡导和平共处五项原则。具体内容包括互相尊重主权和领土完整、互不侵犯、互不干涉内政、平等互利、和平共处。1955年万隆会议后，和平共处五项原则成为中国处理国际关系的基本原则。

互相尊重国家主权基础上进行经济合作。在新中国的不同时期，中国政府对与非洲国家合作的理念和方式进行了适当的调整，但整体而言，依然严格遵守1963年底至1964年初周恩来总理在出访非洲10国期间所宣布的《中国政府对外经济技术援助的八项原则》。[①]

20世纪80年代非洲国家因陷入经济危机不得不接受来自国际金融机构的结构调整和私有化改革。当时发达国家大多数企业因认为非洲没有投资价值了，纷纷撤资，并停止了大多数经济基础设施建设与提升生产能力的合作项目。西方国家政府对非洲的合作理念转变为以推行民主建设、良好治理（Good Governance）和政治与社会援助为主，其核心价值主张是让贫困人口也分享经济增长的收益。与此同时，中国将自己作为苏联、日本和欧美国家的受援国所积累的经验与心得进行了整理再分享给非洲国家，其目的是通过协助非洲国家完善基础设施建设和提升生产能力来实现经济发展，作为回报，中国可以对非洲合作国家的天然资源进行开发。

随着非洲国家私有化浪潮的兴起，因担心非洲合作国家无法持续运营，对于自1960年合作发起的项目，中国对其中涉及的投资和援助的生产性项目进行了调整。中国企业开始通过与非洲合作国家的政府或企业合资，使原来具有援助特性的项目转变为可盈利的合作项目，挽救了这些企业，使其免遭出售或者遗弃，例如在马里的糖果工厂、几内亚的烟草工厂、坦桑尼亚的鞋业工厂等这些原来的生产性援助项目。1995年后，中国开始把投资、贸易与援助结合，并向几乎所有非洲国家提供用来促进经济发展的不附加政治条件的

---

① 伏霄汉：《“对外经济技术援助的八项原则”决策的层次分析》，《历史教学（高校版）》2008年第1期，第95–98页。

优惠贷款。中国在非洲的合作项目由商务部和外交部评估，由具有雄厚资金实力的中国进出口银行（The Export-Import Bank of China-EXIM Bank）、国家开发银行（China Development Bank-CDB）和中国农业发展银行（Agricultural Development Bank of China-ADBC）三大中国政策性银行提供贷款，最后由中国企业通过招标的形式负责项目的具体执行。

基于中国政府和企业对其他发展中国家的援助与投资的经历，中国和海外学者开始对“中国合作模式”进行梳理。中国社会科学院西亚非洲研究所副研究员张永蓬结合对海外援助的主题、动机和内容，把海外援助定义为：“一国或国际组织以从事公益或促进发展的理由或形式，在实际不排除私益目的的情况下，向另一国或组织（含国际组织和非政府组织）所做的优惠或自愿性资金或资源转移。”[①]张海冰把中国对非洲的援助与合作机制形容如下：“以援助促进发展，以发展促进合作，最终实现中非共同发展。其核心是中国通过援助非洲来培育一个更稳定、更繁荣的非洲，再与其展开更多的合作，共同发展。”[②]张永蓬在其对中国与西方援助非洲的比较研究中指出，中国与西方在援助非洲方面虽然存在差异性，但在多方面具有互补性。他认为，中国的援助模式也具有国际借鉴意义，主要因其执行直接、手续简单、不附加政治条件、体现平等，而且援助的形式以实物援助、资源转移为主，避免了腐败环节，使援助对象直接受益。

① 张永蓬：《国际发展合作与非洲：中国与西方援助非洲比较研究》，社会科学文献出版社，2012，第3页。

② 张海冰：《关于中国对非洲援助能源导向的观点分析》，《世界经济研究》2007第10期，第76-80页。

美国学者黛博拉·布罗蒂加姆在其著作《龙的礼物》中，从西方学者的角度，客观、全面地分析了中国与非洲国家合作的政策、方法和实践，并以纺织业、皮革业、汽车制造以及大量的基建设施工程为例，来证明中国破坏非洲的工业基础一说并不成立。她认为中国靠自身的能力成功地使数亿本国人脱贫，而这几十年来西方对非洲的支持没能实现非洲的复兴。因此，中国可以向非洲国家政府提供一些有益的经验与教训。[①]在援助理念方面，黛博拉认为，中国自1972年开始接受日本的援助，到1978年，中国与日本签署的74个大型合作项目打下了中国改革开放的工业现代化基础。日本向中国提供设备、技术和贷款援助，以换取中国的石油、煤矿和商品。通过这种合作形式，中国在不浪费稀缺的外汇资源情况下，获得了日本的先进技术并强化了工业基础，形成了一种以资源换取基础设施和生产能力提升的双赢合作模式。

瑞典学者佩尼·戴维斯从西方发达国家的角度对中国在非洲的新角色提出了一些重要建议。戴维斯认为，中国在非洲的介入已经改变了原先由西方发达国家主导的援助模式。西方发达国家需要与中国积极探索三边合作来协调，还建议发达国家批评中国在非洲的角色的同时，需要以身作则，例如免除非洲国家的债务以及规范贷款审核与审批的流程。该研究也给中国有关部门提出了一些建议，尤其是中国主张的不干涉内政原则很可能造成非洲受援国政府对援助支配不当，从而引起民众对中国的偏见与批评。[②]

中国与西方发达国家跟非洲国家的合作具有本质的区别。中国

---

① 参见：Deborah Brautigam，*The Dragon's Gift：The Real Story of China in Africa*（Oxford：Oxford University Press，2009）.

② 参见：Penny Davies，*China and the End of Poverty in Africa–towards mutual benefit?*（Sundbyberg：Diakonia，2007）.

当前对非洲国家的合作理念主要包括五个方面：坚持帮助合作国家提高自主发展能力，坚持不附带任何政治条件，坚持平等互利、共同发展，坚持量力而行、尽力而为，坚持与时俱进、改革创新。对比1964年提出的对外经济技术援助的八项原则可以看出，中国在与非洲60多年的合作中延续了相同的理念，即在不干预非洲国家内政的情况下，帮助其自力更生地实现发展。

南南国家新理论建构的必要性

中国在非洲充当着正面的角色，对非洲复兴具有积极意义。虽然中国与非洲的合作情况长期以来一直缺少具体的数据，但自2005年以来，从中国商务部公布的一些数据和中国领导人对外发布的讲话以及互联网媒体对重大援助项目的报道中可以看到，被公布的数据信息越来越多。自1955年以来，除了斯威士兰以外，中国向其他所有非洲国家都提供了经济援助。截至2009年年底，中国对外提供援助金额累计达2562.9亿元人民币，其中非洲所占份额为45.7%，可以推算为1171.25亿元人民币。[①]2010年以后，随着国际原材料价格的下跌，大多数非洲国家的收入急剧下降，迫使这些国家需要削减公共开支，面临与20世纪80年代前相似的经济状况。一些重要的基建设施项目不得不停工或减慢进度，政府为了保障社会稳定所采用的支持价格政策力度也越来越小。2006年11月，中国和48个非洲国家的国家元首、政府首脑和代表团团长参加的中非合作论坛（Forum on China-Africa Cooperation—FOCAC）在北京召开了第三届部长级会议。论坛的主要目的是促进中国在非洲的投资与贸易，并协助非洲

① 《中国的对外援助》，http://www.scio.gov.cn/zfbps/ndhf/2011/Document/896983/896983.htm。

国家发展公共领域与经济设施的建设。2015年12月4日在南非约翰内斯堡举行的中非合作论坛上，中国国家主席习近平向与会人员宣布承诺：中国将在未来3年以发展援助的形式，向非洲国家提供总额600亿美元的资金支持，援助领域包括农业、工业、消除贫困、医疗和公共卫生、文化、安全、环境保护以及绿色经济；还承诺向受厄尔尼诺现象（El Niño Conditions）影响致粮食歉收的非洲多个国家提供10亿元人民币的紧急粮食援助；免除非洲有关最不发达国家截至2015年底到期未还的政府间无息贷款债务；以及向非盟提供6000万美元无偿援助，支持非洲常备军和危机应对快速反应部队建设和运作①。中国雪中送炭的援助使非洲经济发展迎来了新机遇。

前面介绍的传统现实主义理论，是根据北半球发达国家对南半球欠发达国家的政治性控制而建构的，因此无法为中非合作模式提供解释。笔者认为，南南国家学者需要加强合作来建构更加符合彼此国家合作的理论依据。而盛行于20世纪60年代的社会交换理论（Social Exchange Theory）可替代现实主义理论来解释同样属于发展中国家的中国与非洲国家的关系。该理论的核心是假定合作双方都能知道可能获取的潜在利益，并展开相互之间的交换行为。收益一方在获得所需要的资源如优惠贷款或市场准许的同时，产生知恩图报的行动，以某种方式向资源提供方提供相对的利益回馈，最后达到一种“互惠互利”的局面。②

以中国与非洲的农业合作为例，从1992年至2003年，中国累计对外贸易顺差达到2420.65亿美元，其中农产品出口累计净值高

---

① 《开启中非合作共赢、共同发展的新时代——在中非合作论坛约翰内斯堡峰会开幕式上的致辞》，《人民日报》2015年12月5日，第2版。

② 参见：Peter Michael Blau，*Exchange and Power in Social Life*（New York：Transaction Publishers，1964）.

达513.3亿美元，占贸易顺差总额的21.2%。但随着中国本土市场对农产品的需求飞速增长，自2004年以来，中国农业开始出现贸易逆差，结束了农业贸易对外汇储备的贡献。[①]中国人口占世界人口的20%，却只拥有7%的可耕地资源，因此中国向拥有广阔可耕地的非洲进行农业方面的投资，对中国未来的食品供应保障具有战略意义。对于非洲而言，获得中国的农业项目也意味着中国的农业专家将向其转移先进的技术并为其培养本地农业人才。另外中国通过示范基地还可以向非洲农民推广中国自主研发的杂交种子，这样，非洲农民就可以以低成本购买种子。[②]再如2008年全球金融危机使中国加快了对其他市场的开发，拥有12亿人口的非洲成为其优先考虑的潜在市场。通过投资、贸易与援助，中国在非洲积累了丰富的经验，因此开始把一些相对成熟的传统行业转移到非洲。这样非洲国家可以增加出口收入，缓解就业压力，提升技术和管理人才的水平；中国企业则可以扩展国际化战略以获得更大的国际市场份额。

一言以蔽之，与西方发达国家相比，基于追求“互惠关系”的中国合作模式的国际关系理念并不认同发达国家要求发展中国家强行推进“西式”民主、经济改革和经济制裁的有效性，而更注重实行深化的改革开放后，集中精力发展经济并寻找适合本国国情的自身发展的道路。中国把这种发展理念融于实践，成功消除了贫困，成为发展中国家的典范。20世纪80年代以来，中国贫困人口数量急剧减少，比例明显下降。从1978年到2000年，中国农村没有解决温

---

① 参见：Guoqiang Cheng，“China's Agriculture within the World Trading System，” *China's Agricultural Trade：Issues and Prospects Symposium*（International Agricultural Trade Research Consortium，Beijing，China，July，2007）.

② 参见：Robert I. Rotberg Editor，*China into Africa：Trade，Aid，and Influence*（Washington，DC：Brookings Institution Press，2008）.

饱的贫困人口由2.5亿人减少到3000万人，贫困人口占农村总人口的比例由30.7%下降到3%左右。[①]到2050年，非洲将迎来20亿人口的增长，中国的脱贫经验可以作为理想的借鉴与参考。

关于本书

笔者撰写本书的目的之一是希望本书能成为研究摩中关系的学者和高校学生的参考资料，同时为决策者提供所需的理论依据。为完成本书，笔者查阅了大量与摩中合作相关的历史资料，包括事件、人物、协议等。另一个目的是希望非中学者能注意到目前西方学者依照的传统现实主义理论已经无法适用于研究中非合作的新局面。因此，本书将通过分析摩中在政治、经贸、文化与援助等方面的合作，来识别两国合作过程中的互惠特征，最终引起关注非中合作的智库、学者和决策者对研究符合非中合作先进理论的重视，而该理论一定需要符合同样属于发展中国家的中国和非洲国家对平等相待和互惠互利等原则的期待。

摩中关系的原始研究材料十分匮乏而稀少，笔者在长期进行摩中关系研究期间进行了收集与整理并在本书编校过程中进一步优化，趁本书出版之际分享给摩中学者，期望可以为他们在摩中合作关系的研究方面提供更多的数据和文献。

本书的注释和参考文献主要为图书、期刊、中摩两国政府间签署的主要双边协议、政府资料、官方新闻以及媒体报道。图书和期刊主要来自中外学术数据库和自购；双边协议以北大法宝法律法规数据库为主；政府公布的资料从两国政府各部门的门户网站获取，

---

① 《中国的农村扶贫开发》，http://www.scio.gov.cn/zfbps/ndhf/2001/Document/307929/307929.htm。

在这里不得不称赞摩洛哥外汇管理局[①]和摩洛哥最高规划局[②]定期公布的有关摩洛哥经济和对外合作的状况与数据；官方新闻主要以《人民日报》和新华社的报道为主，在这里向这两家中国媒体表达最深的感谢。在尚未发现《人民日报》图文数据库之前，笔者的研究仍存在很多盲点，而如今借助数据库，两国在不同历史时期的发展交流历程可谓一清二楚。笔者浏览自1949年12月11日第一条有关摩洛哥共产党中央委员会热烈祝贺中华人民共和国的成立的报道一直到2016年摩洛哥国王穆罕默德六世成功访华的报道时，内心被深深地感动了，也重新认识到摩洛哥与中国两个文明古国的合作关系确实建立在相互尊重和团结一致基础之上；最后笔者在编写有关经济与贸易内容时还借助了摩中一些私营媒体对摩中经贸合作核心人物的采访与报道。

附录包括摩洛哥概况、摩中合作60年间签署的主要合作文件汇总表、两国合作协定和执行计划的范本、2000年至2018年中国对摩洛哥援助及优惠贷款数据汇总表和笔者在中非智库论坛第八届会议开幕式上的演讲稿。

摩洛哥概况主要是向中国读者介绍摩洛哥的政治、经济与社会环境以及摩洛哥国家发展战略；关于两国签署的合作文件，笔者投入了大量的时间从不同的渠道获取，里面的许多内容还需相关学者继续进行挖掘和分析，相信会为今后摩中合作提供富有价值的依据；为了让读者真切了解两国之间签署的协议，另外附上1975年签

① 摩洛哥外汇管理局（Foreign Exchange Office–FEO），创建于1958年1月22日，是一个隶属于财政部监管的具有财政独立性的公共机构。外汇管理局的主要职能包括制定有关外汇交换的相关规定以及汇编有关对外贸易和国际收支的统计数据。

② 摩洛哥最高规划局（High Commission for Planning–HCP），2003年成立的部级机构。主要职责包括国家的年度经济、人口和社会统计的编制以及宏观经济形势分析与预测。摩洛哥最高规划局旗下还设有一个家庭生活状况的观测站以及人口统计研究中心。

署的《中华人民共和国政府和摩洛哥王国政府长期贸易协定》和2010年签署的《中华人民共和国政府和摩洛哥王国政府文化合作协定2010年至2013年执行计划》；笔者从摩中两国参与援助的部门层面入手，着手将2000年以来的政策、谅解备忘录、合作协议等相关正式文件进行整理，收集了大量的二手资料，再结合笔者对援助项目的实地调研，最后经过归类，建立了2000年至2018年中国对摩洛哥援助的数据汇总。

本书的页面脚注引用资料是另一特点。考虑到本书中关于摩洛哥的人物、机构、地名、会议等信息，采用了阿拉伯语或法语的中文译音，缺乏字面意义的内涵，这对使用汉语阅读的中国读者来说将形成较大的困难，因此决定附加相关的中文简介。值得一提的是，本书的中文版主要对摩洛哥的情况进行中文注释，而在本书的外语版本中将重点注释参与摩中合作的中国人物、机构、地名、会议等信息。

最后，笔者作为母语是阿拉伯语的摩洛哥人，用中文写作是人生最大的挑战之一，也是1995年第一次来到中国学习时许下的愿望。在撰写本书的过程中，更加让我感到汉语的博大精深，如果没有各位老师的引导和鼓励，本书可能无法完成。在这里特别感谢中山大学政治与公共管理学院郭忠华教授对我在学术精神上的要求，感谢花城出版社林宋瑜老师对我的信任，感谢站在推动中非关系一线的王永葆老师，感谢1995年鼓励我来中国留学的二哥针灸医生纳吉布（Dr. Najib BOUCHIBA）大夫以及我担任主席的非洲中国合作与发展协会（Africa China Cooperation Association for Development–ACCAD）的所有成员的大力支持。在此，也对中国驻摩洛哥大使李立、文化处陈冬云参赞以及拉巴特穆罕默德五世大学孔子学院摩方院长卡里马·亚特利比教授（Prof. Karima YATRIBI）和中方院长李宁教授在本书编写过程中给予我的支持表示由衷的感谢。

第一章

摩中政治交流与合作

当今世界，两国交往，良好的政治关系是发展双边经贸关系和增强文化交流的基础。自1949年新中国成立到2018年期间，摩中在政治层面进行了广泛的交流。笔者对这些翔实的史料进行认真梳理和分析后，归纳出五种交流方式，即高层领导人互访、代表团互访、特使派遣、大使馆外交活动以及官方电报。另外，良好的政治合作必须建立在两国公认的基本原则之上，因此识别这些原则，对于新建交的两国而言尤为重要。

第一节 基于多层次对话机制的摩中政治交流

一、两国高层领导人互访开创摩中政治交流新局面

1. 阿拉伯人民的老朋友访问摩洛哥

新中国成立后，“中国人民的老朋友”这句话就经常出现在中国外交用语中。对于非殖民时期的阿拉伯和非洲人民而言，可以称得上“阿拉伯人民的老朋友”和“非洲人民的老朋友”称号的人，非中华人民共和国第一任总理周恩来莫属。周恩来总理于1963年12月14日至1964年2月4日进行了“非洲十国之行”，此举奠基了中阿和中非合作的基础。直到今天，摩中两国仍然遵循着当时制定的基

本原则——尤其是不干预内政和外交团结等原则。

20世纪60年代非洲迎来独立浪潮。非洲的民族解放运动和国家的后殖民时期重建工作都急需外部支持。而此时正处于冷战时期，中国需要获得非洲国家的外交支持，促进与非洲经济合作关系的发展，从而打破美苏的孤立。在这特殊的历史时期，周恩来总理承担起加强中非合作的历史使命，开创了外交工作的新局面。

回顾摩中合作关系的历史，出现频率最高的领导人便是周恩来总理。1956年4月4日，当得知摩洛哥独立后，周恩来总理致电摩洛哥首相西·穆巴拉克·贝凯[①]，祝贺摩洛哥的独立。在其政治生涯中，周恩来总理每年坚持在两个特别日子发给摩洛哥贺电，一是摩洛哥国王加冕日，一是摩洛哥国家独立纪念日。1963年到1965年，周恩来总理还曾三次出席摩洛哥驻中国大使馆举行的国庆招待会。从这些细节的安排，可见周恩来总理在日理万机的工作中，对发展中国与摩洛哥友好关系的高度重视。

周恩来总理电贺摩洛哥独立[②]

西·贝凯首相阁下：

我荣幸地代表中华人民共和国政府和中国人民，向阁下和贵国

---

① 西·穆巴拉克·贝凯（Si Mbarek Bekkaï），摩洛哥政治家。1907年4月18日出生于摩洛哥东北部城市贝尔坎（Berkane）。1928年以陆军中尉军衔毕业于位于梅克纳斯（Meknes）的法国军事学校，后来在法国殖民当局担任若干行政职位，凭借在二战期间的突出表现升衔为中校。1953年摩洛哥国王穆罕默德五世被法国殖民当局非法流放后，他立刻向法国殖民当局提出抗议。1955年至1958年期间担任摩洛哥国务院主席，他在任职期间，于1956年3月和4月代表摩洛哥与法国和西班牙政府代表签署了摩洛哥独立协议。1958年因党派之争辞去首相职务。1961年4月12日逝世。

② 《周恩来总理电贺摩洛哥独立》，《人民日报》1956年4月5日，第2版。

人民热烈地祝贺摩洛哥的独立。中国人民一向同情和支持摩洛哥人民争取民族独立的正义斗争。我们相信，摩洛哥人民在维护国家独立和建设幸福生活的事业中将获得新的成就，并且愿意看到我们两国之间的友好和合作关系的发展。

中华人民共和国国务院总理周恩来

1956年4月4日于北京

1963年12月27日，应哈桑二世国王[①]的邀请，周恩来总理和副总理兼外交部部长陈毅元帅率团对摩洛哥进行友好访问，这是中国政府首脑首次访问摩洛哥。中方代表团在首都拉巴特机场受到国王代表穆莱·阿卜杜拉亲王[②]、艾哈迈德·贝拉弗里

① 哈桑二世国王（King Hassan Ⅱ），摩洛哥统一大业君主，摩洛哥阿拉维王朝第21位君主。1929年7月9日出生于摩洛哥首都拉巴特。1961年3月3日继任王位。1951年在拉巴特和法国波尔多获得法律硕士学位。1943年，年仅14岁的王储陪同父王穆罕默德五世与二战盟友领导人英国温斯顿·丘吉尔爵士和美国富兰克林·罗斯福总统就二战结束后争取摩洛哥获得独立进行了会晤交流。1953年被法国殖民当局驱逐到科西嘉岛和马达加斯加岛，于1955年返回摩洛哥。1957年7月9日正式宣布他的王储称号。继任王位后，哈桑二世国王开始积极促进摩洛哥的政治、经济和文化的建设。摩洛哥于1956年独立时正值冷战时期的顶峰，遇到众多的海外势力的干预，因此，哈桑二世国王与摩洛哥反对派发生过较多摩擦。在周边所有阿拉伯国家都选择苏联阵营，并学习其模式进行工业化优先发展道路的时候，哈桑二世国王却主张合作伙伴多元化与不结盟政策，大力推进农业发展。因此，他重点解决水资源问题，建设了大量的水坝。因确保百姓有水喝，在摩洛哥人民心目中获得"水坝建设者"美誉。哈桑二世国王是巴勒斯坦民族独立事业的重要支持者，积极参与1994年达成的中东和平进程。作为先知穆罕默德的后裔和摩洛哥王国的最高宗教领袖，哈桑二世国王在西方不同宗教之间通过交流也发挥了重要的协调作用，成为伊斯兰世界的重要领导人。哈桑二世国王于1999年7月23日在拉巴特逝世，享年70岁。

② 穆莱·阿卜杜拉亲王（Moulay Abdellah），摩洛哥王室成员，是穆罕默德五世国王之子、哈桑二世国王的弟弟。1935年5月出生于摩洛哥首都拉巴特。1942年在拉巴特皇家学校读书。成年后，一直担任哈桑二世国王出使世界各国的特使。1983年12月20日在拉巴特逝世。

杰[①]、首相艾哈迈德·巴赫尼尼[②]及拉巴特各界人士的热烈欢迎。[③]当周恩来总理抵达和平宫（Dar Essalam Palace）门口时，受到哈桑二世国王的热烈欢迎。[④]

根据时任中国驻摩洛哥大使杨琪良的回忆，哈桑二世国王在接待中国领导人时打破了两个王宫接待礼节。在住宿方面，国王安排周恩来总理下榻于自己住的拉巴特宫殿和平宫。这相当于哈桑二世国王邀请周恩来总理住到自己家里一样，在摩洛哥王室外交礼节中

---

① 艾哈迈德·贝拉弗里杰（Ahmed Balafrej），摩洛哥独立事业杰出爱国人士、外交家和政治家。1908年9月5日出生于摩洛哥首都拉巴特。1927年法国巴黎高中毕业后，他到开罗福瓦德一世大学（Fouad I University of Cairo）学习阿拉伯语，1928年至1932年返回法国索邦大学学习，获得政治科学学士学位；1926年开始参加各种反殖民主义活动。1930年法国通过“柏柏尔法令”，旨在使摩洛哥的阿拉伯人和柏柏尔人分裂，他在巴黎开始动员国际社会反对法国殖民当局这一民族歧视行为。1932年联合其他爱国人士创建《马格里布杂志》（*Maghreb Magazine*）。1934年在摩洛哥爱国人士的努力和国际压力下，法国被迫取消该法令。此后他积极参与摩洛哥行动委员会（Moroccan Action Committee-CAM）并于1937年担任秘书长。在法国对该委员会发布禁令后他转向地下工作。1944年他负责编写了《独立宣言》（*Manifesto of Independence*）请愿书，联合了67名摩洛哥著名爱国人士签字，并向法国殖民当局提交了请愿书。同年参与创立独立党并担任第一任总书记。1946年创立主张摩洛哥独立的阿拉伯语《旗子》（*Al Alam*）报。自1947年起，他开始以独立党总书记的身份周游世界，向法国殖民当局施压，被誉为摩洛哥独立前第一任外交部大臣。1953年在联合国大会上他为追求独立的摩洛哥进行辩护，并促成联合国大会通过了对摩洛哥要求自决的决议的投票。1956年摩洛哥独立后，贝拉弗里杰于1958年12月2日被穆罕默德五世国王任命为国务院首相。这是摩洛哥历史上唯一全部成员为独立党人的内阁。1962年担任外交部大臣；1963年至1972年担任国王特使。1972年辞去所有的职务。1990年5月在拉巴特逝世，享年82岁。

② 哈迈德·巴赫尼尼（Ahmed Bahnini），摩洛哥政治家、法官。1909年出生于菲斯。在被誉为世界上诞生的第一所大学的卡拉维因（University of Al-Karaouine）完成传统伊斯兰教学业。1957年担任摩洛哥第一任最高法院（Supreme Court）院长；1963年参与创建保卫宪法机构前线（Front for the Defense of Constitutional Institutions-FDIC）并在选举中击败独立党，由此自1963年至1965年担任了摩洛哥首相。1971年7月10日死于拉巴特郊区斯希拉特（Skhirat）政变未遂中。

③ 《周恩来总理到达摩洛哥首都拉巴特　摩洛哥国王代表和首相及拉巴特各界人士到机场欢迎》，《人民日报》1963年12月28日，第1版。

④ 《摩洛哥国王为周总理举行国宴　陈毅副总理兼外交部长出席了宴会　周恩来总理拜会哈桑二世国王》，《人民日报》1963年12月29日，第1版。

实属罕见。在饮食方面，把宴会的西餐改为摩洛哥传统大餐。这样的安排，表示出国王希望来自远方的中国尊贵客人，能够在有限的时间内尽可能多地了解摩洛哥文化，以此增进互相认识。毕竟这是历史上第一次中国领导人访问摩洛哥。①

在当天晚上举行的国宴上，哈桑二世国王致辞欢迎中国贵宾。从他的讲话中可以看出，他对中国古代文化的敬佩以及对新中国成立以来的成就的肯定。他说："伟大的中国人民许多世纪以来，以其深邃的智慧、数千年的文明、非凡的勇敢著称于世，而在近代又以善于适应最新的科学和进步的思想而闻名。"②同时，哈桑二世国王对摩中两国的共同点进行了高度概括："我们王国和中华人民共和国有许多相似之处。我们两国在古老世界的两端为文化和文明作出了杰出的贡献。两国都以同样的善良、优雅、宽容和谅解的感情为重。两国都经历过严酷的考验而终于胜利地维护了自由和领土完整。两国都作出了巨大的努力，以炽烈的信念和不可动摇的意志来消除不发达和缔造自己的未来。"哈桑二世国王还指出，这次周恩来总理的访问，"标志着一个新纪元的开始。"③

宴会上，周恩来总理在讲话中对摩洛哥为维护其领土完整所付出的努力表示赞赏，他说道："摩洛哥是一个具有悠久历史的国家。摩洛哥人民有着反对帝国主义和殖民主义的光荣传统。为了争取自己祖国的独立和自由，摩洛哥人民曾经进行了长期英勇的

---

① 杨琪良：《在摩洛哥王国的六年概忆》，载外交部《当代中国使节外交生涯》编委会编《当代中国使节外交生涯：第三辑》，世界知识出版社，1996，第58–59页。

② 《在为周恩来总理举行的国宴上　摩洛哥国王哈桑二世和周恩来总理的讲话》，《人民日报》1963年12月30日，第3版。

③ 同上。

斗争。”[①]周恩来总理还高度评价了摩洛哥政府一贯奉行的和平中立对外政策、对亚非团结的积极贡献以及对新独立的非洲各国给予的支持，他指出：“摩洛哥支持了一九五五年的第一次亚非会议。一九六一年，摩洛哥前国王穆罕默德五世[②]倡议举行了非洲六国首脑卡萨布兰卡会议[③]。摩洛哥政府和人民，对加强非洲团结和亚非团结、维护世界和平，作出了积极的贡献。”[④]周恩来总理也对建交以来的摩中关系进行了总结，他指出：“中摩两国人民在争取和维护各自的民族独立的斗争中，总是相互同情和相互支持的。在我

---

① 《在为周恩来总理举行的国宴上　摩洛哥国王哈桑二世和周恩来总理的讲话》，《人民日报》1963年12月30日，第3版。

② 穆罕默德五世（King Mohammed V），现代摩洛哥国家之父（The Father of the Modern Moroccan nation），是摩洛哥阿拉维王朝第20位君主。1909年8月10日出生于摩洛哥原首都菲斯。1927年继任王位。按当时的体制称呼为苏丹·穆罕默德·本·优素福（Sultan Mohammed Ben Youssef），该称呼意为伊斯兰国家宗教和政治首领。1956年摩洛哥独立后改为“穆罕默德五世国王”称呼。在殖民时期，穆罕默德五世国王联合摩洛哥爱国人士反抗法国殖民当局。1953年因强烈呼吁独立，被法国当局流放到科西嘉岛（Corsica），后来又驱逐到远在印度洋的马达加斯加岛（Madagascar）。法国当局的行为使全摩洛哥人民义愤填膺，起义不断，要求苏丹回到摩洛哥，并拒绝承认法国推立的新国王。最后于1955年9月，法国被迫与摩洛哥苏丹签署独立预备协议。1955年11月16日，穆罕默德五世国王乘飞机回到摩洛哥，全国各地的百姓举行各种仪式迎接国王回国。1956年3月2日与4月7日，摩洛哥结束了法国与西班牙的殖民统治，摩洛哥宣布独立。独立后穆罕默德五世国王在全国发起大范围的经济与社会工程建设，尤其在扫盲领域。他著名的口号是：“我们如今结束了小圣战（即独立）开始了大圣战（扫盲）。”1961年2月26日，他在拉巴特因手术不幸逝世。

③ 非洲六国首脑卡萨布兰卡会议，1961年1月4日至7日，由摩洛哥穆罕默德五世国王主持的非洲六国会议（Casablanca Conference）。与会的加纳（Ghana）、马里（Mali）、几内亚（Guinea）、埃及（Egypt）、阿尔及利亚（Algeria）和利比亚（Libya）等非洲元首讨论了当时非洲迎接独立浪潮的政治、经济和社会现状，并通过了卡萨布兰卡宣言。宣言中阐述了本次会议的目标，包括殖民残余的清算、消除种族隔离、外国军队从非洲撤离、反对所有外国干涉、反对所有核试验、积极推动非洲统一以及巩固非洲乃至世界的和平与安全。因当时许多非洲国家尚未摆脱殖民统治，因此卡萨布兰卡会议被欧洲宗主国看作一种对其在非洲的利益的威胁。对于非洲国家而言，该会议为1963年非洲联盟的成立打下基础。

④ 同注释①。

们两国相继获得独立和解放以后，我们两国人民的传统友谊又在新的历史条件下，得到了新的发展。在这里，我要满意地提到，中摩两国自从建立外交关系以来，在和平共处五项原则和万隆会议十项原则[①]的基础上，顺利地建立和发展了友好合作关系。我们两国在经济贸易和文化方面的合作日益加强。我们两国在国际事务中也进行了良好的合作。中摩两国人民友谊的不断增进，符合我们两国人民的共同利益，有利于亚非团结和世界和平。”[②]

国宴结束后，哈桑二世国王邀请中国客人一行品茶。在品茶过程中，突然问起关于后殖民时期阿拉伯世界的君主制政权是否会越来越少。在这样的氛围中，这种出乎意料的问题看起来轻松，却隐含着国王对中国政府就目前阿拉伯世界君主制是否应被推翻的立场的探测和所隐含的疑虑。周恩来总理的回答很是巧妙，也正是中国政府一贯主张的不干预其他国家内政的政策体现。周恩来总理提出了一个颇有创新的建议，你们可以组织一个委员会，开个会商量嘛！陈毅副总理补充了一句，亚洲有个西哈努克亲王[③]，我们是好

① 万隆会议十项原则，1955年在中国、印度和缅甸三国共同倡导的和平共处五项原则的基础上，万隆会议确定了指导国际关系的十项原则，包括：1）尊重基本人权、尊重《联合国宪章》的宗旨和原则；2）尊重一切国家的主权和领土完整；3）承认一切种族平等、承认一切大小国家的平等；4）不干预或干涉他国内政；5）尊重每一国家按照《联合国宪章》单独地或集体地进行自卫的权利；6）不使用集体防御的安排来为任何一个大国的特殊利益服务，任何国家不对其他国家施加压力；7）不以侵略行为或侵略威胁或使用武力来侵犯任何国家的领土完整或政治独立；8）按照《联合国宪章》，通过如谈判、调停、仲裁或司法解决等和平方法以及有关方面自己选择的任何其他和平方法来解决一切国际争端；9）促进相互的利益和合作；10）尊重正义和国际义务。

② 《在为周恩来总理举行的国宴上　摩洛哥国王哈桑二世和周恩来总理的讲话》，《人民日报》1963年12月30日，第3版。

③ 西哈努克亲王，全名诺罗敦·西哈努克（Prince Norodom Sihanouk），是柬埔寨王室成员。出生于1922年10月31日。1941年担任柬埔寨国王。此后因法国殖民主义以及冷战强国争霸，柬埔寨经过了动荡时期以致流亡。2012年在北京逝世，享年90岁。

朋友，可邀请他参加。周总理接着说，陛下可以担任这个委员会的委员长嘛！[①]这一回答让大家都哈哈大笑，但哈桑二世国王坚定地相信，中国是希望与非洲和阿拉伯各国在不干预内政的前提下发展友好关系的。

在12月28日召开的正式会谈中，当周恩来总理讲到有关第二次亚非会议的召开问题时，哈桑二世国王提出有助于该会议成功召开的有建设性的建议，他认为1955年在印度尼西亚万隆召开的第一次会议的背景是亚非国家获得独立，因此这些国家积极参与。而如今，大多数亚非国家已获得独立，如果召开会议，重点应侧重于经济建设问题。他还强调："如不解决不发达的问题，就不可能有和平共处，会引起对别人的干涉。"[②]在后来与突尼斯领导人的会谈上，周恩来总理也采纳了哈桑二世国王的意见，并指出："非洲国家的问题相同：摆脱殖民统治，在国家形式在政治和经济上都要非殖民主义化。"[③]

在摩洛哥访问期间，周恩来总理敏锐地发现了一些合作商机。摩洛哥橙子以其优良品质闻名遐迩，访问期间，周恩来总理品尝后发现，这里的橙子"个大、皮薄、汁多、香甜可口"。橙子源于中国，后来传播到世界各地，但因缺乏研究，品种长期得不到改良，品质已大大退化。他当即表示要派中国专家来摩洛哥学习，并邀请

---

① 杨琪良：《在摩洛哥王国的六年概忆》，载外交部《当代中国使节外交生涯》编委会编《当代中国使节外交生涯：第三辑》，世界知识出版社，1996，第59–60页。

② 《周恩来同摩洛哥国王哈桑二世会谈记录》（1963年12月28日），转引自廖心文《开启和发展中非关系的两个里程碑——兼谈周恩来的历史贡献》，《党的文献》2013年第2期，第46页。

③ 《周恩来同突尼斯总理布尔吉巴会谈记录》（1964年1月9日），转引自廖心文《开启和发展中非关系的两个里程碑——兼谈周恩来的历史贡献》，《党的文献》2013年第2期，第46页。

摩洛哥专家到中国交流指导。[①]在后来中国派出农业专家帮助摩洛哥掌握种植茶叶的技术后，哈桑二世国王为了感谢中国的这一技术援助，把摩洛哥种植质量最好、产量最高的优良品种脐橙树苗作为礼物送给周恩来总理。这种脐橙被引进到中国后，交由广西农科院负责栽培，但因“水土不服”未能立刻栽培成功，直到1985年，经过广西的科研人员多年研究，才克服了种种困难栽培成功，并将之命名为“摩洛哥脐橙”。[②]

此外，周恩来总理在参观位于卡萨布兰卡[③]的一座炼油厂时，被其采用的现代化设备所吸引。这座炼油厂当时由意大利和法国帮助摩洛哥所建，参观结束后，周恩来总理兴致勃勃地在留言簿上题了字。他写道：“这是一个很好的现代化的炼油厂，建设得很快，管理得很好，并且锻炼出不少技术人员，值得我们学习。”[④]后来在向中共中央做报告时，他指出：“这些国家用外援兴建或接管的新工业，都采用现代化的设备，特点是投资少、设备新、自动化程度大、收效快、用的劳动力少。这对我们进口工业装备和进行援外

---

① 杨琪良：《在摩洛哥王国的六年概忆》，载外交部《当代中国使节外交生涯》编委会编《当代中国使节外交生涯：第三辑》，世界知识出版社，1996，第60–61页。

② 张娟：《摩洛哥脐血橙汁血红呈鹅蛋形在广西栽培成功》，http://news.sina.com.cn/c/2005-03-18/07375391999s.shtml。

③ 卡萨布兰卡（Casablanca），摩洛哥经济首都和非洲金融中心。总人口为3 343 642人（2014年）。卡萨布兰卡的历史可追溯到腓尼基时期的中转码头，古名安发（Anfa）小渔村。大都市卡萨布兰卡地位的兴起是围绕其优良港口而建立了基础。1912年刚占领摩洛哥的法国为了协助在摩洛哥的法国企业运输所挖掘的矿产和农产品到法国本土，从1913年至1917年建设了卡萨布兰卡港口。港口的兴旺使卡萨布兰卡成为非洲贸易最活跃的城市之一。如今卡萨布兰卡是摩洛哥创新、创业和投资的领头羊。

④ 《周总理陈副总理离摩洛哥赴阿尔巴尼亚　阿卜杜拉亲王、国王代表贝拉弗里杰、巴赫尼尼首相到机场欢送　周总理陈副总理访问摩洛哥著名城市卡萨布兰卡受到热烈欢迎》，《人民日报》1964年1月1日，第2版。

工作，提出了一个新的课题。”[①]在毛泽东主席和周恩来总理的批示下，从1963年6月中国同日本签订第一个进口维尼纶成套设备合同开始，在随后的几年中，中国从英国、法国等9个国家引进石油、化工、冶金、矿山、电子和精密机械等国民经济建设急需的成套设备和技术。[②]

12月29日，周恩来总理与摩洛哥首相艾哈迈德·巴赫尼尼举行会谈。基于与哈桑二世国王顺利会谈的成果，双方讨论了两国之间关于经济、技术和文化友好合作关系的发展前景，12月30日在拉巴特的和平宫为签署摩中两国政府联合公报举行仪式。公报主要内容包括：

中国支持摩洛哥政府奉行和平中立的不结盟政策。双方赞成不同社会制度的国家和平共处，赞成进行广泛的和平等互利的国际合作。中国方面感谢摩洛哥国王陛下政府支持恢复中国在联合国的合法权利。

双方赞成实行普遍裁军以及全面禁止和彻底销毁核武器……

……

双方认为争取消除不发达状态的共同斗争同他们反对新殖民主义的斗争是不可分开的。因为，只有当各国人民的经济独立和繁荣昌盛得到保证，他们才能获得真正的独立和自由。

两国政府欢迎非洲统一组织宪章的诞生……。这个组织是按照

---

① 《和平使者——周恩来出访亚非欧十四国》，http://www.china.com.cn/fangtan/zhuanti/2008-12/30/content_17033176.htm。

② 牛建立：《二十世纪六十年代前期中国从西方国家引进成套技术设备研究》，《中共党史研究》2016年7期，第51-53页。

历史性的万隆会议的原则建立起来的。……

同时，双方重申他们赞同不干涉各国内政的原则；主张通过谈判和平解决国际争端；主张在亚非国家之间，本着公平合理的精神，采用同样的方法，解决历史遗留下来的问题；主张消灭殖民主义的一切残余。①

摩洛哥主流媒体对周恩来总理在摩洛哥的访问进行了详细的报道并给予了高度评价。

有媒体就中国对非洲的不懈支持写道："摩洛哥欢迎周恩来总理，也就是欢迎一位始终对非洲大陆、对非洲各国人民表示同情的人物，非洲各国人民对这种同情并不是无动于衷的，而是给以应有的评价的。"②

另一家摩洛哥主流媒体在一篇社论中谈道："作为联合国的会员国，摩洛哥一贯支持——无论是在联合国大会上或是在安全理事会上——中国在这个国际组织中拥有席位，因为，人们不可能长期把六亿五千多万人口的人民排除在外而不危及世界和平和安宁。"③

《人民日报》记者王纬在对摩洛哥实地考察后，发表了关于摩洛哥的介绍性文章《在独立的摩洛哥》。他表示，深深地被摩洛哥人民对中国的热情所打动。他这样描述两国人民的关系："近几年，中摩两国的关系有了可喜的发展。我们不论在拉巴特的街头，卡萨布兰卡的海滨或非斯的小巷里，常常遇到一些看来还很稚气的

① 《中国政府和摩洛哥政府联合公报》，《人民日报》1964年1月1日，第1版。

② 《摩洛哥报纸欢迎周总理的访问　祝这次访问有助于加强两国友好关系》，《人民日报》1963年12月29日，第3版。

③ 同上。

天真的摩洛哥孩子或是戴着面罩的妇女，他们或者走上前来和我们握手，或者低声但却亲切地说一声‘西尼夏比亚’（阿拉伯语：人民中国）。是的，尽管摩洛哥和中国相距那么遥远，但是中摩两国人民的心却靠得很近。”[①]

从这些报道中可以看出，摩洛哥人民对新中国杰出的功臣周恩来总理的敬佩，也可以看出支持中华人民共和国恢复在联合国的合法席位是摩洛哥不动摇的立场。如果“非洲十国之行”的目标是促进中国与非洲国家的外交团结，那么显而易见地，在摩洛哥这一目标确实已经实现了。

2．两代君主的中国情结

1997年6月16日，中国驻摩洛哥大使穆文在向哈桑二世国王递交国书时，传达了中国领导人就哈桑二世国王对中国进行国事访问的邀请。哈桑二世国王的回答流露出这位传奇人物对访问中国的期盼：“我早就盼望着能去中国访问，因为，从感情上来说，我必须这样做；从文化方面来看，也确有需要。”其实哈桑二世国王早在20世纪60年代就提出访华的设想，但鉴于当时的国际局势和摩中两国的情况，此愿望一直未能实现。当摩中关系再度升温时，哈桑二世国王的健康状况已不允许他出访行程较远的国家了。[②]

哈桑二世国王虽然未能如愿访问中国，但他于1991年11月11日，即摩中建交33周年纪念日之时，派遣了已经积极协助他处理国

---

① 《在独立的摩洛哥》，《人民日报》1963年12月30日，第3版。
② 穆文、张辉栩：《对哈桑二世国王的第一印象》，载《从日落之邦说起》，东方出版中心，2008，第104页。

家事务的王储西迪·穆罕默德[①]对中国进行了友好访问。这是摩洛哥王储第一次来到中国，也是摩中建交以来到中国来访的摩洛哥最高领导人。[②]

11月12日，国务院总理李鹏在人民大会堂中央大厅主持隆重仪式，热烈欢迎摩洛哥王储西迪·穆罕默德殿下来中国进行正式友好访问。李鹏总理指出："中国主张国际新秩序应该建立在和平共处五项原则的基础上，世界上各个国家不分大小、贫富、强弱，应该一律平等。"[③]当时，摩洛哥正在积极推动马格里布联盟[④]的发展，李鹏总理认为世界多极化的趋势正在显现，因此包括马格里布联盟在内的许多地区组织，在维护世界和平、促进地区发展方面发挥着积极的作用，中国希望这些地区组织和集团为建立国际政治新秩序做出更大努力。

西迪·穆罕默德王储认为摩中两国深入开展经济与文化合作的时机已成熟。他赞赏中国独立自主的和平外交政策，高度认可李鹏总理的世界各国不论大小、贫富、强弱，应该一律平等的观

---

① 西迪·穆罕默德（Sidi Mohammed），是穆罕默德六世国王王储时期的称呼。西迪（Sidi）和穆赖（Moulay）是北非国家对王室成员男士的尊称，代表"陛下"。女士尊称为拉拉（Lalla），代表"公主"。

② 《应邀来华进行正式友好访问　摩洛哥王储抵京》，《人民日报》1991年11月12日，第1版。

③ 张健、王如君：《李鹏主持仪式欢迎摩洛哥王储　双方会见希望进一步发展两国友好合作关系》，《人民日报》1991年11月13日，第1版。

④ 马格里布联盟（Maghreb Union），成立于1989年2月17日。1990年至1994年马格里布联盟在5个成员国轮流召开了6次峰会，分别是：1990年1月21日至23日突尼斯峰会；1990年7月21日至23日阿尔及尔峰会；1991年3月10日至11日利比亚峰会；1991年9月15日至16日摩洛哥峰会；1992年11月10日至11日毛里塔尼亚峰会以及1994年4月2日至3日突尼斯峰会。王储西迪·穆罕默德访问中国的时期是马格里布联盟最活跃的时期。

点。[①]20世纪90年代的非洲国家已经度过了后殖民时期的混乱，意识到了地区联盟的重要性，因此摩洛哥作为马格里布联盟的推动者，西迪·穆罕默德王储通报了关于该联盟的最新情况。

从摩中领导人在这次会谈中的讲话内容可以看出，1963年周恩来总理对摩洛哥进行友好访问所制定的原则仍然是两国合作的基础。

13日，中国国家主席杨尚昆在人民大会堂会见西迪·穆罕默德王储殿下一行。杨尚昆主席赞扬摩洛哥政府和人民在哈桑二世国王陛下的领导下，在维护民族独立、发展国民经济和改善人民生活方面取得了显著的成就，赞扬摩洛哥奉行中立、不结盟政策以及为促进马格里布联盟建设、为加强阿拉伯国家的团结与合作所做的努力。作为哈桑二世国王的代表，西迪·穆罕默德王储邀请杨主席在方便的时候访问摩洛哥。[②]

首次来到中国，一定要游览中国的名胜古迹。11月13日西迪·穆罕默德王储利用到中国西南方考察的时机，离开北京的第一站就游览了中国古都西安。11月14日在中国外交部副部长杨福昌的陪同下乘专机南下，到达了“山水甲天下”的桂林。当晚西迪·穆罕默德王储与广西壮族自治区王蓉贞副主席和桂林市袁凤兰市长进行会谈并参加晚宴。西迪·穆罕默德王储介绍了此次访华所看到的中国发展的成就，高度赞扬中国人民为改变国家的面貌而努力工作的精神。广西政府采取的农业发展促进措施受到西迪·穆罕默德王

---

① 张健、王如君：《李鹏主持仪式欢迎摩洛哥王储　双方会见希望进一步发展两国友好合作关系》，《人民日报》1991年11月13日，第1版。

② 王如君：《杨主席会见摩洛哥王储　赞扬中摩友好合作顺利发展》，《人民日报》1991年11月14日，第1版。

储的关注，他表示摩洛哥作为农业大国也高度重视农业发展，特别介绍了哈桑二世国王通过实行水坝建设来实现水利自足等措施，摩洛哥人民正在响应国王的号召，争取早日实现粮食自足。

当西迪·穆罕默德王储得知桂林自1973年对外开放以来已经接待300万游客时，高度赞扬了该地政府抓好这一产业的战略发展。西迪·穆罕默德王储回顾在飞机抵达桂林准备落地时，通过机窗已注意到了桂林的青山秀水，田园风光，“宛如仙境一般”。他还高度赞赏所参观的桂林美景，包括芦笛岩和象鼻山。西迪·穆罕默德王储认为摩洛哥与广西可以合作发展旅游业，他表示愿意促进这方面的合作。

西迪·穆罕默德王储对艺术十分热爱。他曾经看到过很多中国画均以桂林山水为素材，因此十分期待第二天的漓江游。游览中他感叹，以前看到中国画时认为世界上很难有这么美的山水，但游了漓江后他才发现，不仅有这样的地方，而且那些中国画虽然艺术水平很高，但远不如实地风光那么深邃，那么引人入胜。西迪·穆罕默德王储在漓江上整整游览了5个小时，平时他公务繁忙，这次游览真是机会难得。[①]

在访华期间，西迪·穆罕默德王储还考察了中国经济发展速度最快的南方城市——广州。16日参观了处于改革开放前列的佛山南海县。19日在离开广州结束访华之时，中国媒体发表了西迪·穆罕默德王储饱含友谊深情的访华观感。这也是王储少数接受媒体的采访之一，可见对中国友好访问之行，的确给王储留下了美好的回忆。

---

①　马勇：《难忘中非友谊——忆非洲三国领导人访问桂林》，《广西文史》2007年第2期，第77-78页。

摩洛哥王储发表访华观感[①]

摩洛哥王储西迪·穆罕默德殿下在结束访华离开广州前对记者发表了洋溢着友情的访华观感。

他说，在离开中华人民共和国的时刻，他愉快地向中华人民共和国政府和尊敬的中国领导人表示深切的谢意和感激。他在这个具有悠久文明的友好国家逗留期间，所到之处都受到了热情的款待、欢迎和关怀。

他说，他曾荣幸地向杨尚昆主席转达了哈桑二世国王陛下的问候，并以国王陛下的名义，向杨主席发出正式访问摩洛哥的邀请。这一访问无疑将为加强两位领导人之间的个人关系及增进两个友好国家和人民之间的友谊作出贡献。

他说，他在北京所进行的有成果的会谈，特别是同杨主席、李鹏总理、总参谋长迟浩田的会谈取得了积极的结果。通过这些会晤，将为巩固两国间在各个领域业已存在的有成效的合作增添新的活力，并将加强两国人民和两国政府间的友好联系和友谊。

他说，令人满意的是，我们两国之间对很多问题的立场是相似的或近乎一致的。我们在最高层继续保持磋商、对话和互访，将保证我们未来的进一步合作取得圆满成功。

他说，他在访问这个历史悠久的国家时看到了令人惊叹的巨大成就，同时感到中国人民的活力、认真精神和能力，他对此表示赞赏。

---

① 蔡忠植：《摩洛哥王储发表访华观感》，《人民日报》1991年11月19日，第4版。

二、山高水长阻不断的官方代表团互访

在政治交往中，官方代表团互访成为政府间常见的交流方式，在增进相互了解、汇报成就、化解矛盾和发展友好合作关系等方面发挥了积极的作用。自摩中建交以来，两国分别组织了包括政府、政党、工会等官方组织的代表团互访，为保持摩中友好关系的发展作出了显著的贡献。

在政府代表团互访方面，进入改革开放后，摩洛哥议会[①]代表团和中国全国人民代表大会代表组成的代表团成为摩中政府交往的主要组织。1981年5月6日，中国全国人大常委会副委员长彭冲接见了以摩洛哥第三副议长穆罕默德·塔基·阿拉·马埃拉伊尼纳[②]为首的摩洛哥议会代表团。双方讨论的主要内容是加强第三世界国家团结的重要性。彭冲副委员长在致辞中高度评价摩洛哥在哈桑二世国王的领导下对阿拉伯和巴勒斯坦人民、非洲人民的正义事业的一贯支持，以及对遭受外来侵略的阿富汗和民主柬埔寨人民所给予的同情和声援。马埃拉伊尼纳副议长也对中国的不干涉别国内政的原则以及在国际上所持的建设性的、负责的立场表示赞赏。[③]从摩中

---

① 摩洛哥议会，摩洛哥的立法机构，位于首都拉巴特。1904年苏丹·穆莱·阿卜杜拉齐兹（Sultan Moulay Abdelaziz）成立“贵族委员会”负责起草摩洛哥历史上第一个宪法，但因1912年法国和西班牙的占领未能公布。随着反殖民主义活动的升级，法国殖民当局于1947年建立了经过选举产生的咨询委员会（Consultative Chambers）作为一种分权的让步行动。1955年摩洛哥为迎接独立成立了议会，其成员是由摩洛哥爱国人士组成，由迈赫迪·本·巴尔卡（Mehdi Benbarka）担任主席。该议会的主要任务是筹备未来全国选举的机制。1963年摩洛哥通过了宪法，实行议会两院制。如今的摩洛哥议会由众议院（395位议员）和参议院（90至120位议员）组成。

② 穆罕默德·塔基·阿拉·马埃拉伊尼纳（Mohamed Taqi Allah Maelainine），摩洛哥政治家和教授。拉巴特穆罕默德五世大学、摩洛哥国家公共管理学院和摩洛哥高等媒体学院教授；1977年至1993年担任摩洛哥众议院议员和第三副议长；1994年担任宪法委员会（Constitutional Council）法官。

③ 《人大常委会欢宴摩洛哥议会代表团　彭冲和马埃拉伊尼纳讲话表示要加强第三世界的团结》，《人民日报》1981年5月7日，第4版。

两国代表的表态可看出双方对国际重大问题的一致态度。

一年以后，即1982年4月19日，彭冲副委员长率领中国人大代表团回访摩洛哥，并与摩洛哥首相马蒂·布阿比德①和议长戴伊·乌尔德·西迪·巴巴②分别举行了工作会议。此后摩洛哥议会和中国人大代表团的互访成为摩中政府之间的交流惯例。在这些工作会议上，摩方主要介绍摩洛哥政府和人民在维护民族独立，发展民族经济和文化方面所取得的成就以及摩洛哥在国际事务中所奉行的独立自主和不结盟的外交政策。中方主要介绍了中国在改革开放后所取得的经济成就以及如何在未来合作中保持友好关系和加强与摩洛哥的全面合作。③

在政党代表团方面，中国共产党与摩洛哥的主要党派一直保持着友好的交流，其中包括同样具有社会主义背景的党派以及支持民族独立的右派党派。

---

① 马蒂·布阿比德（Maati Bouabid），摩洛哥政治家和律师。1927年11月11日出生于摩洛哥卡萨布兰卡。20世纪50年代加入人民力量全国联盟（National Union of Popular Forces-UNFP）； 1958年担任摩洛哥就业与社会事务大臣；1963年成为众议院议员；1977年担任司法部大臣、律师协会主席以及卡萨布兰卡著名的拉贾足球俱乐部（Raja Club Athletic）的主席；1979年至1983年担任摩洛哥首相。1983年创建宪法联盟（Constitutional Union）党；1996年11月1日逝世。

② 戴伊·乌尔德·西迪·巴巴（Dey Ould Sidi Baba），摩洛哥杰出爱国人士、政治家和外交家。1921年出生于毛里塔尼亚的阿塔尔（Attar）城。1958年5月27日决定回到摩洛哥，并开始了其杰出的政治生涯。1959年担任摩洛哥外交部长顾问并设立了非洲事务司；1963年担任摩洛哥常驻联合国授权大使和摩洛哥在联合国安理会代表；1964年至1965年担任负责调查越南和柬埔寨的边界争端的安理会调查委员会主席；1964年至1967年担任安全理事会任命的专家组成员，负责调查南非的种族隔离问题，1965年至1967年任摩洛哥驻联合国常驻大使；1967年回摩洛哥担任国王办公室主任；1971年至1972年担任摩洛哥驻沙特阿拉伯大使；1972年至1973年担任国王办公室主任；1973年至1974年担任教育部大臣；1974年担任宗教基金与伊斯兰事务大臣；1977年与艾哈迈德·奥斯曼（Ahmed Osman）创立摩洛哥全国自由人士联盟（National Rally of Independents-RNI）党并自1977年至1983年担任摩洛哥众议院主席。

③ 《摩洛哥首相布阿比德会见我人大代表团》，《人民日报》1982年4月23日，第7版。

早在1956年9月23日，当时摩中尚未建交，摩洛哥政治人物、摩洛哥共产党[①]第一书记阿里·亚塔[②]就率团参加中国共产党第八次全国代表大会并致辞。亚塔书记还趁机向与会人员传达了获得独立的摩洛哥百姓对中国的“友谊、尊敬、钦佩和感激”。[③]1965年2月9日至16日，应中共中央邀请，他再次率摩洛哥共产党代表团与中国共产党进行了政党间交流。其间中共中央总书记邓小平，政治局候补委员、书记处书记康生和中央委员刘宁一与其进行了友好会谈，并设宴招待。摩洛哥共产党改名为进步和社会主义党后，亚塔总书记于1985年8月4日再次率团访问中国，并与中共中央总书记胡耀邦以及中共中央书记处候补书记乔石进行了交流并同意恢复两党关系和友好往来。

另一个到访中国的具有社会主义背景的党派是摩洛哥人民力量

---

① 摩洛哥共产党（Moroccan Communist Party–PCM），成立于1943年，是殖民时期摩洛哥工人阶级的代言人。第一任总书记是法国人莱昂·苏丹（Leon Sultan）；1945年摩洛哥爱国人士阿里·亚塔（Ali Yata）担任总书记；20世纪50年代遭遇党禁；1968年更名为解放和社会主义党（Party of Liberation and Socialism–PLS），但于次年再度遭遇党禁；1974年以摩洛哥进步和社会主义党（Party of Progress and Socialism–PPS）再次出现并一直存在至今，成为摩洛哥温和左派的党派。

② 阿里·亚塔（Ali Yata），摩洛哥独立事业杰出爱国人士、政治家。1920年出生于摩洛哥丹吉尔。1943年参与创建摩洛哥共产党（该党由法国共产党党员定居者主张创立）并于1945年担任总书记。1944年1月11日亲笔签署了向法国殖民当局提交的《独立宣言》（*Manifesto of Independence*）请愿书；1948年被法国殖民总督驱逐到海外，开始流亡生涯。他先后被关押在卡萨布兰卡、阿尔及尔、马赛、巴黎等城市的监狱，1953年甚至被判处死刑。1957年结束流亡生活回到摩洛哥。因与苏联关系恶化，1960年摩洛哥共产党被冻结后，他创立了摩洛哥解放与社会主义党。1969年该党因过于激进与政府对抗也遭遇冻结。1974年他又创立了摩洛哥进步和社会主义党（Party of Progress and Socialism–PPS）并开始主张较温和的改革呼吁活动。1997年8月12日在卡萨布兰卡逝世，享年76岁。此后，摩洛哥进步和社会主义党改由穆莱·伊斯梅尔·阿拉维（Moulay Ismail Alaoui）担任总书记。

③ 《在中国共产党第八次全国代表大会上　摩洛哥共产党代表团团长亚塔同志致词》，《人民日报》1956年9月24日，第2版。

全国联盟[①]。1959年9月28日至10月18日，其应中国人民外交学会的邀请来中国访问并参加建国十周年庆祝典礼。摩洛哥人民力量全国联盟代表团团长是摩洛哥独立的功臣之一、亚非拉三大洲人民会议（Organization of Solidarity with the People of Asia，Africa and Latin America）副主席迈赫迪·本·巴尔卡[②]总书记，代表团副团长由后来摩洛哥第一任驻华大使阿卜杜勒·拉赫曼·兹尼贝尔[③]担任。在结束对中国的访问后，本·巴尔卡发表了有关摩洛哥人民要求撤走外国军队的谈话，并声称，中国在解放后10年所取得的成果对发展中国家有借鉴意义。

---

① 摩洛哥人民力量全国联盟（National Union of Popular Forces-UNFP），1959年11月6日与独立党分裂而成立的“左”倾党派。阿卜杜拉·易卜拉欣（Abdellah Ibrahim）担任第一任总书记。20世纪60年代因当时的领导人与哈桑二世国王因政权发生冲突而遭遇了逮捕或被流放。自1972年起该党抵制了所有的政治活动。1975年人民力量社会主义联盟（Socialist Union of Popular Forces-USFP）从该党分裂，成为摩洛哥最具影响力的左派力量。

② 迈赫迪·本·巴尔卡（Mehdi Benbarka），摩洛哥爱国人士、亚非拉杰出国际主义领袖。1920年出生于摩洛哥首都拉巴特，是殖民时期少数能够完成大学学业的摩洛哥优秀人才（当时每年只有20名摩洛哥人高中毕业）。他先后在阿尔及利亚（同样处于法国殖民统治）和巴黎完成学业，成为第一位获得数学学位的摩洛哥人。17岁时加入国家实现改革党（National Party for the Realization of Reforms）。1942年回摩洛哥后参与创建摩洛哥独立党。1944年亲笔签署了向法国殖民当局提交的《独立宣言》（*Manifesto of Independence*）请愿书。本·巴尔卡的反殖民活动很快使他成为法国殖民当局的头号敌人。1951年2月开始被软禁在家；1955年他参加了与法国的独立谈判。1959年他离开独立党并创建摩洛哥人民力量全国联盟（National Union of Popular Forces-UNFP）。1963年因与国王哈桑二世对于摩洛哥与阿尔及利亚关系持有不同意见而被驱逐，从而在海外开始了国际革命传播的生涯。本·巴尔卡在担任亚非拉三大洲人民会议（Organization of Solidarity with the People of Asia，Africa and Latin America）副主席时，于1965年10月29日在法国神秘失踪，至今他的失踪之谜仍未被揭开。

③ 阿卜杜勒·拉赫曼·兹尼贝尔（Abderrahmane Zniber），摩洛哥独立事业杰出爱国人士、外交家。20世纪10年代出生于摩洛哥古城塞拉（Salé）的知识分子家庭。在殖民时期成为摩洛哥首名医学博士。因反对殖民当局，于1940年成为在摩洛哥的法国民兵极端组织的暗杀对象。摩洛哥独立后与社会主义阵营国家保持了良好的关系，1959年担任摩洛哥驻苏联大使；1962年4月28日抵达北京，并于1962年5月1日向中国国家主席刘少奇递交国书，成为摩洛哥第一任驻中国大使。

中国实施改革开放以后，也开始与摩洛哥民主党派进行交流，其中就有对摩洛哥近代历史影响最深的摩洛哥独立党[①]。1981年10月8日，摩洛哥独立党执行委员会委员与总监阿卜杜·萨拉姆·本·阿卜杜·贾利勒率领的摩洛哥独立党代表团访华，与国务院副总理姬鹏飞和中国国际交流协会会长李一氓进行友好交谈。[②]2004年3月16日，中共中央政治局常委、全国政协主席贾庆林在人民大会堂会见独立党总书记阿巴斯·法西[③]为团长的摩洛哥独立党代表团。[④]另一个同样属于民主党派的是建党于1978年的摩洛哥全国自由人士联盟[⑤]，

---

① 摩洛哥独立党（Independence Party），由摩洛哥爱国人士阿拉·法西（Allal El Fassi）于1934年创建。是摩洛哥现代历史上成立的第一个党派。在殖民时期，该党联合穆罕默德五世国王共同与法国殖民当局展开政治对抗。独立后独立党一直是摩洛哥重要的政治力量之一。如今的总书记是原摩洛哥财政部大臣尼扎尔·巴拉卡（Nizar Baraka）。

② 《李一氓会见摩洛哥独立党代表团》，《人民日报》1981年10月9日，第4版。

③ 阿巴斯·法西（Abbas Fassi），摩洛哥政治家和政党领袖。1940年9月18日出生于摩洛哥东北部城市贝尔坎（Berkane）。1961年担任摩洛哥学生总会（General Union of Students of Morocco–UGEM）主席；1972年担任摩洛哥人权联盟（The Moroccan League of Human Rights–LMDDH）主席；1973年担任摩洛哥法学家协会执行委员会委员（Moroccan Association of Jurists–AMJ）；1974年进入独立党执行委员会；1977年至1981年担任摩洛哥住房和国土规划大臣；1981年至1985年担任摩洛哥手工艺及社会事务大臣；1984年成为摩洛哥众议院议员；1985年担任摩洛哥驻突尼斯和阿拉伯联盟大使；1990年至1994年担任摩洛哥驻法国大使；1998年担任独立党总书记；2000年担任就业、培训、社会发展和团结部大臣；2007年在独立党赢得议会选举后被摩洛哥穆罕默德六世国王任命为首相。

④ 《贾庆林会见摩洛哥客人》，《人民日报》2004年3月17日，第1版。

⑤ 摩洛哥全国自由人士联盟（National Rally of Independents–RNI），由艾哈迈德·奥斯曼（Ahmed Osman）于1978年创建。从建立之初就主张采取深入的自由化改革措施。如今的总书记是摩洛哥农业部大臣阿齐兹·阿克汉努什（Aziz Akhannouch）。

其总书记艾哈迈德·奥斯曼[①]曾于1962年担任哈桑二世国王的来华特使。1987年3月29日，作为摩洛哥全国自由人士联盟主席、议长的奥斯曼率摩洛哥全国自由人士联盟代表团与中共中央政治局委员习仲勋在人民大会堂进行友好交流。[②]

1986年4月22日，中共中央委员、中联部顾问张香山率中国共产党代表团在拉巴特受到了摩洛哥进步和社会主义党总书记阿里·亚塔的接见[③]。这是中国共产党首次对摩洛哥兄弟党派进行友好访问。[④]1988年1月15日由中共中央委员、中联部部长朱良率领的中共代表团再次对摩洛哥进行为期6天的访问并分别与全国自由主义者联合党、人民力量社会主义联盟、独立党、摩洛哥进步和社会主义党等摩洛哥政党举行工作会谈。[⑤]

当进入21世纪后，中国共产党代表团对摩洛哥的访问变得更加频繁。2000年至2010年，中共的访摩代表团开始由各省领导人率领，包括中共山东省委书记吴官正、广东省委书记张德江、宁夏回族自治区党委书记陈建国以及广西壮族自治区党委书记郭声琨。中

---

① 艾哈迈德·奥斯曼（Ahmed Osman），摩洛哥政治家。1930年1月3日出生于摩洛哥东部城市乌吉达（Oujda）。1955年在法国获得法律博士学位；1961年至1972年曾担任摩洛哥驻联邦德国大使；1967年担任摩洛哥驻美国、墨西哥和加拿大大使；1970年任行政事务大臣；1971年国王办公室主任；1972年至1979年曾担任摩洛哥首相；1978年创立摩洛哥民族独立集会（National Rally of Independents）党；1984年至1992年担任众议院议长。

② 《习仲勋会见摩洛哥全国自由人士联盟代表团》，《人民日报》1987年3月30日，第4版。

③ 摩洛哥进步和社会主义党（Party of Progress and Socialism – PPS），1968年被党禁的原解放和社会主义党（Party of Liberation and Socialism–PLS）的衍生组织。1995年，该党放弃了共产主义意识形态。如今的总书记是原国土治理、城市化、住房与城市政策大臣穆罕默德·纳比尔·贝纳卜杜拉（Mohamed Nabil Benabdallah）。

④ 《摩进步和社会主义党总书记接见中共代表团》，《人民日报》1986年4月28日，第6版。

⑤ 《中共代表团结束对摩洛哥的访问》，《人民日报》1988年1月25日，第6版。

国的地方代表团分别由摩洛哥首相、人民力量社会主义联盟[①]第一书记阿卜杜勒·拉赫曼·优素菲[②]、首相德里斯·杰图[③]以及首相、独立党总书记阿巴斯·法西会见。此后的中共代表团主要以介绍中国国内形势、中国共产党领导的多党合作和政治协商制度，以及中国党的十八大后的新理念、思想和倡议为主。

另外一些具有半官方背景的组织和民间组织也会组织代表团互访。例如1959年7月18日，全国人民代表大会代表马卓洲率领中国穆斯林朝觐团到达卡萨布兰卡，随后访问了摩洛哥12个城市并参观了20多个清真寺[④]；20世纪60年代初摩洛哥劳工联合会和中国总工会代

---

① 人民力量社会主义联盟（Socialist Union of Popular Forces–USFP），1975年经与人民力量全国联盟（National Union of Popular Forces–UNFP）分裂而成立，并由阿卜杜勒·拉希姆·布阿比德（Abderrahim Bouabid）担任总书记。2002年的选举曾在议会获得50多个议席并联合独立党成立由阿卜杜勒·拉赫曼·优素菲（Abderahamane Youssoufi）任首相的政府内阁。

② 阿卜杜勒·拉赫曼·优素菲（Abderahamane Youssoufi），摩洛哥杰出的政治家、律师。1924年3月8日出生于摩洛哥丹吉尔。1944年开始在卡萨布兰卡社会主义运动中参加反殖民主义活动；1952年至1960年在丹吉尔当律师；1959年加入人民力量全国联盟（National Union of Popular Forces–UNFP）；因参与反对派的地下活动于1959年和1963年被判刑，此后选择在法国流亡长达15年；1980年回摩洛哥创建人民力量社会主义联盟（Socialist Union of Popular Forces–USFP）并于1992年担任总书记；1998年至2002年担任摩洛哥首相；2003年退出政治活动。

③ 德里斯·杰图（Driss Jettou），摩洛哥政治家、企业家。1945年5月24日出生于摩洛哥杰迪达城。1966年毕业于拉巴特穆罕默德五世大学物理化学专业；1968年获得伦敦库尔德外尼尔学院企业管理文凭（Cordwainers Colleges of London）；1968年至1993年在多个企业担任要职并担任摩洛哥皮革联盟（Moroccan Federation of industries of leather–FEDIC）主席和摩洛哥出口商协会（Moroccan Association of Exporters–ASMEX）副主席，与此同时他参与创立摩洛哥企业总联合会（General Confederation of the Companies in Morocco–CGEM）。1993年担任贸易与工业部大臣；2001年担任内务部大臣；2002年至2007年担任摩洛哥首相。2012年至今担任摩洛哥审计法院主席，负责所有部门的贪污和渎职监督。

④ 《我穆斯林朝觐代表团离摩洛哥去突尼斯》，《人民日报》1959年8月5日，第5版。

表团互访，共同参加五一庆祝系列活动[①]；1982年6月摩洛哥红新月会[②]会长拉拉·马利卡公主[③]接待中国红十字会代表团；[④]1982年6月摩洛哥妇女联合会[⑤]主席拉拉·法蒂玛·佐赫拉公主[⑥]接待中华全国妇女联合会代表团[⑦]。

三、别具一格的特使派遣

摩洛哥是君主立宪制国家，虽然实行多党民主选举制，但国王仍然是摩洛哥最高政治和军事统帅，为由首相带领的民选政府制定执政方向。其中关系到国家统一的外交事务由国王亲自主抓。在与不同国家的交流中，国王经常会派遣特使来说明摩洛哥对国际事务的立场、分享所持观点和化解一些矛盾。在摩中关系交往历史中，

---

① 《摩洛哥和印度尼西亚工会代表回国》，《人民日报》1961年6月7日，第4版；《我国工会代表团到摩洛哥访问》，《人民日报》1963年2月1日，第3版。

② 摩洛哥红新月会（Moroccan Red Crescent），成立于1957年并于次年获得红十字国际委员会（International Committee of the Red Cross）认可。

③ 拉拉·马利卡公主（Princesse Lalla Malika），摩洛哥王室成员。出生于1933年3月14日，是穆罕默德五世国王的女儿，穆罕默德六世国王的姑姑。自1967年起担任摩洛哥红新月会会长。

④ 《我红十字会代表团结束对摩洛哥的访问回国》，《人民日报》1982年5月24日，第6版。

⑤ 摩洛哥妇女联合会（National Union of Moroccan Women–UNFM），由哈桑二世国王于1969年5月创建，并任命拉拉·法蒂玛·佐赫拉公主（Princesse Lalla Fatima Zohra）担任会长，2014年佐赫拉公主去世后，穆罕默德六世国王任命妹妹拉拉·玛丽亚姆公主（Princesse Lalla Meryem）担任会长。该联合会的目标是支持女性自主创业、提供职业培训以及传播有利于女性自我提升的知识。

⑥ 拉拉·法蒂玛·佐赫拉公主（Princesse Lalla Fatima Zohra），摩洛哥王室成员。出生于1929年6月29日，是穆罕默德五世国王的长女。1961年与后来担任摩洛哥驻法国大使的同样为王室成员的穆赖·阿里·阿拉维（Moulay Ali Alaoui）结婚。孕育两个男孩和一个女孩，其中女孩是现任摩洛哥驻美国大使拉拉·朱马拉（Lalla Joumala）。1969年至2003年曾经担任摩洛哥妇女联合会（National Union of Moroccan Women–UNFM）主席。2014年8月10日在拉巴特逝世，享年85岁。

⑦ 《我妇联代表团结束对摩洛哥的访问》，《人民日报》1982年6月22日，第6版。

哈桑二世国王和穆罕默德六世国王均派遣了特使，其传达的内容根据不同时期的世界格局各有侧重。根据惯例，特使传达的内容一般不会公布于众，但结合历史的特殊背景、访问期间的一些活动、与会人员的安排，可以推断出讨论的主要内容。

第一次充当特使角色的是摩洛哥左派领袖阿卜杜勒·拉希姆·布阿比德[①]，1974年7月30日，哈桑二世国王派遣他到世界多个国家表达摩洛哥维护领土完整的观点。他到达北京后，与中国外交部部长姬鹏飞进行了会面。[②]由于此行任务主要与北非反殖民活动有关，因此在摩洛哥驻中国大使馆举行的宴会中也邀请阿尔及利亚、毛里塔尼亚与突尼斯驻中国的外交使节参加。[③]

1976年4月14日，哈桑二世国王再派遣穆罕默德·布塞塔[④]特使到北京与中国外交部部长乔冠华会晤，谈及有关摩洛哥领土完整

---

① 阿卜杜勒·拉希姆·布阿比德（Abderrahim Bouabid），摩洛哥独立事业杰出爱国人士、政治家和律师。1922年3月23日出生于摩洛哥塞拉（Salé）古城，1942年在菲斯任教时开始参加反殖民主义活动并遭遇监禁。1945年在巴黎政治学学院获得学士学位；1944年1月11日亲笔签署了向法国殖民当局提交的《独立宣言》（*Manifesto of Independence*）请愿书；1949年进入了独立党的核心领导层并出版了《独立报》（*L'Indépendance*）；1956年担任摩洛哥驻法国大使；1958年担任摩洛哥国家经济和农业大臣；1960年成为众议院议员；1975年担任民主力量社会主义联盟（Socialist Union of Popular Forces–USFP）第一任总书记并连任该职务直到1992年逝世。

② 《姬鹏飞外长举行宴会　欢迎摩洛哥国王哈桑二世特使布阿比德》，《人民日报》1974年8月1日，第2版。

③ 《为摩洛哥国王哈桑二世的特使布阿比德访华 祖海里大使举行宴会》，《人民日报》1974年8月2日，第4版。

④ 穆罕默德·布塞塔（Mhamed Boucetta），摩洛哥独立事业杰出爱国人士、政治家和律师。1922年8月出生于摩洛哥红城马拉喀什。1958年担任外交事务国务秘书（部级）；1961年担任司法部大臣；1977年担任外交与合作大臣；1974年至1998年担任摩洛哥独立党总书记。2003年穆罕默德六世国王任命他为摩洛哥皇家家庭法审查咨询委员会（Royal Advisory Commission for the Review of the Moudawana–CRCM）主席，负责协调摩洛哥社会开放与保守人士之间的关系，制定出对妇女公平的家庭法。

问题。[①]

此后，特使派遣所传达的内容主要就围绕摩洛哥领土完整问题的新动态：包括1981年派遣前首相艾哈迈德·奥斯曼；1991年派遣哈利亨·乌尔德·拉希德[②]为特使与中国国务委员兼外交部长钱其琛会面；1994年3月10日，派遣原摩洛哥驻华大使、摩洛哥外交与合作国务大臣阿卜杜·拉蒂夫·菲拉利[③]率特使团来北京与中华人民共和国副主席荣毅仁举行会谈。[④]

哈桑二世国王对派往中国的特使的选择非常细心。考虑到特使的党派、身份以及对中方的了解程度等各个方面，从以下选派的特使特点，就可以清晰地看出这一点。如选择与中国政府意识形态相近的社会主义党派人士如布阿比德和阿拉维，与中国曾经有深厚交情的如原驻华大使菲拉利，以及与派遣目的身份相一致的官员如哈利亨纳。显然哈桑二世国王认为特使的正确选择可以更好地传

---

① 《摩洛哥国王哈桑二世的特使布塞塔到京 乔冠华外长宴请布塞塔特使》，《人民日报》1976年4月15日，第5版。

② 哈利亨·乌尔德·拉希德（Khalihenna Ould Errachid），摩洛哥日归巴特（Reguibat）部落有影响力的领袖。1951年出生于摩洛哥阿尤恩市（Laayoune）。1977年开始，担任摩洛哥政府不同的职务；1983年到2006年一直担任南方省份省会阿尤恩市长。2006年担任了旨在推进摩洛哥撒哈拉省份自治进程的撒哈拉事务皇家咨询委员会（Royal Advisory Council for Saharan Affairs-CORCAS）的主席。

③ 阿卜杜·拉蒂夫·菲拉利（Abdellatif Fillali），摩洛哥政治家、外交家。1929年1月26日出生于贝尼·梅拉勒（Beni Mellal）。1958年至1959年担任摩洛哥驻联合国临时代办；1962年至1963年担任摩洛哥驻比荷卢经济联盟大使；1965年至1967年担任摩洛哥驻华大使；1968年担任摩洛哥高等教育部大臣；1971年担任摩洛哥外交部大臣；1973年担任摩洛哥驻马德里大使并全面主持与西班牙撒哈拉撤军谈判；1978年再度回联合国担任摩洛哥驻联合国代表；1980年担任摩洛哥驻伦敦大使；1983年担任信息部大臣；1985年至1999年担任摩洛哥外交部大臣，1994年至1998年期间担任摩洛哥首相。2009年3月20日逝世。

④ 《摩洛哥国王特使到京》，《人民日报》1981年5月25日，第4版；《钱其琛会见摩洛哥政府特使》，《人民日报》1991年4月3日，第4版；《荣毅仁会见摩洛哥国王特使　中摩外长举行会谈》，《人民日报》1994年3月10日，第4版。

达内容。

穆罕默德六世国王继任后也延续了特使派遣的方式。2000年11月6日，穆罕默德六世国王派遣特使阿卜杜勒·阿齐兹·梅齐亚呢·贝尔法格[①]向中国国家主席江泽民递交了国王的亲笔信，内容主要是关于当时以色列方面采取的武装行动，造成了巴勒斯坦大量平民伤亡和财产损失的中东危机。穆罕默德六世国王作为耶路撒冷委员会主席，希望以色列立即从巴勒斯坦自治区撤军，并且赞赏中国作为安理会常任理事国在和平进程中发挥的重要作用。[②]2002年3月25日穆罕默德六世国王派遣了摩洛哥领土管理、城建、住房与环境大臣穆罕默德·亚兹吉[③]来北京与中国外交部长唐家璇会面[④]；2003年5月13日，摩洛哥农业和乡村发展大臣莫昂·安萨尔[⑤]作为摩洛哥国王特使来北京与中国外交部部长李肇星就如何深化摩中的合作

---

① 阿卜杜勒·阿齐兹·梅齐亚呢·贝尔法格（Abdelaziz Meziane Belfkih），摩洛哥哈桑二世国王和穆罕默德六世国王的顾问。1944年出生于摩洛哥东部城市陶里尔特堡（Taourirt）。贝尔法格的职业生涯开始是担任基础设施工程师。1992年至1995年担任摩洛哥农业和农业改革部大臣；1995年至1997年担任公共设施部大臣；1997年至1998年担任农业、设备和环保部大臣；1998年4月24日担任哈桑二世国王顾问并在穆罕默德六世继任王位后继续担任该职务直到于2010年5月9日逝世。

② 《唐家璇会见摩洛哥国王特使》，《人民日报》2000年11月7日，第4版。

③ 穆罕默·亚兹吉（Mohamed El Yazghi），摩洛哥政治家、律师。1935年9月28日出生于菲斯（Fes）。1977年担任摩洛哥国家媒体工会秘书长和代表肯尼特拉市的议会议员；1991年担任民主力量社会主义联盟（USFP）副总书记；1998年至2002年担任国土规划、环境、城市规划和住房部大臣；2002年至2007年担任国土规划、水利、环境部大臣；2003年担任民主力量社会主义联盟（USFP）总书记。

④ 《唐家璇会见摩洛哥客人》，《人民日报》2002年3月26日，第4版。

⑤ 莫昂·安萨尔（Mohand Laenser），摩洛哥目前为止在职最久的政治家。1942年出生于中部阿特拉斯山艾莫泽·马木沙（Imouzzer Marmoucha）小镇。1969年开始在摩洛哥邮电部担任过多个高层职务，最后于1983年11月30日担任了该部门的大臣；2002年至2007年担任摩洛哥农业、农村发展与渔业部大臣；2012年担任摩洛哥内务部大臣；2013年担任摩洛哥城市与国家领土规划部大臣。自1993年至今担任摩洛哥人民运动党（Popular movement-MP）总书记。2015年担任菲斯-梅克纳斯大区主席。

问题进行探讨。[①]

自2003年起，穆罕默德六世国王还多次派遣国王办公室顾问塔伊布·法西·费赫里[②]作为国王特使访华并协调中国国家主席胡锦涛对摩洛哥访问的前期筹备工作。除了派遣大臣们作为特使，穆罕默德六世国王还派遣了摩洛哥进步和社会主义党（Party of Progress and Socialism–PPS）总书记穆莱·伊斯梅尔·阿拉维[③]于2009年4月8日与中国外交部部长杨洁篪和外交部部长助理翟隽分别举行会谈，就有关摩中双边关系和共同关心的地区问题交换了意见。[④]

从两国交往记录中可以看出中国政府较少派遣特使，但1999年7月却有一次破例。在得知摩洛哥国王哈桑二世逝世的消息后，24日江泽民主席向摩洛哥新任国王穆罕默德六世致唁电，26日国务院副总理吴邦国到摩洛哥王国驻华使馆吊唁摩洛哥国王哈桑二世不幸逝世。因作为穆斯林的葬礼的特殊性，中国政府便派遣负责宗教事务

---

① 《李肇星会见摩洛哥国王特使》，《人民日报》2003年5月14日，第4版。

② 塔伊布·法西·费赫里（Taieb Fassi Fihri），摩洛哥政治家、外交家。1958年4月9日出生于摩洛哥卡萨布兰卡。1980年在国家统计与应用经济学院（National Institute of Statistics and Applied Economics–INSEA）获得统计应用工程师资格；1981年在法国万神殿索邦大学（University Paris 1 Panthéon Sorbonne）获得公共经济与规划硕士学位；1984年在巴黎政治学院（Institute of Political Studies in Paris）获得博士学位。1986年担任摩洛哥外交与国际合作部欧盟事务处处长；1989年担任大臣办公厅主任；1993年担任摩洛哥外交部国务秘书（部级）；2002年至2012年间担任外交部大臣；2012年至今担任摩洛哥穆罕默德六世国王办公室顾问；2012年至今担任国王顾问。

③ 穆莱·伊斯梅尔·阿拉维（Moulay Ismail Alaoui），摩洛哥政治家。1940年3月11日出生于摩洛哥塞拉（Salé）城。毕业于巴黎索邦大学地理学院；后成为穆罕默德五世大学文学与人文学院教授；1962年加入摩洛哥共产党（Moroccan Communist Party–PCM）；1984年至1992年担任议会议员；1997年至2010年担任摩洛哥发展与社会主义党（原摩洛哥共产党）总书记；2000年曾经担任摩洛哥教育部大臣以及2001年摩洛哥农业、农村发展、水利与林业部大臣。

④ 《杨洁篪会见摩洛哥国王特使》，《人民日报》2009年4月9日，第4版。

的国务委员司马义·艾买提作为中国政府特使，参加了于25日下午在拉巴特举行的摩洛哥已故国王哈桑二世的葬礼仪式。[①]

总体而言，哈桑二世国王派遣特使的目的主要是向中国政府传达摩洛哥政府的最新动态以及在维护领土完整方面所做出的努力。穆罕默德六世国王即位后，拓宽了特使交流的范围，进入到如何加强摩中在各个经济领域的合作等更广泛领域。

四、增进互相认识的大使馆主题联谊活动

在当代外交关系中，驻外大使馆层面会定期举办招待会和宴会，通过展示本国文化、共同庆祝对方的重要节日来增进相互之间的认识。

摩洛哥驻华大使馆会经常展示一些本国历史人物、文化风俗资料。其中就展示过一位在摩中外交历史长河中杰出的外交家，他所作出的伟大贡献受到了摩中领导人共同的高度赞扬。他就是出生在距今700年前、于14世纪曾来到中国的摩洛哥旅行家伊本·白图泰。周恩来总理在1963年访问伊本·白图泰出生地、摩洛哥北部城市丹吉尔时，如此评价他："伊本·白图泰为阿拉伯人、穆斯林和全世界了解中国文化做出了重要贡献。我们相信，伊本·白图泰在东西方文明的对话中发挥了有力的作用。"[②]在接待周恩来总理的国宴上，哈桑二世国王表示摩洛哥人早就认识中国，他说："我国杰出的旅行家、中世纪最伟大的探险家丹吉尔的伊本·拔图塔（伊

---

① 《摩为哈桑二世举行隆重葬礼　我政府特使出席并与新国王亲切交谈》，《人民日报》1999年7月27日，第6版。

② 于小青、石凌：《本网记者专访摩洛哥皇家科学院的院士塔奇先生》，http://news.sina.com.cn/w/2006-10-26/150910333305s.shtml。

本·白图泰）访问过中国，在那里逗留，并且在中国的某些城市担任过官职。他在他的题为《在美好国家旅行者的欢乐》的名著中写下了关于贵国的杰出篇章。”[①]1998年1月8日，哈桑二世国王接见中国副总理兼外交部部长钱其琛并在他再次邀请哈桑二世国王方便的时候访华时，感慨地回答：“中国是文明古国，智慧之邦。14世纪，摩洛哥旅行家伊本·白图泰在没有飞机的情况下居然去了中国，而我至今还没有去过，我对此感到羞愧。”[②]2018年9月5日，在中非合作论坛结束后，中国国家主席习近平会见摩洛哥首相萨杜丁·欧斯曼尼[③]时指出，中摩交往源远流长，早在14世纪，摩洛哥著名旅行家伊本·白图泰就来到中国，沟通了中国与非洲和阿拉伯世界的联系。[④]

在摩中交往史中，摩洛哥驻中国大使馆招待会一般用于纪念摩洛哥国王即位日和中国国庆节，而宴会则一般在建交纪念日或有代

---

① 《在为周恩来总理举行的国宴上 摩洛哥国王哈桑二世和周恩来总理的讲话》，《人民日报》1963年12月30日，第3版。

② 穆文、张辉桐：《一次满怀深情的谈话》，载《从日落之邦说起》，东方出版中心，2008，第105–106页。

③ 萨杜丁·欧斯曼尼（Saadeddine Othmani），摩洛哥政治家和心理医生。1956年1月16日出生于摩洛哥西南部城市伊奈兹甘（Inezgane）。1986年毕业于卡萨布兰卡哈桑二世大学医学系；1994年在卡萨布兰卡大学医院中心（University Hospital Center of Casablanca）获得心理学文凭；1994年至1997年在拜赖希德心理学医院（Berrechid Psychiatric Hospital）从医。学医期间同时攻读伊斯兰教相关专业。1987年在哈桑尼亚圣训学院（Dar EL hadith EL Hassania）获得硕士学位。1997年赢得伊奈兹甘市选举开始政治生涯；1998年他参与了与人民运动党（Popular Movement–MP）分裂活动，组成人民民主宪法运动（Constitutional Democratic People's Movement–MPDC）并担任主任，该组织是后来公正与发展党（Party of Justice and Development–PJD）的前身；1999年担任公正与发展党副总书记；2001年至2002年担任议会外交事务委员会副主席；2004年担任总书记；2008年任全国委员会委员长和国际关系委员会主席；2012年担任外交部大臣；2017年担任摩洛哥首相。

④ 张子扬：《习近平会见摩洛哥首相欧斯曼尼》，http://www.chinanews.com/gn/2018/09-05/8619624.shtml。

表团访问时举行。通常通过招待会与宴会，大使会向与会的重要客人传达本国最高领导人的问候并介绍本国的最新动态，以及在经济领域所取得的成就。

招待会是宣布本国的外交立场和原则的方式之一，尤其在冷战时期。例如1963年3月3日，摩洛哥驻华大使馆举行的摩洛哥王国国庆纪念活动中，阿卜杜勒·拉赫曼·兹尼贝尔大使如此描述摩洛哥的对外政策，我国对外政策的基础从独立之日起就已确立，直到现在丝毫也没有改变。我国对外政策的基础可以概括为不依附任何国家，和亚非国家的团结，与所有国家，不论其意识形态如何进行合作。同时大使表达了摩洛哥政府支持中国恢复在联合国的合法席位的态度，他指出："人民中国被排除在联合国组织之外是没有道理和不公正的。一个拥有六亿五千多万人口，占人类四分之一的大国被排除在这个国际组织之外，这的确是荒谬的。我们确信，人民中国终将排除一切障碍，并且不久将取得它的合法席位。"①

再如，1966年3月3日，出席摩洛哥大使馆招待会的谢富治副总理如此介绍中国对摩洛哥的外交政策："中国政府和人民一向支持摩洛哥和全体阿拉伯人民的正义斗争，支持全世界人民一切反帝的革命事业。全世界各国人民反帝斗争是不可分割的。只要一切被侵略、被压迫的国家和人民，团结起来，互相支持，共同斗争，就能彻底粉碎以美国为首的帝国主义的侵略政策和战争政策。我们相信，在反对帝国主义和新老殖民主义、促进亚非团结和保卫世界和平的共同斗争中，中摩两国人民的友谊，中国人民和阿拉伯各国人

① 《摩洛哥驻华大使举行国庆招待会 周恩来总理陈毅副总理等出席致贺》，《人民日报》1963年3月4日，第5版。

民的友谊，必将日益巩固和发展。”①

对于摩洛哥而言，每年最重要的节日就是国王登基日。摩中建交初期，3月3日是摩洛哥国王哈桑二世的登基日。因此，全世界的摩洛哥使馆会举办招待会并邀请本地的各界政治、经济与文化人士共同庆祝。除了国王登基日，摩洛哥驻华大使馆还会举行建交纪念日的宴会。②

摩洛哥首任驻华大使阿卜杜勒·拉赫曼·兹尼贝尔于1962年4月28日抵达北京，并于1962年4月30日向刘少奇主席递交国书。兹尼贝尔大使还与周恩来总理、朱德委员长等领导人开展密切的交流活动，来传达摩洛哥国王哈桑二世与中国加强合作的意愿。兹尼贝尔大使任期的第一个国王登基日是1963年3月3日。当时周恩来总理和陈毅副总理等出席招待会并表示祝贺。从此摩洛哥驻华大使馆每年都会积极筹备这一重要的外交活动。而此后的几年，许多中国高层领导人都出席过该活动并致贺，包括1964年邓小平代总理和李先念副总理等出席，1965年周恩来总理和陈毅副总理等出席，1966年谢富治副总理和郭沫若副委员长等出席，1967年陈毅副总理和周建人副委员长等出席。招待会一般设在位于三里屯的摩洛哥大使馆，有时候也会设在诸如北京饭店等首都著名酒店。这种招待会成为摩中高层领导人交流的重要外交活动。

---

① 《摩洛哥驻华大使举行国庆招待会谢富治副总理和郭沫若副委员长等应邀出席》，《人民日报》1966年3月4日，第4版。

② 《摩洛哥驻华大使举行宴会　庆祝中摩两国建交二十五周年》，《人民日报》1983年11月3日，第4版。

表1-1　摩洛哥驻中华人民共和国大使（1962年至今）

序号	姓名	到任	离任
1	阿卜杜勒·拉赫曼·兹尼贝尔 Abderahmane Zniber	1962年4月	1965年2月
2	阿卜杜·拉蒂夫·菲拉利 Abdellatif Fillali	1965年2月	1967年4月
3	卡西姆·祖海里 Kacem Zhiri	1972年6月	1974年10月
4	阿卜杜勒·拉希姆·哈尔凯特 Abderrahim Harkett	1975年3月	1988年5月
5	阿卜杜·拉赫曼·布夏拉 Abderrahman Bouchaara	1988年11月	1993年9月
6	本·阿卜杜贾利勒 Abderrahim Benabdejlil	1994年8月	具体卸任日期不详
7	米蒙·迈赫迪 Mimoun Mehdi	1998年4月	具体卸任日期不详
8	穆罕默德·谢尔提 Mohamed Cherti	2003年2月	具体卸任日期不详
9	贾法尔·阿尔热·哈基姆 Jaafar Alj Hakim	2009年1月	2016年9月
10	阿齐兹·梅库阿尔 Aziz Mekouar	2018年5月	现任

信息来源：笔者整理。

中国驻摩洛哥大使馆庆祝的是中华人民共和国宣告成立的日子，即10月1日的国庆节。有时也会举行迎新年晚会。招待会一般安排在位于拉巴特使馆区苏维西区（Quartier des Ambassades-Souissi）的具有中国特色的别墅里。招待会是摩洛哥政府重要领导人、摩洛哥文化界友好人士、中资机构以及一些国家驻摩洛哥的外交使节了解中国文化的重要外交活动。招待会现场的布置充满中国传统文化元素，包括灯笼、中国结挂件、墙花和挂在墙上的万里长城国画，完全是一派“中国风”格调。在招待会期间可观看中国的相关宣传片和传统音乐演奏表演。开场一般都是以演奏两国国歌开始，再由大使就摩中关系的发展发表讲话。①招待会的菜谱以中国传统美食为主。对于很多摩洛哥客人来说，这是难得的中国美食品尝之夜。除了国庆节，中国驻摩洛哥大使馆有时也会举行中国人民解放军建军节的庆祝活动，摩洛哥皇家武装力量（Royal Armed Forces-FAR）的军官和政府官员会出席。武官一般会致辞介绍中国人民解放军建军历史和军队现代化建设成就，同时阐述中国和平发展的外交理念和防御性国防政策。②

表1-2　中华人民共和国驻摩洛哥大使（1959年至今）

序号	姓名	到任	离任
1	白认	1959年2月	1960年12月
2	杨琪良	1961年8月	1967年1月
3	张伟烈	1971年2月	1974年5月
4	宋寒毅	1974年7月	1979年1月
5	糜镛	1979年5月	1982年5月
6	秦加林	1982年8月	1983年3月
7	韦东	1984年8月	1987年7月
8	完永祥	1987年3月	1993年1月
9	安国政	1992年11月	1997年3月
10	穆文	1996年12月	2000年4月

① 《驻摩洛哥使馆举行国庆68周年招待会》，http://ma.china-embassy.org/chn/xwdts/t1498216.htm。

② 《驻摩洛哥使馆举行建军节招待会》，http://ma.china-embassy.org/chn/xwdts/t1581388.htm。

（续表）

序号	姓名	到任	离任
11	熊展旗	2000年4月	2003年4月
12	程涛	2002年12月	2006年11月
13	龚元兴	2006年12月	2009年5月
14	许镜湖	2009年6月	2013年3月
15	孙树忠	2013年7月	2017年7月
16	李立	2017年8月	现任

信息来源：笔者整理。

五、承载友谊感情与支持力量的官方电报

电报曾经是最快的书面沟通方式，因此也曾经是各国政府互传重要和紧急信息的首选手段。每个国家邮电体系内都会设立专门的电报系统。摩中双方的官方电报大致可分为贺电、吊唁电和慰问电三种类型。

第一次摩洛哥向中国发出的贺电，可追溯到摩洛哥尚未获得独立的1949年10月15日，摩洛哥共产党中央委员会书记阿里·雅塔[①]电贺中华人民共和国的成立。他在贺电中表示："中华人民共和国的成立，对于附属国和殖民地人民，特别是对摩洛哥人民在发展其为争取民族解放的斗争中，是一个宝贵的教育和鼓励。"[②]对于正在追求独立的摩洛哥，新中国的成立增强了其反殖民主义的决心。

在摩中两国60年的交往关系中，摩洛哥历届国王的登基日和中

① 阿里·雅塔即阿里·亚塔，引自《摩洛哥共产党中央　致函祝贺中共中央》，《人民日报》1949年12月11日，第4版，原文如此，本书中如遇此类情况均以引文原文为准，特此说明。——编者注

② 《摩洛哥共产党中央　致函祝贺中共中央》，《人民日报》1949年12月11日，第4版。

国国庆节，两国按惯例会发贺电，并且几乎从未中断过。这种礼尚往来体现了两国高层领导人的相互尊重和重视。1957年3月1日周恩来总理电贺摩洛哥独立后第一届政府首相西·穆巴拉克·贝凯，以庆祝摩洛哥第一个独立纪念日。[①]

中国国家主席毛泽东无疑是21世纪对世界历史影响最深的政治家之一，摩洛哥穆罕默德五世国王和哈桑二世国王是让非洲国家获得独立以及在西方世界一些重大问题上影响颇深的政治家，因此，伟人之间的贺电也具有很深刻的历史意义。如1957年11月17日和1958年11月17日，毛泽东主席致电庆贺摩洛哥穆罕默德五世国王加冕28周年和29周年并祝贺摩洛哥独立纪念日。穆罕默德五世国王也于1958年11月24日回电感谢毛泽东主席和周恩来总理的祝贺。此后，摩中两国每逢摩洛哥国王登基日和中国国庆节都会由国王与主席以及首相和总理互致贺电，至今已经成为两国外交礼仪的惯例。

另外还出现过一些因特殊事件而致电的情况，包括1970年5月15日，摩洛哥外交大臣阿卜杜勒哈迪·布达列布[②]祝贺中国人造卫星

---

① 《周总理电贺摩洛哥独立纪念日》，《人民日报》1957年3月2日，第1版。

② 阿卜杜勒哈迪·布达列布（Abdelhadi Boutaleb），摩洛哥爱国人士、政治家、教授，1923年12月23日出生于摩洛哥菲斯古城（Fes）。1948年参与创立民主与独立党（Democratic Party and Independence-PDI）并担任政治局委员；早年就读与菲斯卡鲁因大学（University of al-Qarawiyyin）获得学士学位。1953年至1954年被法国殖民当局软禁在卡萨布兰卡的住所；1955年参加摩洛哥爱国人士与法国殖民当局的独立谈判；1958年担任劳工与社会事务大臣；1959年至1960年他参与创建摩洛哥人民力量全国联盟（National Union of Popular Forces-UNFP）；20世纪60年代表摩洛哥参加在突尼斯举行的非洲人民会议（African Peoples' Conference）；1961年担任摩洛哥驻叙利亚大使；1961年至1967年因摩洛哥政局不稳，先后担任信息部、青年体育部、撒哈拉部、权理大臣、政府发言人，负责议会事务、司法部、教育部等大臣职务。1967年至1970年担任议会议长；同年担任拉巴特法学院教授；1971年担任教育与美术部大臣；1974年至1976年担任摩洛哥驻墨西哥大使；1974年至1976年担任哈桑二世国王顾问；1978年担任信息部大臣；1982年至1990年担任伊斯兰教育、科学和文化组织（Islamic Organization for Education, Science and Culture-ISESCO）主席。2009年12月16日逝世，享年86岁。

发射成功，他在贺电中表示："祝贺为人类进步和世界和平服务的中国技术所取得的这一新的成就。"[①]2003年5月17日，在摩洛哥卡萨布兰卡发生恐怖爆炸事件后，胡锦涛主席向穆罕默德六世国王发慰问电，表示中国政府强烈谴责这一恐怖暴力活动，支持国际社会加强合作，共同打击恐怖主义势力。[②]

在摩中建交的60年中，也有过因沉痛事件而发唁电的情况，尤其是领导了国家独立事业和建国大业的领袖逝世时，这体现了摩中领导人之间的深厚友谊。其中最具代表性的是1961年2月27日刘少奇主席、周恩来总理和陈毅外长电唁非洲独立领袖穆罕默德五世国王逝世。穆罕默德五世国王因手术不幸去世，对世界各国而言，这是意外。周恩来总理在唁电中写道："惊悉摩洛哥王国国王穆罕默德五世陛下不幸逝世，我谨代表中国政府并以我个人的名义向殿下表示沉痛的哀悼。"[③]

1976年1月19日，摩洛哥首相奥斯曼电唁周恩来总理的逝世："我十分沉痛地获悉中华人民共和国总理周恩来不幸逝世。周恩来总理是当代伟大人物之一，他的品德深刻地影响了伟大的中国人民的历史。"[④]

1976年9月10日，哈桑二世国王怀着极其悲哀和沉痛的心情电唁毛泽东主席逝世："我们认为，毛主席的逝世使人们失去了最杰出的国家领导人之一。这些领导人在人类历史上留下了光辉的业绩。

---

① 《法国、摩洛哥和英国政府部长、大臣来电　祝贺我人造卫星发射成功》，《人民日报》1970年5月15日，第6版。

② 《胡锦涛给摩洛哥国王发去慰问电》，《人民日报》2003年5月18日，第1版。

③ 《刘少奇主席　周恩来总理　陈毅外长　电唁摩洛哥国王逝世》，《人民日报》1961年2月28日，第1版。

④ 《摩洛哥首相奥斯曼的唁电》，《人民日报》1976年1月21日，第5版。

他们深刻理解当代世界的各种矛盾，并且以卓越的智慧领导了他们的人民。他们为捍卫人类的尊严作出了贡献，并为奠定和平与世界安全的基础进行了斗争。中国复兴的推动者、中国的毛主席的光辉，将永远是中国人民争取发展和谋求幸福的一盏指路明灯。”①

1981年6月1日，哈桑二世国王发来关于宋庆龄名誉主席逝世的唁电：“我不会忘记这位杰出的爱国主义者的崇高品质，她在漫长的政治生涯中，为建立各国之间的谅解作出了积极的贡献。”②

1999年7月24日，江泽民主席在唁电中十分感慨地回忆哈桑二世国王：“哈桑二世国王陛下是摩洛哥民族独立和解放事业的伟大先驱，他把毕生的精力献给了摩洛哥的独立、解放和发展事业，并为促进马格里布、中东、非洲乃至世界的和平与发展作出了重要的积极贡献，是深受摩洛哥人民拥戴、并在世界上有着重要影响的领导人。哈桑二世国王陛下生前十分重视发展对华友好合作关系，同中国几代领导人有着深厚的友谊。他的不幸逝世，是摩洛哥人民的巨大损失，也使中国人民失去了一位尊敬的朋友。我相信，国王陛下将继承先王的遗志，将一个不断发展和进步的摩洛哥带入新的世纪，中摩友谊也将继续得到进一步发展。”③

---

①　《摩洛哥国王哈桑二世的唁电》，《人民日报》1976年9月15日，第7版。

②　《摩洛哥国王哈桑二世的唁电　沉痛哀悼宋庆龄名誉主席逝世》，《人民日报》1981年6月7日，第4版。

③　《摩洛哥国王哈桑二世不幸逝世　江泽民致电表示沉痛哀悼》，《人民日报》1999年7月25日，第1版。

第二节　平等互助的摩中政治合作基本原则

一、实现经济独立是国际合作的必备条件

摩洛哥因其战略位置和肥沃的农业用地而成为19世纪欧洲国家争夺的对象，并于1912年沦为法国和西班牙的殖民地。1956年独立后，需要选择适合国家发展的道路模式。当时的选择只有西方的自由主义或苏联的计划经济两类模式。哈桑二世国王继任王位后认为君主制国家具有特殊的国情，不能与其他新独立的国家一样完全学习苏联实行计划经济制度，因而果断选择实行了自由主义的制度。但即便如此，摩洛哥并没有实行高度开放的市场机制，而是国王通过权力的高度集中，借鉴了社会主义阵营国家的计划经济措施来主导经济发展与社会建设。哈桑二世国王选择的这种混合的经济发展模式直接影响到摩洛哥选择奉行中立的不结盟对外政策。因为既需要向西方国家开放本国市场，又需要与社会主义阵营国家合作，尤其是在西方国家不愿意向发展中国家提供的技术转移方面。但奉行中立不结盟政策需要在经济独立的基础上进行，要不然容易受冷战两个阵营的牵制。

新独立的摩洛哥因为刚刚经历了44年的殖民掠夺而面临许多问题，包括较弱的工业基础、较低的投资率、严重的青年失业情况、缺乏干部和合格的人力资源等经济与社会问题。所面临的这些问题中，哈桑二世国王认为社会稳定高于一切。自1954年以来，摩洛哥的经济增长勉强可以满足2.8%的人口增长率。保障社会稳定首先需要解决的是温饱问题。如此一来，摩洛哥没有按照其他新独立国家先发展工业的做法，而优先发展农业。因此政府不得不借助于计划

经济的手段实行五年计划来干预经济。1960年，哈桑二世国王便发起第一个五年计划（1960—1964）。实行计划经济的目的是希望通过制度手段来加强内部经济结构，从而实现经济独立。

其实新中国成立之初，也把实现经济独立作为国家主要战略目标。一开始中国借助于苏联获得了军事、经济和社会援助。[①]但随着中苏关系恶化，中国需要发展新的国际伙伴关系来改善其外部环境。同时自身作为受援国的中国，遵循无产阶级国际主义精神，也开始向争取民族解放的亚非拉国家提供有助于从政治独立走向经济独立的发展援助。中国总理周恩来于1955年在万隆会议上宣布，中国将基于和平共处五项原则向发展中国家提供力所能及的支持。万隆会议的与会国专门通过了《经济合作》决议，明文建议万隆会议的与会国“在互利和互相尊重国家主权的基础上实行经济合作”。[②]

1963年12月，周恩来总理与哈桑二世国王协商有关第二届亚非会议的举办，哈桑二世国王认为非洲国家已实现脱离宗主国的独立，如果再举办会议应将重点放在如何帮助新独立国家实现经济独立这一问题上。周恩来总理1963年底1964年初在访问亚非13国时提出对外经济技术援助的八项原则。[③]在不附带任何政治条件的基础上，中国通过优惠贷款、技术转移、经验分享，协助包括摩洛哥在内的非洲国家实现经济独立是八项原则的亮点。至今，非中仍然基于这一系列原则进行合作。1964年周恩来总理在政府工作报告中特

---

① 沈志华：《新中国建立初期苏联对华经济援助的基本情况（上）——来自中国和俄国的档案材料》，《俄罗斯研究》2001年第1期，第53-66页。

② 耿殿忠：《南南合作的开端与典范——纪念万隆会议40周年》，《世界经济与政治》1995年第3期，第79页。

③ 伏霄汉：《“对外经济技术援助的八项原则”决策的层次分析》，《历史教学（高校版）》2008年第1期，第95页。

别阐释了中国通过对非洲的援助来协助新独立的国家自力更生，发展民族经济以此巩固自己的独立的政策[①]。可见八项原则是经过密集协商产生的非中集体智慧的产物。

表1–3　对外经济技术援助的八项原则

序号	八项原则
1	中国政府一贯根据平等互利的原则对外提供援助，从来不把这种援助看作是单方面的赐予，而认为援助是相互的。
2	中国政府在对外提供援助的时候，严格尊重受援国的主权，绝对不附带任何条件，绝不要求任何特权。
3	中国政府以无息或者低息贷款的方式提供经济援助，在需要的时候延长还款期限，以尽量减少受援国的负担。
4	中国政府对外援助的目的，不是造成受援国对中国的依赖，而是帮助受援国逐步走上自力更生、经济上独立发展的道路。
5	中国政府帮助受援国建设的项目，力求投资少，见效快，使受援国政府能够增加收入，积累资金。
6	中国政府提供自己所能生产的、质量最好的设备和物资，并且根据国际市场的价格议价。如果中国政府所提供的设备和物资不合乎商定的规格和质量，中国政府保证退换。
7	中国政府对外提供任何一种技术援助的时候，保证做到使受援国的人员充分掌握这种技术。
8	中国政府派到受援国帮助进行建设的专家，同受援国自己的专家享受同样的物质待遇，不容许有任何特殊要求和享受。

数据来源：中华人民共和国外交部、中共中央文献研究室编《周恩来外交文选》，中央文献出版社，1990，第388–399页，转引自伏霄汉：《“对外经济技术援助的八项原则”决策的层次分析》，《历史教学（高校版）》2008年第1期，第95页。

---

①　《在第三届全国人民代表大会第一次会议上　周恩来总理作政府工作报告》，《人民日报》1964年12月31日，第1版。

二、坚定不移的“一个中国”原则

摩洛哥政府对于“一个中国”原则一直保持着坚定的立场。

1956年11月12日，摩洛哥被接纳为联合国会员国后，便联合亚非集团不断呼吁恢复中华人民共和国在联合国的合法席位。1961年10月10日，在联合国大会全体会议的辩论中，摩洛哥代表、劳工和社会事务大臣阿卜杜勒卡德尔·本杰隆[①]强烈谴责殖民主义并要求恢复中国在联合国的合法席位。发生在该会议的一幕，至今回味起来仍可感受到当年亚非国家的外交团结。由于南非外交部长埃里克·亨德里克·劳[②]发言侮辱反对种族歧视的非洲国家而引起公愤，利比里亚代表动议要求大会谴责南非代表这一发言，最后以67票赞成、1票反对、20票弃权得到通过。唯一投反对票的就是南非代表，当埃里克·亨德里克·劳在表决中孤零零地叫“不”的时候，会场上响起一片耻笑声。[③]

1963年3月3日，摩洛哥王国驻中国大使阿卜杜勒·拉赫曼·兹尼贝尔在摩洛哥王国国王登基日举行招待会的讲话中指出，中国被排除在联合国组织之外是没有道理和不公正的。一个拥有六亿五千

---

① 阿卜杜勒卡德尔·本杰隆（Abdelkader Benjelloun），摩洛哥政治家和律师。1942年担任卡萨布兰卡著名的团结体育俱乐部（Wydad Athletic Club-WAC）主席；1953年作为民主与独立党（Democratic Party and Independence-PDI）代理总书记向法国殖民当局提交独立谈判请愿书，谴责法国对大量摩洛哥人的镇压和不公正待遇，此后被法国殖民当局逮捕；1956年至1963年担任财政部大臣、劳工和社会事务大臣和司法部大臣。1992年5月8日在卡萨布兰卡逝世。

② 埃里克·亨德里克·劳（Eric Hendrik Louw），南非政治家和外交家。1890年11月21日出生于南非农业小镇雅库布斯达尔（Jacobsdal）。1948年担任经济事务部长；1955年担任财政部部长；1957年担任外交部部长并在联合国代表南非；1963年辞去部长职务；1968年6月24日逝世。

③ 《古巴、尼泊尔和摩洛哥代表在联大发言　要求恢复我国在联合国的合法权利　联大通过动议谴责南非代表侮辱非洲国家》，《人民日报》1961年10月13日，第6版。

多万人口，占人类四分之一的大国被排除在这个国际组织之外，这的确是荒谬的。我们确信，人民中国终将排除一切障碍，并且不久将取得它的合法席位。[①]1963年年底在周恩来总理对摩洛哥访问期间，《非洲民族报》的一篇评论谈道："作为联合国的会员国，摩洛哥一贯支持——无论是在联合国大会上或是在安全理事会上——中国在这个国际组织中拥有席位，因为，人们不可能长期把六亿五千多万人口的人民排除在外而不危及世界和平和安宁。"[②]

中国恢复了联合国合法席位，但仍然有个别国家在干预中国的台湾的问题。摩洛哥却从未动摇"一个中国"原则，认为那是中国内部问题，不能干预，因此至今不与台湾地区发生官方关系。每次摩中首脑互访，双方领导人都会重申对"一个中国"原则的坚定立场。1998年12月3日，朱镕基总理与摩洛哥首相尤素福举行会谈，尤素福首相明确了摩洛哥的立场，他指出，摩洛哥政府和他本人都十分重视发展同中国的友好合作关系。摩洛哥政府将继续恪守"一个中国"的立场，支持中国的统一大业，不与台湾发生官方关系。[③]2002年2月5日，中国国家主席江泽民在与摩洛哥国王穆罕默德六世举行会谈时赞赏摩洛哥长期以来坚持"一个中国"的立场，感谢摩洛哥在人权领域给予中国的支持。[④]2002年2月6日，全国政协主席李瑞环在会见来访的摩洛哥国王穆罕默德六世时，穆罕默德六世

① 《摩洛哥驻华大使举行国庆招待会　周恩来总理陈毅副总理等出席致贺》，《人民日报》1963年3月4日，第5版。

② 《摩洛哥报纸欢迎周总理的访问　祝这次访问有助于加强两国友好关系》，《人民日报》1963年12月29日，第3版。

③ 廖先旺：《朱镕基总理与尤素福首相会谈　指出中国愿在多边外交中继续与摩洛哥加强协调与合作，共同维护包括中摩两国在内的广大发展中国家的权益》，《人民日报》1998年12月4日，第1版。

④ 《江主席与摩洛哥国王会谈》，《人民日报》2002年2月6日，第1版。

国王重申摩洛哥一贯坚持“一个中国”的立场，不会做任何违背中国人民意愿的事情。[①]可见，摩洛哥独立后就积极支持中国恢复联合国的合法席位，通过这一国际组织支持发展中国家争取独立和保护领土完整。对中国的台湾问题，摩洛哥政府一直认为这是中国内部问题，不允许其他国家干预，始终坚持“一个中国”立场。

在1964年1月1日《人民日报》上发表的名为《中国和摩洛哥友好关系的新纪元》的社论中把保护领土完整和“一个中国”原则完美地概括为摩中未来政治合作的基本原则，社论中指出，两国在国际事务中也一向相互支持。中国人民一贯支持摩洛哥人民反对帝国主义和殖民主义，为完成国家统一，巩固和保卫民族独立而进行的斗争。摩洛哥也一贯支持恢复中国在联合国的合法权利。中国政府将继续支持摩洛哥奉行和平中立的不结盟政策，摩洛哥王国政府也将继续支持恢复中国在联合国的合法权利。两国政府一致赞成不同社会制度的国家和平共处，赞成进行广泛的和平等互利的国际合作。非洲和亚洲各国人民反对殖民主义和种族主义的斗争是一场战斗；争取独立和尊严仍然是遭受外国统治的一切非洲国家人民的两个主要目标。[②]至今这些原则仍然是摩中处理两国之间的关系的准则。

综上所述，在摩中两国60年的合作发展历史中，两国政府通过采取一系列卓有成效的交流方式，共同探索合作、拉近观点、化解矛盾，实现了外交团结，促进了双边关系的良好发展。

归纳起来看，摩中政治合作建立起了多层面、多通道的交流机

① 《李鹏朱镕基李瑞环分别会见摩洛哥国王》，《人民日报》2002年2月7日，第1版。
② 《中国和摩洛哥友好关系的新纪元（社论）》，《人民日报》1964年1月1日，第2版。

制，具有多元化特征。两国高层领导人互访在不同的历史时期发挥了深化政治沟通与互信的领航作用。其中周恩来总理首次访问摩洛哥就与哈桑二世国王达成一致意见，中国将支持摩洛哥实现经济独立并共同努力推进中阿合作。穆罕默德六世国王以王储身份访问中国时也表示希望全面借鉴中国在工农业和旅游业方面的成功经验。此后由两国政府官员率团互访并签署了系列合作协议，促成合作项目的落实；政党代表团的互访使摩洛哥政党与中国共产党之间增进了相互了解并相互借鉴党派建设和执政经验；两国互驻的大使馆机构，除了完成日常外交任务，定期举办的各种欢庆活动，更是制造了双边决策者以及双边关系人士的互动机会。另一种特殊的交流方式是摩洛哥国王通过派遣特使，向中国领导人传达有关国际形势的观点，保留与中方领导人就涉及两国合作的重要事务的直接对话，为摩中的政治交流互动增添了独特风采。最后，在通信欠发达的20世纪60、70年代，电报成为两国领导人和政府之间传达感情和相互支持的重要手段。

虽然摩中两国在20世纪选择了不同的政治体制和发展模式，但始终因不断深化的政治沟通与互信，使两国关系成为南南国家发展的典范。从摩中两国首脑和政府的交流中，可以看出两国一直坚持相关核心原则的主张来发展双边互利合作的关系，其中具有共同性的原则是坚持国家领土完整、相互尊重与不干预内政政策。

20世纪，摩洛哥被法国与西班牙非法占领长达44年，在包括中国在内的维护正义的国家的支持下，经过穆罕默德五世国王的领导与人民团结一致的奋斗，于1956年终于摆脱了殖民统治。哈桑二世国王于1961年继任王位，一直主张发展中国家需要专注于实现经济独立从而实现政治独立。在美苏争霸的冷战背景下，中国的发展经验和援助支持成为发展中国家可以选择的第三条路线，而与中国合作最具吸引力的是中国不干预内政的外交政策。

与其他发展中国家一样，独立后的摩洛哥也存在边界问题。摩洛哥在捍卫领土完整的同时，一直希望通过联合国找到合理的解决方案，并始终通过不同的方式向中国政府传达局势的最新进展和摩洛哥的立场。中国也一直主张在联合国框架下共商可以保障北非地区稳定的解决方案。中国也从未负面干预摩洛哥与分裂组织之间的冲突，体现了中国不干预内政的优良外交政策。

对于中国内部问题，摩洛哥政府也一直支持“一个中国”的原则。自建交以来，摩洛哥国王、政府、媒体不断呼吁国际社会，中国应恢复在联合国的合法席位。摩洛哥政府与台湾当局也从未发展过直接或间接的关系，这也体现了摩洛哥与中国遵照共同的不干预他国内政、支持发展中国家正义的合法斗争的原则。

第二章

摩中贸易关系发展与现状

中华人民共和国1949年宣告成立，摩洛哥王国1956年获得独立。经受了现代革命洗礼而重获新生的两个文明古国，为了国家的发展和人民利益，渴望相互了解和认识，期望建立相互支持的双边关系。经贸往来自然成为最易促进双方多领域合作的契机。在两国尚未建交之时，摩中已经通过互派贸易代表团以及参展的形式，来推进经贸领域的交流和探索互利互惠的合作方式。建交后，摩中不断调整合作机制以适应世界格局的变化与双方发展的需求。

第一节　摩中贸易合作的缘起

一、不结盟中立政策引来的摩洛哥特色经济发展模式

在冷战时期，国家以不结盟政策避免涉及美苏冲突，并以此来保留自由选择权和减少对外依赖度。二战后，北非和中东的阿拉伯国家在独立浪潮来临时开始推行不结盟政策。其主要原因，一方面是因为新独立的国家亟须摆脱包括原宗主国在内的外部干预，一方面是为了避免美苏两个超级大国之间的冲突对本来脆弱的本国经济产生负面影响。因此，新独立的国家就汇聚在诸如阿拉伯联盟和非洲联盟等区域联盟组织内，积极推动亚非拉国家的团结，以此作为

不结盟政策的维持机制。[①]

摩洛哥获得独立后，穆罕默德五世国王宣布摩洛哥不参与美苏争霸导致的地区武装冲突，实行不结盟政策，但对友好国家实行相互依存政策。不结盟中立政策使摩洛哥无障碍地与欧美资本主义国家以及苏联等社会主义国家同时进行合作，巧妙地实现了与不同社会制度的国家和平共处并进行广泛的平等互利的国际合作。

发展多元化合作伙伴的对外政策，促使摩洛哥能够汲取不同国家的有利政策与先进经验，使之融入摩洛哥国家建设的发展模式中。这些痕迹至今仍显而易见。1956年摩洛哥独立后，决定向西方国家学习实行一套在政府引导下的自由化经济体制。副首相穆赖·哈桑王储认为计划经济虽然适合新独立的国家，但要引入计划经济意味着政府要主导经济，需要高素质人才来完成这一重任，而刚独立的摩洛哥严重缺乏人才。即便如此，为了快速实现经济独立，摩洛哥仍向实行计划经济的国家适当地引进了一些普遍做法，包括五年规划制、土地改革以及由政府创建的国有金融机构等措施。

关于五年规划制。在设定阶段性周期的规划时，政府内部关于采用五年还是二年制发生了激烈的辩论。穆罕默德五世国王支持实行五年制，穆赖·哈桑王储主张二年制。1961年2月在苏联总书记列昂尼德·勃列日涅夫访问摩洛哥时，穆赖·哈桑王储向苏联领导人咨询有关最佳经济规划周期的选择。勃列日涅夫认为规划时间越长越容易使目标遥远，也越容易失去方向，因此建议实行二年制计划。而在后来，摩洛哥根据国家实际情况和涉及的不同领域，分

---

① Dominique Maillot, "La Politique marocaine de non-dépendance," *Revue juridique et politique d'Outre-Mer: communauté, assistance, technique, coopération* 17, no.1 (1963): 3-85.

别采用过三年制和五年制的经济规划。涉及的相关领域包括工业化建设、农业现代化及出口型农业的支持、旅游行业的促进、干部培养、失业治理、政府宏观调控等国家重要工程。

关于土地改革。摩洛哥虽然已经获得独立，但大量的法国定居者仍然占用着摩洛哥最优质的农业用地。如何在不使法国方面产生敌对情绪的前提下收回这些土地，成为国王和政府的棘手任务。1957年，国家经济部大臣阿卜杜勒·拉希姆·布阿比德发起了旨在鼓励摩洛哥中小农户积极采用现代化农业方式来提高产量的劳动计划（Labours），为此政府购置了1000多台拖拉机并组织农业专家在全国各地的农村开展现代化农业教育。虽然该计划后来没有能够实现所有最初设定的目标，但这种由政府动员全国农民参与改革的措施是当时苏联、中国等社会主义国家计划经济的特征。

关于国有金融机构。为了脱离对法国法郎的依赖，摩洛哥建立了新的金融机构，包括旨在促进工业化建设的国家经济发展银行（National Bank for Economic Development-BNDE）、促进摩洛哥出口的摩洛哥外贸银行（Moroccan Bank of Foreign Trade-BMCE）和保障国民储蓄的储蓄与管理基金会（Deposit and Management Fund-CDG）等。

新中国的发展成就有目共睹，所实行的政策与经验自然被摩洛哥和许多新独立国家学习借鉴。摩洛哥人民力量全国联盟（UNFP）行政事务总书记阿卜杜勒·拉希姆·布阿比德在他所做的题为“非洲国家经济发展的问题——资本主义的经验和社会主义的经验之间的选择”的演讲中说：“我们必须研究社会主义的经验以及某些国家在几年来所取得这种经验的成果。没有人能够否认，人民中国在短短的时期内所取得的伟大成就。没有人能够否认人民中国现在已经建立了自己的重工业，从而成为世界最现代化的工业国之一。中国完成了土地改革。中国在教育和技术干部培训方面取得了成果，这是一个奇迹。全国人民都已经动员起来，满腔热情地和严守纪律地去完成计划。失业问题已经胜利解决。”①

由此看来，不结盟中立政策使得摩洛哥在经济发展模式上，可以学习不同主流体制的优势，多方选择，取长补短，而在国际合作方面也就更加开放。

二、以贸易协议促成摩中两国的建交

1949年新中国的成立对美国在亚洲的战略部署产生直接挑战，因此美国通过政治、经济与军事手段来阻碍新中国的发展。在政治上，美国一直拒绝承认中华人民共和国作为中国的合法代表而支持台湾的国民党政权；在经济上，美国与其盟友对中国实施经济制裁和贸易禁运；在军事上，美国在中国的东北部边界发动了朝鲜战争，在南部边界支持法国对越南的战争。在这种被孤立的四面楚歌的严峻形势下，中国不得不加强与新独立国家之间的凝聚力，以此来突破美国的封锁。

1955年万隆会议期间，由周恩来总理率领的中国代表团积极与非洲国家代表团交流有关未来的贸易合作，包括鼓励互派贸易代表团和举办贸易博览会。当时已独立的埃及代表团响应最快，同意互派贸易代表团和签订政府间的贸易协定以及支付协定。同年5月开始，埃及和中国相互派遣贸易代表团洽谈具体贸易合作事项，并于8月签订了第一个贸易协议和第一个协定年度议定书。1956年1月和2月在开罗和北京互设商务代表处。贸易合作的发展顺理成章地促成

---

① 《摩洛哥前副首相布阿比德说　中国建立了自己的重工业》，《人民日报》1960年12月23日，第6版。

了中埃两国的政治合作。1956年5月，埃及成为非洲第一个与中国建交的国家。[①]中埃两国从万隆会议召开到建交用了不到一年时间。

随后，中国与摩洛哥采取同样的方式，建立了摩中贸易合作关系。在与摩洛哥合作的过程中，中国政府进一步验证了这一套机制：先互派代表团，参加博览会，最后签订贸易协定。[②]

1956年12月，中国政府向摩洛哥派遣了第一个贸易代表团，由上海市对外经贸局局长齐维礼率领，代表团在摩洛哥受到高规格的接待。中国贸易代表团在摩洛哥期间不仅传播中国对外贸易政策和理念，也向摩方相关部门和企业介绍中国的出口商品和进口需求。摩洛哥国王穆罕默德五世在接见代表团时表示愿意与中国加强合作，对中国采取的经济发展模式表示认可。摩洛哥第一任首相西·穆巴拉克·贝凯接见中国代表团，表达了摩洛哥人民对来访的新朋友相互认识的渴望，他表示："摩洛哥能够迎来象（像）中国这样一个伟大的国家的公民，感到愉快。"[③]

1957年12月，由中国国际贸易促进委员会组织，中国首次参加摩洛哥的卡萨布兰卡国际博览会[④]。第一次参展的中国馆成为本次博览会的亮点。4日开幕式，穆罕默德五世国王剪彩后，在摩洛哥首

① 中华人民共和国外交部档案馆编《中华人民共和国外交档案选编　第2集　中国代表团出席1955年亚非会议》，世界知识出版社，2007，第91页。

② 余伟斌、刘雯：《1955—1965年中国对非洲贸易研究》，《当代中国史研究》2017年第2期，第85-95页。

③ 《摩洛哥首相　接见我国贸易代表团》，《人民日报》1956年12月5日，第5版；《摩洛哥苏丹接见我国贸易代表团　表示希望进一步加强摩中两国关系》，《人民日报》1956年12月10日，第5版。

④ 卡萨布兰卡国际博览会（Casablanca International Fair-FIC），1937年借助优良的港口竞争优势，卡萨布兰卡一家注册400万法郎的私营企业发起了卡萨布兰国际博览会（Casablanca International Fair-FIC），此后一年一度的卡萨布兰卡国际博览会成为亮点。当时该企业宣布的使命是"博览会面向一切需要与摩洛哥发展农业、贸易、工业、手工业和旅游的企业"。1956年独立后，该博览会成为摩洛哥与中国以及世界各国对外贸易最重要的窗口。

相和大臣们的陪同下，首先参观了中国馆。因摩洛哥独立初期启动了工业建设，穆罕默德五世国王对中国自主研发的工业成果如机器制造、水利、交通工程、高炉模型等表现出浓厚的兴趣。他还浏览了摩洛哥人民生活需求量较大的其他产品，如茶叶、丝绸和手工艺品。摩洛哥国王不仅是政治领袖，同时也是宗教领袖，因此中国代表团还专门准备了对穆斯林而言具有重要意义的礼物——中国出版的《可兰经》和《中国穆斯林生活》各一册。[①]6日，穆罕默德五世国王在家人的陪同下，再次来到中国馆参观。[②]可以说，这一次参展，不仅展示了优质的中国商品，更是发挥了不可低估的外交作用。

卡萨布兰卡博览会是当时非洲最大规模的贸易交流平台，因此成为世界各国和企业展示商品的主力渠道。当时的摩洛哥百姓对中国的认知甚少，中国馆就为摩洛哥人民对陌生的中国进行探索发现制造了难得的机会。16天的博览会共有120多万名参观者，当时摩洛哥全国人口仅有2000万，参观者竟占到全国人口比例的6%。对于新独立的摩洛哥人民，在看到新中国成立后所取得的巨大进步时，犹如看到了本国未来发展的希望。中国参展商品中传统工艺品尤其受欢迎。摩洛哥国民协商议会[③]议长迈赫迪·本·马尔卡在留言簿上写

---

① 《卡萨布兰卡国际博览会开幕　摩洛哥苏丹对中国馆很感兴趣》，《人民日报》1957年5月7日，第5版。

② 文士桢：《中国展览馆在摩洛哥》，《人民日报》1957年8月4日，第5版。

③ 国民协商议会（National Advisory Council），由穆罕默德五世国王创建的立法机构。1956年独立的摩洛哥，选择了多党制君主立宪制度。但因尚不具备组织全国性选举，因此先建立了一个可以容纳所有参与摩洛哥独立的政治力量的协商机构，作为对未来将采取的议会民主的尝试性实验。1956年至1959年独立党左派领袖迈赫迪·本·马尔卡（Mehdi Benbarka）担任主席。国民协商议会成员由来自独立党（Independence Party）、民主与独立党（Democratic Party and Independence-PDI）、摩洛哥劳工联合会（Moroccan Union of Labor-UMT）、文化与青年机构（协会）、医疗行业协会等代表组成。1963年随着宪法通过公投后，摩洛哥开始实行双院制议会。

道："中国馆所陈列的手工艺品本身就体现了你们有着古老的文化，但展出的机器和重工业产品则显示着太阳已从东方升起。"摩洛哥是饮茶大国，中国馆在博览会结束前共卖出了33 000多包茶叶。[①]

中国参加卡萨布兰卡国际博览会，使两国政府清楚地认识到未来合作的空间和领域。1957年9月23日，摩洛哥政府贸易代表团在摩洛哥外交部经济条约司司长阿贝斯·本纳尼·史米尔斯[②]的率领下回访中国[③]，此行的目的是通过实地考察和洽谈来落实具体的合作内容。代表团在中国期间参观了北京的工厂、学校和郊区农村并访问了上海、杭州等地。基于卡萨布兰卡国际博览会和本次考察的结果，摩洛哥贸易代表团和中国对外贸易相关部门正式启动摩中两国的贸易谈判。基于两国的资源和需求拟定了摩中两国一年的商品交换项目。[④]在离开中国前的10月13日晚，摩洛哥贸易代表团受到周恩来总理的接见。[⑤]经过两年的互动，摩中两国已确定合作领域和方式，因此可以进入到最后签订协议和宣布建交的环节。

---

① 文士桢：《中国展览馆在摩洛哥》，《人民日报》1957年8月4日，第5版。

② 阿贝斯·本纳尼·史米尔斯（Abbes Bennani Smires），摩洛哥律师、外交家、企业家。1948年至1951年在法国巴黎获得法律学士学位；1954年至1956年从事律师工作；1956年在摩洛哥外交部担任摩洛哥外交部经济条约司司长，负责跟其他国家进行贸易和货币谈判；此后担任摩洛哥驻法国大使馆经济处参赞；1960年参与创建摩洛哥人民银行（People's Bank of Morocco）并担任副总主席；1962年起开始担任多个摩洛哥国营企业总经理职务；1963年决定退出公职开始创业并成立了多个成功的企业。如今是房地产企业后菲特集团（HOFIT Group）董事长。

③ 《摩洛哥政府 贸易代表团到京》，《人民日报》1957年9月24日，第4版。

④ 《中国和摩洛哥确定交换商品的项目》，《人民日报》1957年10月16日，第3版。

⑤ 《周总理接见摩洛哥贸易代表团》，《人民日报》1957年10月15日，第3版。

表2-1　1958年摩中第一个贸易协定中交换商品的项目

摩洛哥出口的商品	中国出口的商品
过磷酸肥和磷酸盐	茶叶
矿产品及有色金属	棉布
运输车辆	人造纤维织品
冻羊肉	机器设备
沙丁鱼罐头	丝绸
香料油	
棉花	
小麦	
橄榄油	

信息来源：笔者基于1957年在北京拟定的中国和摩洛哥确定交换商品的项目及1958年11月1日签订的第一个贸易协定整理而成。

1958年10月3日，由雷任民率领的中国贸易代表团再次访问摩洛哥，分别与摩洛哥首相兼外交大臣艾哈迈德·贝拉弗里杰和摩洛哥副首相兼国民经济大臣阿卜杜勒·拉希姆·布阿比德会面，讨论贸易谈判的进展以及如何加强两国友好关系等议题。[①]10月27日，在摩洛哥首都拉巴特，摩中两国政府贸易代表团签订了摩中历史上第一个为期一年的贸易协定。贸易协定基于前期谈判确定了摩中将在今后一年内交换的商品目录、配额范围[②]，协定规定两国之间的贸易在平衡的基础上进行。[③]另外摩中贸易协定采取的记账支付方式有效解决了新独立的摩洛哥外汇储备薄弱的问题。[④]摩中贸易协定的

① 《摩洛哥副首相接见我贸易代表团》，《人民日报》1958年10月7日，第4版；《摩洛哥首相接见雷任民》，《人民日报》1958年10月13日，第4版。

② 第一个贸易协定把进出口金额确定为51亿摩洛哥法郎的货物。

③ 《我国和摩洛哥建立外交关系　中摩第一个贸易协定在拉巴特签字》，《人民日报》1958年11月2日，第1版。

④ 协定规定缔约双方的央行相互以对方名义开立无息无费的账户。

顺利签订成为双方迈向建交的最后一步。1958年11月1日，摩中两国政府决定建立外交关系[①]，摩洛哥成为继埃及之后第二个与中国建交的非洲国家。

在第一个贸易协定即将到期时，摩中两国启动了第二次贸易谈判。1959年到1960年期间，摩中政府再次互派贸易代表团讨论新的贸易协议的签订，代表团成员由摩中所交换商品品类相关领域的部长级成员组成。谈判通过对过去一年的贸易概况进行分析，再拟定新的贸易协议。[②]1961年10月27日，两国签订了摩中支付协定[③]，进一步完善了记账支付方式。最早签订的贸易协定一般一年更新一次，但因在当时交通不发达或因冷战背景下的国际局势不稳定，有时候无法每年准时进行谈判和更新。因此，这些协定在最后有关有效期的条款中都采用了比较灵活的表述，如"如在一年内未能更新则继续有效""有效期至双方履行完本协定规定的有关义务之日止""如在期满前三个月缔约任何一方未以书面通知缔约另一方终止本协定，则本协定将逐年自动延长"等，这些充满智慧的灵活表达方式，体现了协定为促进双边贸易起的框架性作用。

1966年，摩中政府代表在拉巴特举行的经贸混委会中签订了基于1963年的贸易协定的附加议定书。之后因"文化大革命"局势变化，摩中关系受到了短暂的负面影响。[④]但即便如此，在两国政府良好政治沟通的促进下，很快恢复了正常贸易往来，并于1971年4月26日在拉巴特举行的经贸混委会上签订了1963年3月30日所签的贸易

---

① 《我国和摩洛哥建立外交关系　中摩第一个贸易协定在拉巴特签字》，《人民日报》1958年11月2日，第1版。

② 《摩洛哥贸易代表团到京》，《人民日报》1958年11月2日，第1版；《我国和摩洛哥谈判新的贸易协定》，《人民日报》1960年10月29日，第5版。

③ 《中国和摩洛哥签订支付协定》，《人民日报》1961年10月29日，第3版。

④ 马继森：《外交部文革纪实》，香港中文大学出版社，2003，第280–281页。

协定的补充议定书。实行的机制依然按照早期拟定的均衡制、既定商品配额和记账支付方式。[①]

20世纪70年代初，全球的磷矿石价格上升，给拥有世界最大磷矿石储蓄量的摩洛哥提供了难得的经济加速机会。随着国家外汇收入的上升，摩洛哥与中国的贸易往来不再需要采用记账支付方式。1975年3月在北京签订的《中华人民共和国政府和摩洛哥王国政府长期贸易协定》把记账支付方式改为“根据两国各自现行的外汇管理法令进行并以任何一种可兑换的货币支付”的现汇支付方式。[②]长期贸易协定的条款与以往贸易协议有很大差别：首先，虽然在附表规定了两国政府特别重视的商品，但也不限制其他商品的交易；其次，两国政府为了给双方企业提供便利，第一次谈到有关出口许可证和海关手续便利的重要性；最后，协定决定建立双方政府的经贸混合委员会负责监督协定的顺利执行。该协定预示着摩中贸易往来在实现贸易常态化后进入到新的贸易机制升级和完善阶段。

在会展方面，中国继续参加一年一度的卡萨布兰卡国际博览会。1960年4月28日，穆罕默德五世国王又一次来到中国馆参观。馆内展示了两千多件展品，有精密工作母机、纺织机、汽车、卡车、农业机器和服装等。这些工业产品体现了新中国成立以来在自主研发与制造方面所取得的成就。穆罕默德五世国王被展示的中国制造“红旗”牌汽车以及中国植茶专家在展馆内用摩洛哥土壤种植的茶树苗所吸引。[③]

---

① 《中华人民共和国政府和摩洛哥王国政府一九六三年三月三十日签订的贸易协定的补充议定书》（1971-04-26），北大法宝法律数据库，法宝引证码CLI.T.5188。

② 《中华人民共和国政府和摩洛哥王国政府长期贸易协定》（1975-03-18），北大法宝法律数据库，法宝引证码CLI.T.2195。

③ 《卡萨布兰卡国际博览会开幕 摩洛哥国王参观中国馆》，《人民日报》1960年5月1日，第5版。

通过卡萨布兰卡国际博览会，摩洛哥人民近距离了解了新中国成立以来在自主研发方面取得的成果和具有较高性价比的商品。中国制造的机器、设备、工具和材料为摩洛哥经济建设提供了良好的选择。而酷爱饮茶的摩洛哥人从中国进口的茶叶解决了以往茶叶国际采购保障的问题。

1956年开始建立的贸易机制使摩中两国的贸易关系不断巩固和发展。从商品结构上看，双方贸易互通有无，弥补了本国资源与商品的不足。从外汇支出来看，作为新独立的摩洛哥，外汇储备薄弱，与中国的贸易机制优化了国际支出，促进了国家早期的建设。

摩中贸易协议的均衡制，在整个20世纪60年代，功不可没。摩洛哥对中国的贸易逆差一直控制在合理范围内，1964年摩洛哥还实现了45万美元的贸易顺差。

表2–2　1964—1999年摩洛哥与中国贸易进出口数据概要（部分）

单位：万美元

年份	进出口总额	摩洛哥对中国的进口额	摩洛哥对中国的出口额
1964	2413	1184	1229
1970	1823	1100	723
1975	3427	2784	643
1985	6032	4351	1681
1990	11 282	7782	3500
1995	15 000	11 000	4000
1999	24 622	21 186	3436

数据来源：笔者根据摩洛哥外汇管理局、中华人民共和国驻摩洛哥王国大使馆经济商务参赞处统计数据整理而成。

第二节　中国改革开放以来摩中贸易机制

一、全球化背景下的摩中贸易机制的升级与完善

1. 从关税及贸易总协定（GATT）到世界贸易组织（WTO）

二战后，在美国的主导下建立了一系列组织来规划新的世界经济秩序。其中国际货币组织（International Monetary Fund–IMF）负责监督经济和金融发展并为有需要的国家提供咨询和贷款，国际复兴开发银行（International Bank for Reconstruction and Development–IBRD）负责在欠发达国家通过提供贷款和咨询帮助其减少贫困的现象，国际贸易组织（International Trade Organization–ITO）则负责制定国际贸易的基本规则，但后者因美国国会担心将干预美国内部经济事务并没有得到准许。因此从20世纪50年代开始，各国开始依赖签订于1947年的关贸总协定（General Agreement on Tariffs and Trade–GATT）来解决国际贸易产生的问题。而在冷战初期，美国需要保证在经济上领先于苏联，同时欧洲国家仍然拥有大量的海外殖民地。因此关贸总协定的使命存在着显著的矛盾，即如何在促进世界各国贸易自由化的同时保证以美国为首的西方国家的利益。这是只符合发达国家利益的市场自由化，因此对关贸总协议进行改革，消除其不平等的机制，成为中国、印度、巴西、摩洛哥等发展中国家共同努力的目标。[①]

① Irina Gabriela Rădulescu and Bogdan Dumbrăvescu，"From GATT to WTO，" *Petroleum-Gas University of Ploiesti Bulletin*，*Ecoromic Sciences Series 60*，no.4（2008）：21–30.

表2-3　关贸总协定及世贸组织的谈判内容回顾

序号	年份	回合	地点	讨论内容
1	1947	日内瓦回合（Geneva Round）	瑞士日内瓦	关税谈判
2	1948—1949	安纳西回合（Annecy Round）	法国安纳西	关税谈判
3	1950—1951	托基回合（Torquay Round）	英国托基	关税谈判
4	1955—1956	日内瓦回合（Geneva Round）	瑞士日内瓦	关税谈判
5	1960—1962	狄龙回合（Dillon Round）	瑞士日内瓦	关税谈判
6	1964—1967	肯尼迪回合（Kennedy Round）	瑞士日内瓦	非农业关税，关贸总协定的第四部分（贸易和发展），特别减损
7	1973—1979	东京回合（Tokyo Round）	日本东京启动	非农业关税，反倾销措施，补助金，帮助措施，商业技术壁垒和发展中国家问题
8	1986—1994	乌拉圭回合（Uruguay Round）	乌拉圭埃斯特角城启动	非农业关税，农业，服务，知识产权，解决国家间争端的法规，公共市场，卫生和植物检疫措施，投资
9	2001	多哈回合（Doha Round）	卡塔尔多哈	非农业关税，农业，服务业，商业和环境，商业和并购，投资，变革设施，区域协定，对发展中国家的特殊待遇，商业和技术转让，商业和资产

数据来源：笔者整理。

自诞生以来，关贸总协定共组织了8次谈判。谈判的目的是通过不断减少进口关税促进国际贸易的增长。但20世纪80年代一系列经济危机使欧美国家政府对一些高竞争领域采用了不同程度的保护主义，包括实行非关税贸易壁垒，从而阻止发展中国家中的一些竞争对手获得资助。另外随着全球化的蔓延，以及中国、印度等发展中国家的崛起，本来不平等的关贸总协定条款不再符合国际贸易新局面。因此1994年，在经过8年的谈判后，在乌拉圭回合中对关贸总协定进行了全面改革与升级，最后于1994年5月在摩洛哥马拉喀什[①]宣布把关贸总协定升级为由多边参与的世界贸易组织（World Trade Organization-WTO）。世界贸易组织把目标设定为基于乌拉圭回合谈判的原则，监督与促进多边贸易协议，包括把合作延伸到服务类项目，同时还呼吁各成员国在发展贸易合作的同时积极参与环保工作。

对于中国而言，改革开放已经到了加速时期。而关贸总协定的改革为中国企业参与国际竞争提供了有效的平台。但毕竟中国实行的体制与欧美国家存在较大的差别，尤其是自新中国成立以来的系列双边贸易协议已不再符合新的世界经济格局。2001年11月10日，在卡塔尔多哈举行的世界贸易组织第四届部长级会议通过了中国加入世界贸易组织的法律文件。在此之前，中国同各个成员国进行了

---

① 马拉喀什（Marrakech），摩洛哥古都之一。因所有建筑的外墙均呈现土红色，又称“红城”。总人口为928 850人（2014年），是继卡萨布兰卡、菲斯和丹吉尔之后的摩洛哥第四大城市。城市由千年古城和新城组成的，由莫拉彼德王朝（Almoravides）优素福·本·塔奇芬（Youssef ben Tachfine）建成于1071年。从此马拉喀什成为来自撒哈拉以南国家的黄金之路的重要商业和文化枢纽。如今马拉喀什是摩洛哥最具吸引力的旅游城市，被列入世界十大旅游目的地之一，同时也拥有摩洛哥科研领域领先的卡迪·阿亚德大学（Cadi Ayyad University）大学。

必要的谈判。

2．摩中贸易合作机制升级

摩洛哥于1977年获得了关贸总协定观察员资格，随后于1987年成为第94个缔约方。1989年摩洛哥成为第一个表示愿意将其贸易制度通过关贸总协定贸易政策审议机制的发展中国家。1994年，在马拉喀什举行的关贸总协定乌拉圭回合部长会议决定成立世界贸易组织。作为世界贸易组织积极成员，摩洛哥不断基于多哈会议的谈判原则，为非洲和阿拉伯国家争取到更好的贸易合作条件。[①]因此，中国在入世前的谈判中也率先与摩洛哥对话，就如何在世界贸易组织的框架内发展多领域贸易合作进行讨论。

1995年3月27日，中国外经贸部部长吴仪率中国政府经济贸易代表团到摩洛哥召开中摩经贸混委会第4次会议，与摩洛哥财政和外国投资大臣穆罕默德·卡巴杰[②]签订了《中华人民共和国政府和摩洛哥王国关于鼓励和相互保护投资协定》。[③]该协定对缔约双方的资产购置、股份、知识产权、开发自然资源的特许权、投资收益的自由转移给予了界定与保护。《投资协定》的签订意味着摩中双方经贸合作范围将进一步扩大到投资领域。除了经济与技术援助以外，投资成为弥补贸易逆差的另一手段。3月28日，吴仪部长还与摩洛哥

① Le Maroc à l'OMC，"Permanent Mission of the Kingdom of Morocco to the United Nations Office and other International Organizations in Geneva，"，http://www.mission-maroc.ch/fr/pages/222.html.

② 穆罕默德·卡巴杰（Mohamed Kabbaj），摩洛哥政治家。1946年代出生于摩洛哥古城菲斯。1965年考入巴黎综合高等理工学院，并于1969年毕业于巴黎路桥学院。1981年担任摩洛哥设备部大臣；1985年担任设备、职业培训和干部培训大臣；1995年担任摩洛哥财政和外国投资大臣；2000年担任国王顾问；2005年担任卡萨布兰卡大区大州长；2009年卸任官职，成为建筑领域企业拉法基集团（Lafarge）董事长。

③ 诸葛仓麟：《中摩签署投资及援建协定　双方将加强经贸与投资合作》，《人民日报》1995年3月29日，第7版。

对外贸易大臣穆罕默德·阿拉米[①]签订了新的《中华人民共和国政府和摩洛哥王国政府经济和贸易协定》。该协定与建交以来的经贸协定最大的不同在于交易商品增加了服务贸易；不再指定商品交易范围，而是鼓励全方面贸易合作以及鼓励两国企业间建立经贸合作关系。协议有效期为5年，可自动延长。[②]

随着双方经贸往来和人文交往不断增多，司法合作需求也在日益扩大。1999年，中国司法部部长肖扬与摩洛哥司法与人权部大臣阿布德·拉赫曼·阿马卢[③]在拉巴特签订了《中华人民共和国和摩洛哥王国关于民事和商事司法协助的协定》。协定主要界定缔约一方的国民在缔约另一方境内的司法保护、司法救助和协助法规。[④]因摩中的法律制度存在较大的差异，因此两国的司法合作对于维护稳定经贸关系、建设法治化营商环境、促进双边关系发展都具有积极意义。

为了进一步推动双边经贸合作关系的发展，摩中政府相继签订了涉及具体领域的系列协议，具体如下一页表所示。

---

① 穆罕默德·阿拉米（Mohamed Alami），摩洛哥政治家。1995年至1997年担任摩洛哥对外贸易大臣。

② 《中华人民共和国政府和摩洛哥王国政府关于鼓励和相互保护投资协定》（1995-03-27），北大法宝法律数据库，法宝引证码CLI.T.3644。

③ 阿布德·拉赫曼·阿马卢（Abderrahmane Amalou），摩洛哥政治家、教授。1970年成为摩洛哥第一位宪法法律博士并在卡萨布兰卡法学、经济与社会系担任教授；1994年成为摩洛哥宪法委员会的宪法法官；1995年担任摩洛哥司法与人权部大臣并于1996年在增加人权部大臣职位；1997年当选为卡萨布兰卡议员。

④ 《中华人民共和国和摩洛哥王国关于民事和商事司法协助的协定》（1996-04-16），北大法宝法律数据库，法宝引证码CLI.T.262。

表2-4　1995—2002年中摩签署的主要双边协议（部分）

协议名称	说明
《在社会发展、就业和职业培训领域的合作议定书》	协助摩洛哥发展职业教育和促进青年就业
《环境合作协定》	开展环境保护和合理利用自然资源方面的双边合作
《旅游合作协定》	为两国游客的往来提供便利，并鼓励两国旅游企业和行业组织间开展合作

数据来源：整理自中华人民共和国商务部全球法规网、中华人民共和国驻摩洛哥王国大使馆经济商务处。

3．摩中两国高层互访促进经贸合作

在签订系列合作协议后，摩中经贸合作机制已基本构建齐全。1999年两国元首的互访更进一步巩固了这一机制，双方开始不断签订具体领域的合作协议。

中国国家主席江泽民于1999年10月27日至30日对摩洛哥王国进行了国事访问。此次访问的主要目的是回顾1995年以来双方搭建的新的经贸合作机制，建立形式多样的合作关系。两国政府的联合新闻公报中指出，摩中政府将大力支持和鼓励两国有关部门和企业增加接触，不断探索扩大合作的新方式和途径。[①]在会见摩洛哥经济中心卡萨布兰卡的工商界人士时，江泽民主席指出，中国政府正在积极推动并鼓励有能力、有条件、成熟的企业到海外投资，尤其是开展境外加工贸易业务。他表示，欢迎摩工商界的朋友与中方企业开展这方面的合作，中国政府将给予积极的支持。[②]不久以后，第

① 《中华人民共和国和摩洛哥王国发表新闻公报》，《人民日报》1999年10月30日，第1版。

② 王芳、王传宝：《江主席抵卡萨布兰卡访问》，《人民日报》1999年10月30日，第3版。

一批中国企业家开始来到卡萨布兰奥马尔街[1]设立企业，著名的卡萨布兰卡华人小商品市场就此诞生。

摩洛哥王国国王穆罕默德六世于2002年2月4日至9日对中国进行了国事访问。经贸合作成为本次访问的重点讨论议题，尤其是关于中国入世以后为摩中两国企业创造的机会如何在经济全球化的大趋势下实现发展。两国有关方面签署了经济技术合作、环境保护、社会发展与就业、卫生、旅游和新闻等方面的8项协议。[2]随同国王访问的还有摩洛哥企业联合会（General Confederation of Moroccan Enterprises-CGEM）[3]主席哈桑·沙弥[4]率领的摩洛哥企业家代表团，并于7日在上海与中国企业家代表签署了加强两国企业多领域合作的合作协议。从此摩洛哥企业家代表团陪同国王出访中国成为今后加强经济与贸易合作的新方式。

---

① 奥马尔街（Derb Omar），20世纪30年代以来，因奥马尔街靠近卡萨布兰卡港口而吸引了第一批犹太和欧洲商人来到这里，开始了贸易。20世纪40年代末，摩洛哥商人也设立档口并资助了反殖民主义活动。摩洛哥独立后该街成为卡萨布兰卡对外贸易的重要窗口。20世纪90年代末，摩中签署了系列的合作协议尤其是对经济与贸易和对双方商人的投资保护。随后越来越多的中国商人来到卡萨布兰卡从事进口业务。如今奥马尔街的面积大约50万平方米；占摩洛哥进口总额的26%；聚集2000多个企业；创造7000个就业岗位；交易商品以纺织、服装和化妆品为主。

② 《中国和摩洛哥发表新闻公报》，《人民日报》2002年2月10日，第4版。

③ 摩洛哥企业联合会（General Confederation of Moroccan Enterprises-CGEM），成立于1947年，当时是在摩洛哥的法国企业家的代理机构，而摩洛哥企业家则聚集在摩洛哥工业团体（Industrial Group of Morocco-GIM）。20世纪60年代末两家机构合并并保留了“CGEM”的机构名称。自2015年起，CGEM在摩洛哥参议院拥有由8位参议院议员组成的小组，使摩洛哥企业的话语权在与政府与工会的谈判中更加显著。摩洛哥企业家联合会（CGEM）的主要职责是联合政府参与创造良好的商务环境，是私营企业与政府对话的机构。目前拥有3.3万个企业会员单位。

④ 哈桑·沙弥（Hassan Chami），摩洛哥政治家、企业家。1938年出生于菲斯。1961年毕业于法国国立道路与桥梁学院并开始他的公务员生涯；1970年担任公共工程部大臣；1972年至1976年担任出口营销委员会（Export Marketing Board-OCE）主任；此后决定创业成立多个建筑领域的企业。2001年至2006年担任摩洛哥企业联合会（General Confederation of Moroccan Enterprises-CGEM）主席。

2006年4月24日至26日，中国国家主席胡锦涛对摩洛哥进行国事访问。此次访问所关注的内容由摩中经贸合作扩展到劳务承包业务。双方讨论通过增加中国对摩洛哥商品的进口来克服两国贸易逆差不断扩大的问题。同时中国将鼓励有关企业来摩洛哥进行农业、渔业、油气资源开发等领域的投资合作。而正在大力进行基础设施建设的摩洛哥也非常需要中国企业参与公路、港口、电力等基础设施建设项目。[①]两国元首出席了双方经贸、科技、文化、旅游、卫生等领域合作协议的签字仪式。[②]

二、在全球化背景下的摩中贸易发展概况

1995年至2002年，摩中两国政府完成了基于新的世界经济格局的贸易合作机制布局。在两国元首互访后，双边贸易有了飞跃式的增长。从摩洛哥外汇管理局公布的数据中我们可以看出，除了2011年双边贸易规模下降了7.95%，其他年份均保持了上升的发展势头，平均增长率为15.74%。摩中双边贸易规模在2005年首次突破100亿迪拉姆（大约12.18亿美元），2009年突破200亿迪拉姆（大约24.82亿美元），2014年突破300亿迪拉姆（大约36.76亿美元），2017年双边贸易规模达到历史高峰，为425.34亿迪拉姆（大约42.06亿美元）。中国已经成为继西班牙和法国后的摩洛哥第三大贸易伙伴。虽然近20年来摩中双边贸易一直保持了较好的发展势头，但因摩洛哥向中国出口的规模发展缓慢，贸易逆差越来越严重，每年平均增长率大约为17.89%。

---

① 王恬、吴文斌：《胡锦涛会见摩洛哥首相杰图》，《人民日报》2006年4月26日，第1版。

② 王恬、吴文斌：《胡锦涛主席同穆罕默德六世国王会谈》，《人民日报》2006年4月25日，第1版。

表2-5　1998—2017年摩洛哥对中国贸易进出口数据

单位：千万迪拉姆

年份	进出口总额	进出口总额增长率（%）	摩洛哥对中国的进口额	摩洛哥对中国的出口额	贸易逆差额	贸易逆差增长率（%）
1998	264.35	/	212.45	51.90	160.55	/
1999	281.24	6.39%	241.99	39.25	202.74	26.28%
2000	321.66	14.37%	284.64	37.02	247.62	22.14%
2001	353.72	9.97%	314.62	39.10	275.52	11.27%
2002	403.92	14.19%	375.31	28.61	346.7	25.83%
2003	528.64	30.88%	465.58	63.06	402.52	16.10%
2004	704.26	33.22%	660.20	44.06	616.14	53.07%
2005	1006.97	42.98%	939.93	67.04	872.89	41.67%
2006	1201.54	19.32%	1106.86	94.68	1012.18	15.96%
2007	1607.25	33.77%	1514.62	92.63	1421.99	40.49%
2008	1978.73	23.11%	1853.84	124.89	1728.95	21.59%
2009	2181.74	10.26%	2061.03	120.71	1940.32	12.23%
2010	2705.2	23.99%	2499.32	205.88	2293.44	18.20%
2011	2490.16	–7.95%	2331.34	158.82	2172.52	–5.27%
2012	2800.51	12.46%	2559.90	240.61	2319.29	6.76%
2013	2940.81	5.01%	2653.46	287.35	2366.11	2.02%
2014	3176.93	8.03%	2949.58	227.35	2722.23	15.05%
2015	3305.78	4.06%	3068.25	237.53	2830.72	3.99%
2016	3956.36	19.68%	3732.44	223.92	3508.52	23.94%
2017	4253.36	7.51%	3956.05	297.31	3658.74	4.28%

数据来源：作者参照摩洛哥外汇管理局数据整理而成。

1．摩洛哥从中国进口商品的发展概况

1.1　对摩洛哥从中国进口商品贸易规模突破10亿美元的分析

从2004年至2005年摩洛哥从中国进口商品的数据对比我们可以看出，机械与设备、电信设备及配件、汽车及零配件这三类商品进口额的增长带动了进口总额的增长。2005年，机械与设备进口额为19.22亿迪拉姆（大约2.34亿美元），占进口总额的20.45%，环比增长54.87%；电信设备及配件的进口额为12.20亿迪拉姆（大约1.49亿美元），占进口总额的12.98%，环比增长106.94%；汽车及零配件的进口额为7.02亿迪拉姆（大约8552.92万美元），占进口总额的7.47%，环比增长168.66%。另外，相对于2004年增长额超过1亿迪拉姆（大约1218.33万美元）的商品类别还有纺织品、矿业和茶叶。

表2-6　2004—2005年摩洛哥从中国进口商品贸易数据

单位：千万迪拉姆

序号	商品类别	2004年	2005年	增长额	增长率(%)
1	机械与设备	124.12	192.23	68.11	54.87%
2	电信设备及配件	58.97	122.03	63.06	106.94%
3	汽车及零配件	26.13	70.20	44.07	168.66%
4	纺织品	102.42	129.30	26.88	26.24%
5	矿业	8.52	19.79	11.27	132.28%
6	茶叶	63.28	73.8	10.52	16.62%
7	工业与建筑材料	30.16	40.12	9.96	33.02%
8	家具和家电	17.05	25.29	8.24	48.33%
9	厨具	7.20	13.14	5.94	82.50%
10	石油化工产品	11.06	16.94	5.88	53.16%

（续表）

序号	商品类别	2004年	2005年	增长额	增长率(%)
11	农产品	7.16	11.76	4.6	64.25%
12	塑料制品	9.65	13.58	3.93	40.73%
13	电视机与收音机	41.45	45.35	3.9	9.41%
14	摩托车	4.25	7.99	3.74	88.00%
15	五金产品	18.40	21.91	3.51	19.08%
16	医药	10.25	13.67	3.42	33.37%
17	文具	9.09	12.26	3.17	34.87%
18	鞋	13.82	15.91	2.09	15.12%
19	广泛商品	9.66	10.11	0.45	4.66%
20	化肥	0.47	0.79	0.32	68.09%
21	皮革与毛皮	0.63	0.89	0.26	41.27%
22	林业产品	2.02	2.17	0.15	7.43%
23	化妆品	0.36	0.44	0.08	22.22%
24	水产品	0.51	0.57	0.06	11.76%
25	玩具	18.67	18.58	–0.09	–0.48%
26	时尚用品	5.93	5.80	–0.13	–2.19%
27	陶瓷	9.68	8.06	–1.62	–16.74%
28	仪器和工具	49.33	47.21	–2.12	–4.30%

备注：商品类别按增长额递减排序。

数据来源：作者参照摩洛哥外汇管理局数据整理而成。

大多数来自中国的进口机械设备被应用于摩洛哥的基础设施建设。1999年，穆罕默德六世继任王位后宣布了一系列的改革方案，就有对摩洛哥长期以来以农业为主的产业结构进行的调整。摩洛哥按照“想发展，先通路”的理念，在全国开展公路、港口码头、铁路、桥梁等交通工程以及中型大坝、引水工程等基础设施建设。[①]因此，自2002年以来，摩洛哥的基础设施建设及工程承包市场快速发展，诸如中水电总公司和中机设备总公司等中国公司也参与了摩洛哥的基础设施项目建设，摩洛哥自然也会青睐中国制造的机械与设备。加上摩洛哥政府通过哈桑二世基金[②]对设备投资较高的项目提供相应的补贴，使具有高性价比的中国制造工业用车和挖掘设备成为推进摩洛哥现代化进程的核心力量。

私有化改革促进电信行业增长。20世纪80年代初，摩洛哥政府因无法摆脱已陷入的经济危机，被迫接受国际货币基金组织和世界银行提出的结构调整计划和国有企业的私有化改革。这些改革产生了较严重的社会问题，尤其是在公共教育和医疗方面，但也促进了一些新产业的发展。2001年摩洛哥电信集团（Maroc Telecom）向法国环球维旺迪集团（Vivendi Universal）出售价值230亿迪拉姆（约21.51亿美元）的35%的股权。[③]新股东的参与推动了摩洛哥电信的网络建设，也为中国企业华为公司在摩发展创造了条件。2004年2月25日，华为经过9个月的评标竞争，战胜众多竞争对手，成功中标合同金额逾300万美元（约2627.62万迪拉姆）的摩洛哥电信光网络

---

① 关于1998年至2002年摩洛哥基础设施建设状况，详见：《摩洛哥有关产业投资规划简介》，http://ma.mofcom.gov.cn/article/ztdy/200212/20021200055375.shtml。

② 哈桑二世基金（Hassan Ⅱ Fund），由哈桑二世国王于1999年创立，为摩洛哥大型项目提供财政支持，其资金来源主要是政府国营机构私有化收入尤其是通信行业。自创立以来，基金参与了包括高速公路、经济房、地中海码头、丹吉尔到卡萨布兰卡的高铁等大型基础设施项目。

③ 《私有化成为摩洛哥吸引外资的主要动力》，http://ma.mofcom.gov.cn/article/jmxw/200309/20030900125766.shtml。

（Optical Network）国家干线三期项目，成为摩洛哥电信光网络设备的主力供应商。[①]同年5月，华为获得了摩洛哥电信非对称数字用户线路（Asymmetric Digital Subscriber Line-ADSL）项目、大客户接入网项目以及摩洛哥电信3年45万线ADSL采购的首批订单。[②]华为积极参与摩洛哥电信行业的建设是2005年摩中电信设备与配件贸易规模大幅度增长的主要原因。

再来看以旧车交易为主的摩洛哥汽车市场。1992至1994年期间，因摩洛哥汽车制造公司大量减产使二手车市场的进口额猛增，以至1994年二手车注册占机动车的86%[③]。由于摩洛哥未实行强制汽车报废制度，因此旧车成为汽车市场的主力。旧车的维修和保养使摩洛哥汽车市场一直对零配件需求旺盛。进入21世纪，在穆罕默德六世国王的领导下，随着摩洛哥国民经济和人口的增长，摩洛哥汽车保有量连年攀升。2003年，摩洛哥新汽车销量达到了5万台。这些车辆主要以标致、雷诺和雪铁龙三大法国品牌为主。其中45%由摩洛哥国内组装生产，55%由国外进口。[④]汽车市场的快速发展导致对来自中国汽车配件进口的需求增加，包括滤清器、排气管、轮胎、集成线路、座位等。

在摩洛哥传统文化中，纺织行业历经了1000多年的发展。20世纪50年代，缝纫机成为结婚时的重要嫁妆。几乎每个家庭都成了缝

---

① 《华为中标摩洛哥电信光网络国家干线》，http://ma.mofcom.gov.cn/article/jmxw/200402/20040200188043.shtml。

② 《我华为公司在摩取得重大进展》，http://ma.mofcom.gov.cn/article/jmxw/200405/20040500223497.shtml。

③ Soumayya Douieb，“La petite histoire des concessionnaires automobiles au Maroc，”，http://albayane.press.ma/la-petite-histoire-des-concessionnaires-automobiles-au-maroc.html.

④ 《摩洛哥2010年新汽车销量将达10万辆》，http://ma.mofcom.gov.cn/article/jmxw/200304/20030400085111.shtml。

纫劳动力培养基地。因此，当摩洛哥政府于20世纪70年代决定把服装行业作为重点发展的国民经济产业时，全国各地的人力资源十分充足。因为摩洛哥具有便利物流的地理位置，摩洛哥服装企业很快成为欧洲各大服装品牌的主要供应来源。进入21世纪，纺织业成为摩洛哥支柱产业。①但由于亚洲国家纺织业的崛起和“9·11”事件的影响，大量欧美客户转移到了亚洲，尤其是中国。加上摩洛哥纺织原料的价格上涨，许多本土服装企业被迫关闭。国际知名品牌如耐克（Nike）、彪马（Puma）、肯迪（Kendy）也因此转移到了中国生产。②另外，1999年开始，大量中国企业和商人在卡萨布兰卡设立批发档口销售中国制造的服装，使2005年摩洛哥的纺织品出口急剧下降。从中国进口的纺织品则从1998年的1.96亿迪拉姆（大约2037.29万美元）按每年平均30.93%的速度增至2005年的12.93亿迪拉姆（约1.58亿美元）。

摩洛哥是一个传统矿业大国。摩洛哥磷矿石储量达500亿吨，占世界储量的70%左右，位居世界首位。其他矿产资源有铁、铅、锌、钴、锰、钡、铜、盐、磁铁矿、无烟煤、油页岩等。其中油页岩储量1000亿吨以上，含原油60亿吨。摩洛哥的煤矿产区，以东部吉拉达地区③为主，但因开发成本过高，于1998年停止开采，从2001年开始进口具有价格优势的中国煤矿。摩洛哥还从中国进口一些矿

① 到2005年，摩洛哥共有1687家纺织业企业，年产值350亿迪拉姆，占GDP的3%、工业生产总值的25%，还提供了22万个就业机会。

② 《简述摩洛哥纺织服装业及对我企业来摩投资设厂的看法和建议》，http://ma.mofcom.gov.cn/article/ztdy/200212/20021200056960.shtml。

③ 吉拉达地区（Jerada），建城于1927年，是摩洛哥东部大区矿业城市，总人口为43 477人（2014年）。当时法国殖民当局在这里发现大量的煤矿和铅矿并开始大规模开发。1998年因开采成本过高，摩洛哥政府决定停止开发转而依靠进口来满足摩洛哥的煤矿需求。这个决定导致大量工人下岗，产生了许多社会不稳定因素。

产品半成品如线圈、铁矿粉末和嗜铁素产品。

摩中双边茶叶贸易的合作由来已久。建交前摩洛哥已经开始进口中国茶叶。1958年，摩洛哥成立了摩洛哥茶糖公司（Moroccan Society of Tea and Sugar–SOMATHES）负责茶叶和白糖的进口。长期以来由该公司负责确保市场茶糖供应。1993年，在摩洛哥的茶叶市场自由化以后，更多私营茶商加入竞争。到2005年，摩洛哥已经是世界进口绿茶规模第一的国家，每年消费量高达3万吨。[①]摩洛哥作为传统饮茶国家，对绿茶的需求量相对稳定，因此自2000年至2005年从中国进口的茶叶数量没有太大的变化。

1.2 对摩洛哥从中国进口商品贸易规模突破20亿美元的分析

从2008年至2009年摩洛哥进口中国商品的发展趋势来看，机械设备、纺织品、电信设备及配件这三类商品进口的增长带动了进口总额的增长。2009年，机械与设备进口额为50.44亿迪拉姆（约6.26亿美元），占进口总额的24.47%，环比增长22.24%；纺织品的进口额为33.57亿迪拉姆（约4.17亿美元），占进口总额的16.29%，环比增长35.61%；电信设备及配件的进口额为30.53亿迪拉姆（约3.79亿美元），占进口总额的14.81%，环比增长26.17%。另外，相对于2008年增长金额超过1亿迪拉姆（约1241.19万美元）的商品类别还有家具和家电、塑料制品以及工业与建筑材料。

---

① Atika Haimoud, "Consommation: Le Maroc reste le 1er importateur de thé vert chinois," , http://aujourdhui.ma/economie/consommation-le-maroc-reste-le-1er-importateur-de-the-vert-chinois-55370.

表2-7　2008—2009年摩洛哥从中国进口商品贸易数据

单位：千万迪拉姆

序号	商品类别	2008年	2009年	增长额	增长率(%)
1	机械与设备	412.65	504.42	91.77	22.24%
2	纺织品	247.53	335.67	88.14	35.61%
3	电信设备及配件	241.97	305.30	63.33	26.17%
4	家具和家电	60.39	80.02	19.63	32.51%
5	塑料制品	22.83	41.88	19.05	83.44%
6	工业与建筑材料	96.50	106.76	10.26	10.63%
7	茶叶	76.91	84.66	7.75	10.08%
8	鞋	22.56	29.93	7.37	32.67%
9	广泛商品	16.53	23.57	7.04	42.59%
10	农产品	17.24	23.43	6.19	35.90%
11	陶瓷	9.86	14.82	4.96	50.30%
12	时尚用品	9.86	14.16	4.3	43.61%
13	文具	29.41	33.41	4	13.60%
14	医药	16.45	20.45	4	24.32%
15	林业产品	6.13	9.03	2.9	47.31%
16	电视机与收音机	61.09	63.93	2.84	4.65%
17	石油化工产品	26.51	28.98	2.47	9.32%
18	玩具	24.94	26.35	1.41	5.65%
19	皮革与毛皮	0.30	0.69	0.39	130.00%
20	化肥	0.85	1.22	0.37	43.53%
21	化妆品	1.28	1.65	0.37	28.91%

（续表）

序号	商品类别	2008年	2009年	增长额	增长率(%)
22	水产品	2.15	2.51	0.36	16.74%
23	厨具	25.44	23.15	–2.29	–9.00%
24	摩托车	34.94	31.09	–3.85	–11.02%
25	仪器和工具	67.38	61.51	–5.87	–8.71%
26	矿业	19.30	6.71	–12.59	–65.23%
27	五金产品	74.57	48.44	–26.13	–35.04%
28	汽车及零配件	216.39	111.60	–104.79	–48.43%

备注：商品类别按增长额递减排序。

数据来源：作者参照摩洛哥外汇管理局数据整理而成。

机械与设备是摩洛哥从中国进口持续排名榜首的商品类别。2008年至2009年是摩洛哥进入基础设施建设和新产业调整的加速期，全国工地无处不在。在基础设施建设方面，摩洛哥继续完善公路网、港口等基础设施建设项目。中国海外工程有限公司、中铁国际川铁公司以及中国水电五局均在摩洛哥承建了大规模的公路与桥梁工程。[①]基础设施建设的快速发展极大地拉动了摩洛哥从中国进口机械与设备的规模的增长，从2005年的19.22亿迪拉姆（大约2.34亿美元）增加至2009年的50.44亿迪拉姆（大约6.26亿美元），环比增长162.40%。

摩洛哥积极迎接来自中国纺织品冲击的严峻挑战。从2008—

① 欧阳波：《获摩洛哥18亿合同　中国中铁海外业务快速扩张》，http://business.sohu.com/20080318/n255761132.shtml；《中国水电承建的摩洛哥东西向交通大动脉塔乌高速公路通车》，http://finance.sina.com.cn/roll/20110728/154010223639.shtml。

2009年摩洛哥进口中国纺织品的数据我们可以看出，2009年摩洛哥从中国进口的纺织品以用于纺织生产的原材料和半成品为主。在2009年摩洛哥33.57亿迪拉姆（约4.12亿美元）的纺织品的进口额中，纺织品原材料和半成品的进口金额为26.85亿迪拉姆（约3.33亿美元），占摩洛哥纺织品进口总额的79.98%，比2008年增长34.31%；纺织品成品的进口金额则为6.72亿迪拉姆（约8344.09万美元），占摩洛哥纺织品进口总额的20.02%，比2008年增长41.15%。

表2-8　2008—2009年摩洛哥从中国进口的主要纺织品原材料和半成品贸易数据

单位：百万迪拉姆

序号	商品类别	2008年	2009年	增长额	增长率（%）
1	合成或人造材料织物	721.34	1043.68	322.34	44.69%
2	针织面料	159.51	373.26	213.75	134.00%
3	纺织纱线	331.17	443.92	112.75	34.05%
4	织线	137.19	227.03	89.84	65.49%
5	花边、蕾丝等辅料	283.08	311.24	28.16	9.95%
6	麻布	0	0.02	0.02	/
7	棉花	0.03	0.04	0.01	33.33%
8	植物纺织纤维	0.07	0.01	–0.06	–85.71%
9	丝绸	0.05	0.09	0.04	80.00%
10	其他织物	85.99	84.51	–1.48	–1.72%
11	羊毛和羊毛缎带	3.63	0.19	–3.44	–94.77%
12	棉织物	276.69	200.58	–76.11	–27.51%
合计		1998.75	2684.57	685.82	34.31%

备注：商品类别按增长额递减排序。

数据来源：作者参照摩洛哥外汇管理局数据整理而成。

表2-9　2008—2009年摩洛哥从中国进口的主要纺织品成品贸易数据

单位：百万迪拉姆

序号	商品类别	2008年	2009年	增长额	增长率（%）
1	外套、帽子、夹克、上衣、裤子、短裤、衬衫、连衣裙和裙子、内衣	175.93	246.66	70.73	40.20%
2	针织和钩针衣服	96.6	148.66	52.06	53.89%
3	由纺织材料制成的物品	90.24	132.51	42.27	46.84%
4	服装配件	63.59	83.61	20.02	31.48%
5	除纺织品以外的服装和服装配件	49.87	60.74	10.87	21.80%
6	二手纺织品服装或配件	0.05	0.09	0.04	80.00%
合计		476.28	672.27	195.99	41.15%

备注：商品类别按增长额递减排序。

数据来源：作者参照摩洛哥外汇管理局数据整理而成。

由上两张图表数据可见，摩洛哥的纺织业受到来自中国的冲击。2001年中国加入世界贸易组织以及2005年多种纤维协定配额的取消，为中国的纺织品出口猛烈增长创造了有利条件。中国纺织品"海啸"式占据世界各国市场，包括一直由摩洛哥等北非国家供应的欧洲市场份额。中国的廉价劳工使各国买家优先选择到中国采购。与此同时，中国政府推出的有利招商政策使越来越多原在摩洛哥设立工厂的外资服装企业选择把工厂转移到中国。纺织业作为摩洛哥出口创汇和创造就业的支柱产业之一，直接影响摩洛哥的社会稳定。因此来自中国的竞争引起了包括政府、纺织业界和社会组织的不满和担忧。摩洛哥政府除了推出在劳资、运输、税务等方面的扶持政策以外，还呼吁本土纺织企业以生产转型来迎接中国纺织品出口的挑战，包括通过一体化转型提供更具附加值的纺织品以及开发美国庞大的服装消费市场。另外，对于欧盟而言，摩洛哥是欧洲南疆的关口，摩洛哥的稳定是欧洲免受大量的非法移民入侵、国际贩毒集团以及恐怖主义威胁的保障。因此，为了保护摩洛哥纺织品的传统出口市场，欧盟开始探索如何在世界贸易组织相关条款的框架内，采取措施来阻止中国纺织品对欧盟市场的冲击。[①]

再来看欣欣向荣的摩洛哥电信业。2004年至2009年间，华为成功成为摩洛哥电信设备主力供货商，不断中标摩洛哥电信大项目，包括2006年的摩洛哥电信二期网络协议电视（Internet Protocol Television-IPTV）合同[②]、2007年的摩洛哥电信的3G网络建设[③]，以及2009年旨在提高容量、监控客户业务趋势和用于精细化带宽管理的解决方案项目。[④]摩洛哥电信业私有化后，摩洛哥电信和地中海电信（Meditel）两家运营商形成了寡头垄断局面，控制了摩洛哥电信业的固定电话、移动电话和网络业务。到2008年，摩洛哥移动用户达到2061万，固定电话用户达到271万，网络用户达到58.1万，3G网用户也自2007年4月正式商用后，从4.2万增长到8.7万。[⑤]摩洛哥电信业的蓬勃发展主要归功于摩洛哥实行的私有化政策，其不仅创

---

① 《摩洛哥媒体发表连篇累牍关于中国纺织品的文章》，http://ma.mofcom.gov.cn/article/ztdy/200505/20050500085034.shtml。

② 《华为独家获得摩洛哥电信二期IPTV合同》，http://tech.sina.com.cn/t/2006-09-01/14551115719.shtml。

③ 《摩洛哥电信选择华为共同建设UMTSHSPA网络》，http://www.iccsz.com/site/cn/News/2007/03/23/20070323092617484375.htm。

④ 《摩洛哥电信选择华为智能分组网升级移动宽带》，http://www.c114.com.cn/news/126/a453922.html。

⑤ 《摩洛哥电信产业分析》，http://ma.mofcom.gov.cn/article/ztdy/200811/20081105876439.shtml。

造了国家收入，还借助世界先进的企业来完善本国的电信业基础建设。尤其是华为自主研发的创新技术，使摩洛哥电信业在短短时间内达到国际先进水平。

摩洛哥掀起了房地产浪潮。进入21世纪后，穆罕默德六世国王继任王位后发起了全国基础设施建设和新产业调整，摩洛哥自1999年至2018年的国内生产总值平均增长率为5.43%，其中2003年曾高达5.96%。经济快速增长和银行提供的购房便利条件，使更多百姓具备购房能力。而政府为了消除城市周边的贫民窟，改善中等收入者的住宿环境，动用了更多的土地资源，在大城市建起了低价位经济房。不过，即便摩洛哥迎来了一个房地产浪潮，但全国的房屋供应的赤字还是高达100万套，发展空间依然较大。2008年的全球性金融危机导致摩洛哥2009年的外商直接投资下降了9.71%，与此相关的外资房地产开发项目也快速减少。欧洲人在摩洛哥购置房屋的情况也相对减少了。但对经济房和中等房产的需求继续增长，尤其在卡萨布兰卡、拉巴特等大城市。房地产工地随处可见，房地产开发商甚至出现了人工短缺的现象。

表2-10　1999—2018年摩洛哥国内生产总值数据

单位：十亿美元

年份	GDP	GDP增长率（年度%）
1999	41.632	1.08
2000	38.857	1.91
2001	39.460	7.32
2002	42.237	3.12
2003	52.064	5.96

（续表）

年份	GDP	GDP增长率（年度%）
2004	59.626	4.80
2005	62.343	3.29
2006	68.641	7.57
2007	79.041	3.53
2008	92.507	5.92
2009	92.897	4.24
2010	93.217	3.82
2011	101.370	5.25
2012	98.266	3.01
2013	106.826	4.54
2014	110.081	2.67
2015	101.180	4.54
2016	103.312	1.06
2017	109.714	4.23
2018	117.921	2.99

数据来源：世界银行公开数据。

房地产的蓬勃发展带动了中国厂商向摩洛哥出口建筑材料、家具家电和塑料制品。以往摩洛哥的房地产材料主要来自法国、德国、西班牙和意大利等传统欧洲建筑材料生产商。但中国厂商制造的具有较高性价比的建筑材料很快成为摩洛哥进口商的首选。

表2-11　2008—2009年摩洛哥从中国进口的主要建筑材料贸易数据

单位：百万迪拉姆

序号	建筑材料类别	2008年	2009年	增长额	增长率（%）
1	电力分配设备	82.86	127.61	44.75	54.01%
2	管道，空心型材及其铁或钢的配件	97.6	142.09	44.49	45.58%
4	铁、钢、铝制建筑材料	10.07	45.33	35.26	350.15%
5	螺钉，螺栓，螺母，铆钉等类似的铁、钢、铜或铝制材料	55.5	86.56	31.06	55.96%
6	橡胶建筑材料	41.86	63.24	21.38	51.08%
7	黏土基建筑材料	39.00	52.76	13.76	35.28%
8	地板覆盖物	6.97	16.60	9.63	138.16%
9	金属丝产品	61.79	63.73	1.94	3.14%
10	铝制品	32.08	32.51	0.43	1.34%

备注：商品类别按增长额递减排序。

数据来源：作者参照摩洛哥外汇管理局数据整理而成。

1.3　对摩洛哥从中国进口商品贸易规模突破30亿美元的分析

从2013年至2014年摩洛哥进口中国商品的发展来看，纺织品进口增长金额第一次高居榜首，其次是机械与设备和电信设备及配件。2014年纺织品的进口额高达59.50亿迪拉姆（约7.30亿美元），占进口总额的20.17%，环比增长20.77%；机械与设备进口额为61.50亿迪拉姆（约7.54亿美元），占进口总额的20.85%，环比增长8.54%；电信设备及配件的进口额为27.75亿迪拉姆（约3.40亿美元），占进口总额的9.41%，环比增长11.19%。另外，相对于2013年增长额超过1亿迪拉姆（约1225.40万美元）的商品类别还有摩托车、石油化工产品、五金用品、电视机与收音机、家具和家电、鞋、工业与建筑材料。

表2-12　2013—2014年摩洛哥从中国进口商品贸易数据

单位：千万迪拉姆

序号	商品类别	2013年	2014年	增长额	增长率(%)
1	纺织品	492.62	594.95	102.33	20.77%
2	机械与设备	566.64	615.05	48.41	8.54%
3	电信设备及配件	249.53	277.46	27.93	11.19%
4	摩托车	60.45	82.17	21.72	35.93%
5	石油化工产品	42.14	60.88	18.74	44.47%
6	五金用品	70.45	86.29	15.84	22.48%
7	电视机与收音机	61.97	77.06	15.09	24.35%
8	家具和家电	99.99	114.77	14.78	14.78%
9	鞋	56.68	70.27	13.59	23.98%
10	工业与建筑材料	197.97	209.19	11.22	5.67%
11	玩具	38.95	47.08	8.13	20.87%
12	渔产品	12.75	20.23	7.48	58.67%
13	医药	32.96	39.00	6.04	18.33%
14	农产品	34.36	40.03	5.67	16.50%
15	仪器和工具	75.86	81.51	5.65	7.45%
16	陶瓷	17.55	22.08	4.53	25.81%
17	塑料制品	60.53	64.71	4.18	6.91%
18	文具	43.35	47.22	3.87	8.93%
19	化肥	4.23	6.46	2.23	52.72%

（续表）

序号	商品类别	2013年	2014年	增长额	增长率(%)
20	广泛商品	28.57	30.70	2.13	7.46%
21	时尚用品	24.95	26.61	1.66	6.65%
22	厨具	25.26	25.81	0.55	2.18%
23	化妆品	0.99	1.45	0.46	46.46%
24	矿业	8.87	8.95	0.08	0.90%
25	皮革及毛皮	0.74	0.78	0.04	5.41%
26	茶叶	156.98	156.15	–0.83	–0.53%
27	林业产品	11.52	10.5	–1.02	–8.85%
28	汽车及零配件	175.05	124.49	–50.56	–28.88%

备注：商品类别按增长额递减排序。

数据来源：作者参照摩洛哥外汇管理局数据整理而成。

先来看振兴中的摩洛哥纺织业。2001年以来，摩洛哥纺织业受到了来自中国的强烈冲击，但在政府、企业和社会组织的努力下，加上摩洛哥优越的战略地理位置，与欧美等56个国家和地区签署的自由贸易协议以及充裕的服装人力资源储备，通过承接欧美品牌的“来料加工”订单，挽救了摩洛哥创造就业的支柱产业，使摩洛哥的纺织业从低谷振兴起来。摩洛哥纺织业的恢复又进一步带动了从中国进口原材料和半成品，尤其是面料、纺纱和服装配件。而自2014年开始随着中国的转型升级，越来越多的中国纺织制造商开始将生产基地转移到东南亚和非洲。

再看中国机械设备与摩洛哥工业加速计划的关联。2014年，依靠农业丰收、旅游业的稳定和工业新产业调整的顺利实施，摩洛哥政府的收入变得更加多元化，政府对基础设施和住房建设的投资占比也更重。如今，摩洛哥的公路、港口、机场等基础设施可以跟欧洲一些国家媲美。基础设施的完善加上政府不断出台的投资利好政策使摩洛哥变为世界发达国家加工企业首选的非洲国家。摩洛哥工业部推出了2014年至2020年工业加速计划（The Industrial Acceleration Plan 2014–2020）。计划的目标包括促进中小企业的发展、建设1000公顷的新工业园区、创造50万工业就业岗位，以此来鼓励更多的海外直接投资选择摩洛哥落地工业项目。计划还重点针对新产业如新能源、汽车、航天、医药、机械与设备、微电子学和生物科学等技术领域提供雄厚补贴和政策支持。

摩洛哥电信行业日臻成熟。经过与中国的华为、瑞典的爱立信（Ericsson）和芬兰的诺基亚（Nokia）等国际知名电信设备和技术解决方案供货商的15年紧密合作，摩洛哥电信运营商不断优化其电信设备和网络并且开始辐射到西非其他国家。截至2012年年底，摩洛哥电信已在摩洛哥境内拥有3.041万公里的光纤电缆，并完成了连接摩洛哥阿加迪尔（Agadir）①和达赫拉（Dakhla）②到毛里塔尼亚

---

① 阿加迪尔（Agadir），大西洋海岸的摩洛哥海滨城市。根据2014年普查，总人口为421 844人。温和气候和广阔沙滩使阿加迪尔成为欧洲游客冬天优选的度假胜地，因此旅游行业是其主要经济支柱产业。另外因丰富的海产品和完善的码头设施，其渔业在摩洛哥占领先地位。

② 达赫拉（Dakhla），摩洛哥南部大西洋海岸城市。总人口为106 277人（2014年）。古时是摩洛哥柏柏尔人的据点。12世纪来自中东的乌嘞德·德里木（Ouled Dlim）部落来摩洛哥后选择类似阿拉伯半岛气候的达赫拉定居。自16世纪，西班牙渔船从附近加那利群岛（Canary Islands）来到拥有丰富海产品资源的达赫拉半岛钓鱼，尤其针对座头鲸渔业（Humpback whale）。1881年，随着摩洛哥帝国的衰弱，西班牙人建设了渔业码头，取名西斯内罗斯别墅（Villa Cisneros）并强迫本地游牧民族签署与西班牙王国的被保护协议。1975年在摩洛哥和毛里塔尼亚的压力下西班牙被迫撤出达赫拉。1979年成为摩洛哥里约特俄罗（Rio de Oro）大区中心城市。达赫拉处于一个风景美丽的半岛且海资源丰富，因此最近成为摩洛哥最热门的旅游城市之一。

首都努瓦克肖特（Nouakchout）、马里（Mali）的巴马科（Bamako）和布基纳法索（Burkina Faso）首都瓦加杜古（Ouagadougou）的长约5029公里的地面电缆，并且规划逐步连接到摩洛哥电信拥有的国际海底电缆。随着基础设施的完善和电信服务价格的降低，电信用户年复一年地增长。2014年年初，摩洛哥拥有4338万条移动有效线路，一年增长9.78%，手机普及率高到132%。互联网用户为639万用户，一年增长57.34%，普及率为19.45%。[①]2012年2月8日，已经巩固了摩洛哥电信行业战略合作伙伴地位的华为，在摩洛哥成立了全球第一个面向法语区的培训中心和信息、通信和技术（Information and Communications Technology-ICT）认证体系的支持平台。中心提供覆盖华为全部技术产品以及解决方案的培训。[②]经过15年的努力，华为公司凭借其创新技术在走向成熟的摩洛哥电信行业中，占据了摩洛哥电信业务超过70%的市场份额，全职中国职员100多名，是中国在摩洛哥运营规模最大的企业。

2014年摩洛哥从中国进口商品与2013年相比增长额超过1亿迪拉姆的类别也更多了，证明中国已经在多个领域成为摩洛哥的主要贸易伙伴。

摩托车方面，自2012年开始，中国三轮摩托车成为许多摩洛哥青年解决就业问题的新创业工具。摩托车本来用于运货、卖水果、食品，主要在一些公共交通比较差的地方销售，但慢慢也开始成为

---

① 摩洛哥国家电信监管局（Agence nationale de règlementation des télécommunications-ANRT），https://www.anrt.ma/sites/default/files/ANRTNews-05-Fr_1.pdf。

② 《摩洛哥华为网络学院正式落成》，http://ma.mofcom.gov.cn/article/jmxw/201202/20120207963080.shtml。

人们的交通工具。[①]

石油化工产品方面，在摩洛哥的工业加速计划中，发展除磷酸盐和磷肥制造外的化工行业成为新趋势，[②]因此一些用于日用品加工、建筑、农业等领域的化工原材料和半成品均从中国进口。

房地产方面，2012年摩洛哥拥有620万套房屋[③]。2014年摩洛哥房屋交易数量环比增长14.8%，其中政府资助的贫民窟拆迁计划的经济房和面向中等收入的楼房销售占总房地产交易市场的67.9%。[④]摩洛哥房地产的发展带动了对中国建筑材料、五金用品、家具、家电和电视的进口。[⑤]

鞋业方面，摩洛哥是中高端皮革生产制造国，鞋产品主要出口到欧美市场。摩洛哥本土企业无法满足国内低价位档次鞋产品的需求。自2009年开始，鞋产品需求每年平均增长16.66%。卡萨布兰卡华人街的档口成为向摩洛哥批发商和消费者提供品类较广的皮鞋、运动鞋和拖鞋等产品的渠道。

---

① Saad Waddy, “Transport：L’illégal dope les ventes de triporteurs, ”, https://www.challenge.ma/transport-lillegal-dope-les-ventes-de-triporteurs-2089/; Hayat Kamal Idrissi, “Triporteurs, ça ne roule pas!, ”, https://lobservateur.info/societe/triporteurs-ca-roule-pas/.

② “PLAN D’ACCÉLÉRATION INDUSTRIELLE 2014-2020：LES INDUSTRIES CHIMIQUES SE STRUCTURENT EN ÉCOSYSTÈMES, ”, http://www.mcinet.gov.ma/fr/content/plan-d%E2%80%99acc%C3%A9l%C3%A9ration-industrielle-2014-2020-les-industries-chimiques-se-structurent-en.

③ Reda Harmak, “Enquête du ministère de l'habitat：tout sur le logement au Maroc, ”, https://www.lavieeco.com/economie/enquete-du-ministere-de-lhabitat-tout-sur-le-logement-au-maroc/.

④ “Bank Al Maghrib dévoile le bilan 2014 du marché immobilier marocain, ”, https://notairebargach.ma/bank-al-maghrib-devoile-le-bilan-2014-du-marche-immobilier-marocain/.

⑤ Jacky, “Analyse du marché immobilier au Maroc de 2011 à 2014, ”, http://jadidalocations.com/blog-maroc/petite-analyse-de-letat-de-limmobilier-au-maroc-en-20112012/.

2．摩洛哥向中国出口商品的发展概况

2.1 对摩洛哥向中国出口商品贸易规模突破1亿美元的分析

2008年，摩洛哥向中国出口商品额第一次突破10亿迪拉姆（大约1.24亿美元），其中磷肥、矿及冶金产品占出口总额的87.08%。2009年磷肥的出口额为5.78亿迪拉姆（约6937.03万美元），占出口总额的47.93%，与2008年相比增长3.49%；矿及冶金产品的出口额约为4.35亿迪拉姆（约6666.45万美元），占出口总额的36.05%，环比下降17.67%。而随着中国市场对非洲国家不断开放，2009年摩洛哥的鞋业、农产品、石油化工产品、水产品、家具和家电这些商品类别也创造了金额在1000万迪拉姆（约124.12万美元）以上的商品出口额。

表2-13 2008—2009年摩洛哥向中国出口商品贸易数据

单位：百万迪拉姆

序号	商品类别	2008年	2009年	增长额	增长率(%)
1	磷肥	558.97	578.48	19.51	3.49%
2	矿及冶金产品	528.58	435.20	–93.38	–17.67%
3	鞋	47.70	50.79	3.09	6.48%
4	农产品	63.27	22.59	–40.68	–64.30%
5	石油化工产品	0.03	14.85	14.82	49400.00%
6	水产品	13.82	14.43	0.61	4.41%
7	家具和家电	0.23	11.85	11.62	5052.17%
8	皮革及毛皮	4.95	7.46	2.51	50.71%
9	工业与建筑材料	2.16	7.02	4.86	225.00%
10	纺织品	6.84	4.38	–2.46	–35.96%

备注：商品类别按2009年出口额递减排序。

数据来源：作者参照摩洛哥外汇管理局数据整理而成。

再看以天然基础产品为主的出口商品结构。摩洛哥拥有500亿吨磷矿石储备，中国以32亿吨储备位列第二。从生产的角度来看，中国则是世界第一生产国，每年产量在8000万至1.4亿吨，摩洛哥以3600万吨的产量位居其后。由此可见，世界的磷矿石储备和生产均由摩中两国掌控。磷矿石中的磷酸盐在农业中用于肥料，还可以提供氮（磷酸铵）、钙（磷酸钙）和铝（磷酸铝）。这些成分是有利于增加作物产量和改善作物品质的肥料主要成分。在国际市场上，中国既是摩洛哥的竞争对手，又是摩洛哥磷肥等其他氮产品的进口商。1999年至2007年，中国国内的供应主要依靠中国本土生产，因此从摩洛哥的磷肥进口一直保持在较低的水平，平均每年为2.44亿迪拉姆（约2883.32万美元）。[①]2006年4月24日，在中国国家主席胡锦涛对摩洛哥进行国事访问期间，摩洛哥磷酸盐集团（OCP Group）与中国最大的化肥产品供货商和分销商中化集团（SINOCHEM）签署了自2007年起在中国进口摩洛哥磷肥的独家代理协议。[②]这一合作极大促进了摩洛哥向中国的磷肥出口。到2008年，中国的进口额在一年内翻了一倍至5.59亿迪拉姆（约7244.55万美元），带动了摩洛哥向中国出口商品的总额。

---

① 参见：Fathallah Oualalou，*Chine-Maroc-Afrique Un partenariat agroalimentaire novateur*（OCP Policy Center，October，2017），https://media.africaportal.org/documents/OCPPC-PP1710.pdf.

② 2006年4月24日，胡锦涛主席出席中化与摩洛哥磷酸盐集团签约仪式，详见：http://www.sinochem.com/1607.html。

表2-14　2008—2009年摩洛哥向中国出口的矿产品贸易数据

单位：百万迪拉姆

序号	商品类别	2008年	2009年	增长额	增长率（%）
1	金属矿石及其浓缩物	143.01	207.40	64.39	45.02%
2	铜及其制品	2.76	53.98	51.22	1855.80%
3	五金产品	8.48	53.12	44.64	526.42%
4	镍矿及其浓缩物	0	14.19	14.19	/
5	废钢铁	2.73	4.77	2.04	74.73%
6	铅矿	6.8	1.26	–5.54	–81.47%
7	铜矿	49.57	25.38	–24.19	–48.80%
8	废铜	323.31	128.12	–195.19	–60.37%

备注：商品类别按2009年出口额递减排序。

数据来源：作者参照摩洛哥外汇管理局数据整理而成。

独立后摩洛哥政府不断加大对矿业勘探和开采的改革，以便使矿业带动地方经济的发展。摩洛哥矿产品出口主要以原料出口为主，采矿方式基本为露天开采。到2009年中国的矿业投资公司与聚集在卡萨布兰卡的中国进口商代表开始开发与采购摩洛哥的铜矿、铅矿、锰矿等。因此2008年和2009年矿产品的出口金额已接近摩洛哥向中国出口额排名第一的磷肥的水平了。

废金属是摩洛哥向中国出口的主要商品之一。摩洛哥废金属的来源除了由一些大型铁路和电力集团供应外，其他的来源纯依靠非正规小商贩经营。废金属收集后运到卡萨布兰卡报废场，再装船出口到欧洲、中国等国家。这些废金属可能存在有害的放射性部件，因此政府在进口国的要求下，不断出台规范措施。2009年开始，政府要求收集废金属的企业必须具备一定的处理能力才能获得审批，以此来限制出口，使废金属资源投入到摩洛哥本土的工业化建设中。[①]

摩洛哥的农产品、水产品、鞋业和皮革及毛皮业也占据了一定的出口份额。在鞋业方面，摩洛哥本土的鞋业很难超越世界鞋业生产量第一的中国。但摩洛哥是历史悠久的皮具大国，拥有成规模的皮革原材料和充足的熟练劳工。因此一些国际著名品牌选择在摩洛哥设立生产基地或以委托加工的形式（Original Equipment Manufacturer–OEM）与摩洛哥工厂合作，再把一部分产品出口到中国。在水产品方面，自20世纪80年代末开始，中国企业通过与摩洛哥本地公司合资，开始在摩设立捕捞基地，中国公司提供捕捞渔船和捕捞设备。即使摩洛哥在上述领域拥有较大的优势，但所占摩洛哥向中国的出口比例不足8%。

2.2　对摩洛哥向中国出口商品贸易规模突破2亿美元的分析

2017年，摩洛哥向中国出口商品额达29.73亿迪拉姆（约2.94亿美元），是历史最高的出口金额，其中矿及冶金产品出口额高达19.34亿迪拉姆（约1.91亿美元），占出口总额的65.05%，与2016年比增长37.41%；磷肥的出口额为3.21亿迪拉姆（约3171.11万美元），占出口总额的10.80%，环比增长655.70%。其他领域的贸易规模，在2016年5月摩中两国领导人于北京签署战略合作协议后发生了相应的增长。

① Economie Entreprises，“Economie EntreprisesLe marché de la ferraille en repli，”，http://economie–entreprises.com/2013/02/01/le–marche–de–la–ferraille–en–repli/.

表2-15　2016—2017年摩洛哥向中国出口商品贸易数据

单位：百万迪拉姆

序号	商品类别	2016年	2017年	增长额	增长率（%）
1	矿及冶金产品	1407.29	1933.81	526.52	37.41%
2	磷肥	42.44	320.72	278.28	655.70%
3	农产品	318.90	236.26	−82.64	−25.91%
4	汽车及配件	164.46	207.29	42.83	26.04%
5	机器与设备	37.96	71.5	33.54	88.36%
6	水产品	150.12	52.65	−97.47	−64.93%
7	工业与建筑材料	37.06	46.28	9.22	24.88%
8	塑料制品	8.59	20.43	11.84	137.83%
9	纺织品	16.73	19.01	2.28	13.63%
10	电信设备及配件	0.23	15.60	15.37	6682.61%
11	五金产品	24.83	14.03	−10.8	−43.50%
12	石油化工产品	8.34	9.84	1.5	17.99%
13	鞋	4.02	5.99	1.97	49.00%
14	时尚用品	9.17	5.76	−3.41	−37.19%
15	厨具	1.8	5.64	3.84	213.33%
16	化妆品	1.07	2.48	1.41	131.78%
17	皮革及毛皮	1.18	1.62	0.44	37.29%
18	家具和家电	1.29	1.05	−0.24	−18.60%

备注：商品类别按2017年出口额递减排序。

数据来源：作者参照摩洛哥外汇管理局数据整理而成。

2008年，摩洛哥能源和矿业部制定了国家矿业发展战略，旨在有效整合矿产业的上下游资源，鼓励外资和私企在此领域的投资与合作。该战略的系列措施有效地吸引了国际矿业开采和贸易公司，使摩洛哥的矿及冶金产品出口额快速上升。

另外基于摩洛哥推出的新矿产法，一些具有规模的本土和外国投资者在摩洛哥设立了除磷酸盐矿外的矿产品加工中心和冶炼厂，如下所示：

云母矿场：投资230万欧元；

氧化锌冶炼厂：投资1800万欧元，年产氧化锌15 000吨；

硫酸铜冶炼厂：冶炼年设计能力9000吨，现年产硫酸铜1596吨；

多金属矿冶炼加工中心：投资5800万欧元，日冶炼矿石2200吨；

铅–锌矿开发和冶炼厂：投资865万欧元；

钼矿场：日开采200吨。

在上述有利条件的背景下，2010年至2017年，摩洛哥矿及冶金产品向中国的出口金额开始遥遥领先于磷肥的出口金额，平均每年增长12.63%。

2016年，全球磷酸盐和磷肥生产过剩。中国的磷矿石产量高达1.38亿吨，磷肥产量超过4500万吨，高居磷肥生产世界第一。上述因素导致中国减少从摩洛哥进口磷肥。一直以来，中国生产的磷肥是面向本国农户，但供过于求的局面使中国出台了采取包括减少对磷肥出口的税收的以磷肥出口为导向的系列鼓励政策。中国逐渐成为摩洛哥磷酸盐集团（OCP Group）在非洲的直接竞争对手。因此，自2010年开始，摩洛哥向中国出口的磷肥呈下降趋势，平均每年下降53.15%，2011年至2012年甚至没有出口。

其他摩洛哥传统的出口商品如农产品、水产品、纺织品等摩洛哥本土生产产品一直未能打通面向中国市场的通道。而曾一度繁荣的废金属出口，因政府进一步出台有利于增加废金属用于本国的工业建设的政策，所以向中国的出口大规模下降。

3. 摩中双边贸易的发展概况及趋势

从商品结构的角度来看，自摩中两国1999年完成贸易合作政策布局后，机械设备、电信设备以及纺织品成为摩洛哥从中国进口的主要商品类别；而摩洛哥向中国出口的商品类别则主要为天然资源，包括磷肥和矿产品等。另外从贸易规模的角度来看，在诸多不利因素的影响下，摩洛哥与中国的贸易逆差年年增长，促使两国政府不断寻找新的补救办法。

摩洛哥对制造机器与设备的需求旺盛。作为非石油生产国，摩洛哥自独立以来一直努力使经济结构更加多元化。穆罕默德六世继任王位后发起的基础设施建设项目和新能源项目，使摩洛哥对中国机器、设备、工业和建设材料的需求猛增。2014年摩洛哥政府发布了《2020年加速工业发展计划》，将通过进一步吸引外资，加快新产业调整，包括汽车工业、航天航空业、新能源产业、农产品加工以及纺织业的升级。另外中国一些具有实力的基础设施建设公司如中水电总公司、中机设备总公司、中国葛洲坝集团公司、中国交通建设集团、中铁国际川铁公司等，在摩洛哥继续承建大型基础设施项目，未来对中国的机械与设备的需求还会持续增长。

华为的助力使摩洛哥拥有非洲领先的电信网络。始于20世纪90年代的摩洛哥私有化改革，使摩洛哥电信业通过与世界上拥有先进技术水平的公司紧密合作，在电信网络方面很快领先于非洲其他国家。自2004年华为成为摩洛哥电信集团的主力供货商后，凭借其自主研发的创新技术积极参与摩洛哥电信基础设施的建设，支持和普及3G和4G网络技术并对摩洛哥本土人才进行培训。摩洛哥电信与华为公司经过16年的合作，已经实现了战略合作关系，加上摩洛哥在西北非的战略地理位置对华为公司更好地实施非洲发展战略有重要意义。因此，摩洛哥电信业在未来合作中，将继续优先享用华为公司开发的最先进的电信设备。

再看化敌为友、互惠互利的纺织业。摩洛哥与欧洲仅隔14海里的直布罗陀海峡，一直以来就是欧洲品牌优选的生产基地。2000年中国入世后，摩洛哥本土纺织工厂无法与具有强大成本竞争优势的中国企业直接竞争。欧洲公司选择把生产基地转移到中国，摩洛哥本土服装工厂大规模倒闭，导致纺织业失业情况严重。但两国政府并没有中断寻找解决方案的协商。在政府、企业和社会组织的努力下，拥有大量熟练劳工的摩洛哥纺织业，把精力投于高端服装加工利基市场。与此同时，政府在丹吉尔开设了保税区来鼓励外资企业在摩洛哥设立生产基地，并推出了若干劳资、运输和税务招商引资的鼓励政策。上述系列措施挽救了摩洛哥的纺织业。从中国进口的纺织业原材料和半成品商品的金额也越来越大。中国开始向东南亚和非洲转移部分纺织生产企业，摩洛哥有望进一步吸收一些中国纺织制造商来摩设立工厂。因此未来摩洛哥对中国制造的纺织原材料和半成品进口的需求将有增无减。

再来分析天然资源商品的出口结构。20世纪80年代，摩洛哥选择了自由化路线，开始为期10年的结构调整计划。20世纪90年代，再用10年完成对独立以来作为经济主力军的国有企业的私有化改革。与其他国家签订自由贸易协议成为促进本国出口的经济发展模式。到2018年，摩洛哥已经跟包括欧盟和美国在内的56个国家和地区签订自由贸易协议。其中跟传统合作国家如法国和西班牙贸易往来最密切。即便摩洛哥实施高度开放的市场经济政策，但尚不具备跟中国建立自由贸易关系的条件。因此向中国出口的商品一直以天然资源为主。

作为世界磷矿石第一储备国的摩洛哥，自两国1958年签订第一个贸易协议以来，磷肥成为向中国出口的主要商品。但进入20世纪90年代后，摩洛哥磷肥的出口受到中国自身产量增加的影响，一直呈现不稳定的趋势，甚至有时会中断。2016年后，中国的磷肥出现生产过剩，中国成为摩洛哥在国际市场的主要竞争对手，因此从摩洛哥进口的磷肥进一步减少。自2014年至2017年，磷肥的全球消费量超过了4000万吨并保持平均每年以2.4%的速度增长，而中国的年度增长率为10%。到本世纪末，全球人口对食品的需求将增加70%。①而世界各国为了保障食品安全供给，需要不断探索如何合理使用化肥来有效提高农业产量和作物质量，尤其是磷肥的使用。根据目前的开采状况和已知储备发现，中国和美国的磷矿石储备将于2050年用完，预计到2100年全球只有摩洛哥还拥有具有规模的磷矿石储备。因此，未来含磷产品将变成珍贵的稀缺资源。中国虽然是世界磷矿石第一生产国，也是目前摩洛哥磷肥出口的直接竞争对手，但从长期来看，其储备量有限，而摩洛哥的储备比较丰富，可为中国长期获得该资源提供良好的保障。中国可以尝试与负责摩洛哥磷矿开采、转换和销售的OCP集团公司合作，共同引领非洲化肥市场的发展，包括建设磷肥合资工厂，开设负责研究不同非洲国家土地的磷肥需求的科研机构，以及提供磷肥物流解决方案等全产业链业务。如此一来，摩洛哥与中国在磷肥生产领域可以取长补短，探索有利于促进非洲农业发展的合作模式，这将为两国带来无限商机。

---

① 国际肥料协会（International Fertilizer Association–IFA），“Short–Term Fertilizer Outlook 2017–2018，”，IFA Strategic Forum，14–15 November，2017，https://www.fertilizer.org/images/Library_Downloads/2017_ifa_Strategic_Forum_Short–Term_Outlook_2017–2018.pdf。

表2-16　世界磷矿石储备量和年均生产量排名表

单位：千吨

序号	国家	储备量	占世界储备量百分比	年均生产量	占世界年均生产量百分比
1	摩洛哥	50000000	71.95%	36000	14.96%
2	中国	3200000	4.61%	110000	45.70%
3	阿尔及利亚	2200000	3.17%	1200	0.50%
4	叙利亚	1800000	2.59%	2000	0.83%
5	巴西	1700000	2.45%	5300	2.20%
6	南非	1400000	2.01%	1900	0.79%
7	沙特阿拉伯	1400000	2.01%	6200	2.58%
8	埃及	1300000	1.87%	5000	2.08%
9	澳大利亚	1200000	1.73%	2700	1.12%
10	美国	1000000	1.44%	23000	9.56%
11	约旦	1000000	1.44%	8000	3.32%
12	芬兰	1000000	1.44%	1000	0.42%
13	俄罗斯	600000	0.86%	14000	5.82%
14	哈萨克斯坦斯坦	260000	0.37%	1300	0.54%
15	秘鲁	210000	0.30%	3700	1.54%
16	突尼斯	100000	0.14%	3000	1.25%
17	乌兹别克斯坦	100000	0.14%	900	0.37%
18	以色列	62000	0.09%	3500	1.45%
19	塞内加尔	50000	0.07%	1600	0.66%
20	印度	46000	0.07%	1600	0.66%
21	越南	30000	0.04%	5500	2.29%
22	墨西哥	30000	0.04%	1500	0.62%
23	多哥	30000	0.04%	800	0.33%

（续表）

序号	国家	储备量	占世界储备量百分比	年均生产量	占世界年均生产量百分比
24	其他国家	770000	1.11%	1000	0.42%
合计		69488000		240700	

备注：数据按照储备量递减排序。

数据来源：U.S. Geological Survey，Mineral Commodity Summaries，January 2020

再看看摩中在其他天然资源方面的合作状况。在极不稳定的国际市场上，保障自然资源的供应成为中国保持其经济高速发展的必备条件。矿产方面，中国用于制造业的矿产，如铝、铜、铅矿，占全球需求量的70%以上。因此，非洲尚未全面开发的丰富自然资源成为中非合作的重要领域。而摩洛哥除了磷矿石，地下富含中国快速经济发展需要的矿产品。自2008年开始，中国矿业进口商在卡萨布兰卡和拉巴特设立了代表处，开始采购摩洛哥本土矿主出产的铅、铜和锰矿。到2017年，矿业商品替代磷肥成为摩洛哥向中国出口量第一的商品。摩洛哥的新矿业法鼓励外资介入摩洛哥矿产资源的源勘探和开发，中国具有实力的矿业公司已经在积极探索向摩洛哥矿业投资，未来中国进口摩洛哥的矿产资源有望进一步上升。

再来看看居高不下的贸易逆差状态。从摩中双边贸易规模的发展来看，自1998年以来，尽管摩中贸易规模每年平均增长15.75%，并于2017年突破425.34亿迪拉姆（42.06亿美元），但摩洛哥的贸易逆差也保持了平均17.89%的增长，到2017年贸易逆差高达365.87亿迪拉姆（约36.18亿美元）。对于摩洛哥而言，与强大的中国经济产生贸易逆差属于正常现象。毕竟近30年，“中国制造”的商品已经遍布全球，让中国有了“世界工厂”的美称。但与中国的庞大贸易逆差也引起了历届摩洛哥政府的高度重视。在双方政府的会谈中，也不断共商如何解决“一边倒”这一现象。其中包括鼓励摩洛哥农产品向中国市场的出口，尤其橙橘类水果和橄榄油，以及水产品的捕捞和加工。但这些努力并未改变摩洛哥以天然资源为主的出口商品结构。虽然中国政府也通过直接投资于摩洛哥基础设施建设，适当弥补了双边贸易不平衡的局势。但长期以来，能够减少贸易逆差的最有效方式，是能够吸引中国企业把部分生产产品转移到摩洛哥，通过与外资或合资企业的合作，再把部分产品出口到中国。

概括而言，摩中贸易合作缘起于摩洛哥的不结盟中立政策以及中国持续不断地突破美国的封锁的尝试，双方的努力都为摩中紧密合作发展创造了有利条件。同时，因摩中双方良好的政治合作基础，使得贸易合作自然而然成为促进双方多领域合作的契机。

1957年开始，摩中双方相互派遣的贸易代表团有效地识别了摩中贸易合作的互补性，从而确定了未来贸易合作交换的商品目录，其中关乎国计民生的最重要的产品是茶叶和磷肥。摩洛哥作为传统饮茶国家，茶叶是主要的进口商品之一，而中国在茶叶生产方面具有绝对的优势，因此茶叶成为摩洛哥从中国进口的主要商品。与之相对，中国从拥有世界最大磷矿石储备量的摩洛哥进口磷酸盐和磷肥，以促进农业发展。

中国自1957年开始，积极参加摩洛哥一年一度的卡萨布兰卡国际展览会。该博览会很快成为加强摩中贸易合作的重要交流平台。中国所展示的商品使摩洛哥政府和人民近距离了解新中国成立以来在工业、农业等领域所取得的成绩，增强了其对中国商品的兴趣。

贸易代表团的互访和积极参加会展为签订第一个贸易协议铺垫了基础。与中埃贸易协议相同，摩中贸易协议包含的进出口商品总值平衡的规定深刻体现了万隆会议上有关平等互利的原则。采用的记账支付方式也缓解了摩洛哥面对国际市场价格波动时的压力，从而增加出口商品的竞争力。将贸易协议的周期设定为一年，这样可以促进两国针对上一年度双边贸易的情况尽快地进行评估与反馈，以便调整优化，再经过协商签署新的协议。进入20世纪70年代，随着新独立的摩洛哥的支付能力不断改善，摩中两国把双边贸易采用的支付方式改为现汇支付，并把商品交易范围扩大到更多的品类。从上述渐进的贸易推动方式可见摩中贸易起源是具有较高的探索性与务实性的。

随着20世纪80年代初全世界发生的巨大的变化，处于世界东边的中国决定实行改革开放政策，其中贸易对外开放成为重要内容。而世界西边的摩洛哥为了跟进全球自由化浪潮，不得不对独立以来建立的既包括资本主义市场特征的利伯维尔场又包括政府规划干预的计划经济特征的发展模式进行进一步的自由化改革。

摩中为了适应世界发展的新局面，对建交以来建立的贸易合作机制进行了升级。1995年开始升级的摩中经贸合作关系经过十年的建设，已经形成一套完善的合作机制。在新的机制中，除了继续签订经济与贸易协议以外，还签订了包括投资保护、司法、环境、旅游等旨在促进双边贸易更好发展的系列协议。

与此同时，为了加强沟通交流，深化经贸合作，不断培育贸易新增长点，高层互访变得更加频繁，同时两国相关部门还定期或不定期地召开政府经贸混委会会议。在中国加入世界贸易组织以后，与摩洛哥的经贸合作也从单一的贸易合作，扩展到投资与劳务承包业务。随着中国成为“世界工厂”，中国商品通过多种渠道涌入摩洛哥市场，并广泛传播。在新机制的背景下，从两国贸易合作的数据中我们可以看出，贸易规模主要以摩洛哥进口为主。

通过对摩中进出口贸易商品类别结构的分析可以看出，摩洛哥主要进口用于加快工业化建设的机械设备、原材料与半成品等生产元素。而中国则从摩洛哥进口包括磷肥和矿产品等天然资源。这种贸易方式导致了两国的贸易逆差越来越大。虽然中国具有高性价比的生产元素在一定程度上帮助了摩洛哥降低国际外汇采购成本，但贸易逆差之巨大使两国政府不断探索新的弥补措施，包括投资和援助。

最后，根据数据分析表明，近年来双边合作渠道日益拓宽，合作形式更加多样化，为双方带来了良好的社会和经济效益。但目前因为摩方出口商尚未把摩洛哥具有高附加值的产品有效引入到中国市场，贸易逆差还将持续拉大。摩中两国贸易合作的发展潜力很大，中国具有巨大的消费市场，摩洛哥有优质的自然资源与国际战略地理位置，只要各层面不懈努力，通过优势资源互补，就能挖掘出更广阔的合作空间。

第三章

摩中文化交流发展

国际文化交流具有亲和力、包容性，因此，世界各国政府在发展国际关系时，通常都会制定一个明确的文化交流政策和机制，通过文化交流的方式来广泛地接触不同国家的百姓、政府、企业、媒体、民间组织等，以便最大效率地发挥文化交流的功能。摩中建交以来，在两国文化交流历史中，文化活动发挥了积极的作用，促成了双边关系的良好发展。其表现形式包括文艺表演、展览会、文化团体互访以及体育竞赛等。到了20世纪80年代，摩中两国的文化交往活动越来越密切，两国负责文化推广的相关部门决定建立系统的文化交流机制，向两国人民更好地展示各自的优秀文化。

第一节 增进了解文化交流时期

一、文艺表演走进摩洛哥

自新中国成立至今，中国与非洲国家文艺表演团的互访成为双方相互了解、加强认识的重要交流形式。由于语言差距较大，因此文艺演出一般以非语言类的杂技表演和音乐会为主。

20世纪60年代非洲反对殖民主义运动进入高潮。为了表达对非洲人民争取民族独立的支持，由中国非洲人民友好协会副会长、中国杂技艺术团团长屈武率领中国杂技艺术团到苏丹、埃塞俄比亚、几内亚、摩洛哥等国举行了为期7个多月的巡回演出。先后到达27个城市，演出了98场，观众约16万人次，平均每场在1500人以上。[①]中国杂技团受到了非洲各国的热烈欢迎。对于刚获得独立的非洲国家，通过文化活动与有6.5亿人口的中国交朋友，真是雪中送炭般的支持。

中国杂技有着悠久的历史传统，是广大百姓喜闻乐见的表演艺术形式之一。14世纪曾到达过中国的摩洛哥旅行家伊本·白图泰，在他的游记中记录了观看魔术杂技的场景和自己的感受。一次，在杭州元朝大王爷宫廷中，他目睹了让人“消失”的高难度魔术杂技绝活，神奇的表演使伊本·白图泰惊恐过度，不得不吃了一些中药才镇静下来。[②]1960年6月4日至7月27日，中国杂技艺术团在摩洛哥举行了为期一个多月的巡回演出。中国杂技演员以其“高、难、惊、险”的高超技艺及相互之间的高难度配合，得到了5万多名摩洛哥观众的热烈欢迎，每场演出均座无虚席，场内掌声不断。摩洛哥国王穆罕默德五世和王室成员也专门邀请中国杂技团在拉巴特的王宫内院表演，演出结束后，穆罕默德五世国王还宴请了全团。中国杂技艺术团此次非洲之行，不仅架起了两国文化交流的桥梁，还首开了“杂技外交”先河。

同样具有悠久历史的摩洛哥，在发展对外关系时，经常通过展现摩洛哥艺术家的才艺来获取国际认同。1963年年底，周恩来总理

---

① 屈武：《中非人民心连心——记中国杂技艺术团在苏丹、埃塞俄比亚、几内亚、摩洛哥的访问演出，并欢迎几内亚共和国塞古·杜尔总统访问我国》，《人民日报》1960年9月12日，第6版。

② 伊本·白图泰：《伊本·白图泰游记》，马金鹏译，宁夏人民出版社，1985，第559–560页。

在摩洛哥访问期间，曾在穆罕默德五世大剧院观看了专门为他和代表团安排的摩洛哥艺术家们的文艺演出。参加演出的有王宫侍从乐队、摩洛哥音乐院交响乐队、摩洛哥安达卢西亚音乐乐队、摩洛哥广播电视台乐队和摩洛哥青年剧团共140多位艺术家。[①]摩中合作60年来，具有异国风情的双边文艺演出从未中断，促进了两国人民的相互了解。

二、文化遗产产品展览

以文化展示为主题的展览会，面对公众开放，持续时间从几天到数月，可以接触到更广泛的群体，成为最佳的文化交流方式。在摩中建交初期所举办的文化展览会中，赴摩的展示品富含中国文化元素，包括中国手工艺品、剪纸、图片、木板水印画等文化艺术品。

1957年5月，中国第一次参加摩洛哥著名的卡萨布兰卡国际博览会。中国馆成为向摩洛哥百姓展示中国文化特色产品的展示平台。

在博览会展出的16天中，中国馆前人山人海，盛况空前，参观者达到120万人以上，真实体现了摩洛哥百姓对来自中国的展品的极大兴趣。当时的主流媒体这样描述参展的中国馆："在我们看来，中国馆至少是博览会中最令人惊异的馆之一。因为它展示了五千年来的文明和生产方面现代化装备的光辉进步。而且并未因这种进步而失去几千年来世代留传下来的艺术风格。"[②]中国馆的展品也得到了摩洛哥穆罕默德五世国王的高度认可。

---

① 《周总理陈副总理看摩洛哥艺术家表演　格迪拉外交大臣设午宴招待周总理》，《人民日报》1963年12月30日，第1版。

② 文士桢：《中国展览馆在摩洛哥》，《人民日报》1957年8月4日，第5版。

建交初期，摩中两国开展了日趋频繁的文化活动。中国政府在组织非洲巡回展会时，都会将摩洛哥作为一个重要的站点来安排。1962年4月17日，中华人民共和国剪纸和图片展览会在拉巴特开幕。剪纸是中国传统的民间艺术形式，有着丰富的文化内涵。中国逢年过节，特别是婚礼等喜庆之日，艺术装饰品尤其不可或缺。展览会期间，摩洛哥观众近距离观看了中国剪纸大师的表演，大师们精湛的技艺真是令人称奇，一幅幅精美的剪纸作品，让观众赞不绝口。[①]1963年7月12日，中国戏剧艺术图片展览会在拉巴特穆罕默德五世大剧院展览大厅开幕。展览会共展出了200多幅图片和400多件展品，其中有戏装图案、脸谱、唱片以及关于戏剧的书籍。这些展品介绍了中国戏剧艺术的历史演变，特别是体现了从中华人民共和国成立以来，在百花齐放、推陈出新的方针指导下蓬勃发展的中国戏剧艺术的新面貌。1964年5月，中国木板画展览会在拉巴特举行。会上展出了从唐代到现代的中国名画复制品80件。展品所呈现的中国的自然风光和人文情怀，使摩洛哥艺术家与绘画爱好者深深地感受到具有中国特色的绘画形式以及独特的艺术魅力。[②]

三、吸取经验的文化交流考察团

摩中文化交流的另一种方式就是互派文化考察团，一般由两国具有影响力的著名作家或艺术家率领。安排他们担任文化大使，除了可以以他们自身较高的文化素养来促进互相了解，还可以通过他们考察受访国家不同文化领域所取得的经验以及成就，以便带回国

---

① 《我国剪纸和图片展览会在摩洛哥首都开幕》，《人民日报》1962年4月19日，第3版。

② 《中国木板画展览会在摩洛哥》，《人民日报》1964年6月8日，第3版。

后作为本国文化发展的借鉴。

1960年9月29日，应中国对外文化联络委员会邀请，摩洛哥著名哲学家、文学家和诗人、拉巴特大学文学院院长穆罕默德·阿齐兹·拉赫巴比[①]率领的文化代表团，先后参观访问了北京、南京、上海、杭州等地的工农业及文教建设。[②]此次访问的目的是近距离体验新中国成立以后中国政府如何把各类教育纳入国家发展事业，在国家的统一领导下，有计划、有步骤地实施义务教育、工农业教育，并有计划、按比例培养各种不同类型的人才，使教育与经济、社会得以协调发展。[③]考察结束，摩洛哥文化代表团全体成员受到了中国国家主席刘少奇的接见。[④]

1962年4月，从事亚非作家会议工作的中国著名作家杜宣和资深记者韩北屏应摩洛哥外交部的邀请，对摩洛哥进行为期6天的友好访问。[⑤]两位作家与摩洛哥同仁讨论了基于当时世界局势背景下，作家在反帝和反殖民主义斗争中可以发挥的积极作用。两位作家回到中国后创作了有关非洲的著作，尤其韩北屏于1964年5月推出了反映非洲人民生活的《非洲夜会》散文集，成为中国读者早期了解非洲的著作。

1964年8月28日，摩洛哥国立音乐、舞蹈和戏剧艺术学院院长、

---

① 穆罕默德·阿齐兹·拉赫巴比（Mohammed Aziz Lahbabi），摩洛哥杰出的哲学家、小说家、诗人。1922年12月25日出生于摩洛哥文化古城非斯。1956年拉赫巴比在巴黎索邦大学学习并获得哲学博士学位，之后回到摩洛哥担任拉巴特穆罕默德五世大学哲学系教授和文学院院长。他的著作关注阿拉伯、伊斯兰和西方人文主义思想的碰撞和关联。

② 《摩洛哥王国文化代表团回国》，《人民日报》1960年10月24日，第4版。

③ 夏杏珍：《六十年国事纪要（文化卷）》，长沙：湖南人民出版社，2009。

④ 《刘主席接见摩洛哥文化代表团》，《人民日报》1960年10月21日，第1版。

⑤ 《我国作家杜宣和韩北屏　访问摩洛哥后回国》，《人民日报》1962年4月23日，第3版。

作曲家阿卜杜勒·瓦哈布·阿古米[①]应中国文化部的邀请对中国进行友好访问。[②]作为摩洛哥早期爱国主义作曲家和摩洛哥第一支交响乐团与合唱团的创始人，阿古米考察了新中国成立后在建设交响乐团以及中国音乐家如何运用西方乐理方法写作具有中国特色的音乐的经验。阿古米在华期间受到了全国人民代表大会常务委员会副委员长、中国现代著名文学家郭沫若的接见。[③]

四、以体育会友增进文化交流

摩洛哥与中国在体育运动中都有着自己的传统优势项目。虽然乒乓球运动起源于19世纪的英国，但在20世纪40年代传入中国后，得到了迅猛发展，很快成为中国的“国球”。武术则是中国古代文明的产物。而在摩洛哥，足球运动早在20世纪20年代就已经深入民心，成为百姓生活的一部分。田径运动尤其是中长跑也是摩洛哥在国际竞赛中的优势竞技项目之一。因此，摩中文化往来中也少不了这些运动项目的交流。

1961年4月8日，摩洛哥乒乓球协会主席阿卜杜勒哈基姆·古迪拉（Abdelhakim Guedira）率摩洛哥乒乓球国家队参加了北京第

---

① 阿卜杜勒·瓦哈布·阿古米（Abdelwahab Agoumi），摩洛哥作曲家、歌唱家、教育家。1920年出生于摩洛哥文化古城菲斯。受其父亲影响从小对歌颂先知穆罕默德的苏菲音乐产生浓厚兴趣。1940年，阿古米在一家车库建立了摩洛哥第一所音乐学校。1945年在摩洛哥国王穆罕默德五世的支持下，到埃及福阿德一世国王音乐学院完成学术学业；1952年至1955年毕业于巴黎高等音乐学院，同时在马德里也接受了音乐专业技能培训。经过10年的海外深造，1956年阿古米回到摩洛哥。1958年在拉巴特创办了摩洛哥第一所国立音乐、舞蹈和戏剧艺术学院。在他的指导下，摩洛哥拥有了交响乐团、合唱团并且每年派遣留学生到法国、德国和意大利深造。

② 《摩洛哥一艺术家抵京》，《人民日报》1964年8月29日，第4版。

③ 《郭副委员长接见摩洛哥客人》，《人民日报》1964年9月18日，第3版。

二十六届世界乒乓球锦标赛。[①]1971年中美关系回暖前期，中美两国乒乓球队互访成为文化交流推动政治关系发展的一个重要案例。1972年7月19日，由毕文泉率领的中国乒乓球队代表团，在完成对突尼斯和尼日利亚的乒乓球交流后，应摩洛哥劳工、社会事务、青年和体育部的邀请，对摩洛哥进行友好访问[②]，并于7月20日在拉巴特全国体育中心体育馆与摩洛哥乒乓球运动员进行了首场友谊比赛。当时，乒乓球运动并非摩洛哥普通百姓的流行运动，平时较少观看，因此摩中两国运动员的精彩互动，不断博得观众热烈的掌声。[③]在摩洛哥期间，中国乒乓球代表团先后访问了卡萨布兰卡、胡里卜加[④]、马拉喀什和贾迪达[⑤]等省市，与摩洛哥乒乓球运动员举行了多场友谊赛和表演赛，均受到本地百姓的热烈欢迎。[⑥]1972年至1975年，中国政府还曾派遣援外教练组来摩洛哥支教乒乓球。

20世纪70年代是摩洛哥足球崛起的年代。1970年摩洛哥足球队参加了墨西哥世界杯，遭遇了鼎盛时期的德国队，最终以1比2惜败，但摩洛哥足球队在世界杯的表现得到了全世界体育评论者的好评。1973年7月6日，由赵希武为领队的北京体育学院足球队抵达摩

---

① 《参加世界乒乓球锦标赛加拿大和摩洛哥代表到京》，《人民日报》1961年4月9日，第4版。

② 《我乒乓球代表团到达摩洛哥访问》，《人民日报》1972年7月22日，第6版。

③ 《中国和摩洛哥乒乓球运动员举行首次友谊赛》，《人民日报》1972年7月23日，第5版。

④ 胡里卜加（Khouribga），摩洛哥磷矿石中心城市，拥有350亿至400亿立方米的磷矿石储量，在摩洛哥磷矿储备区占据首位。根据2004年普查，总人口为499 144人。

⑤ 贾迪达（El Jadida），摩洛哥大西洋海滨城市，总人口为194 934人（2014年）。1502年葡萄牙占领贾迪达并建成马萨根要塞（Mazagan Fortress）。很快这里成为葡萄牙航海队探索世界的重要补给点。如今贾迪达是摩洛哥文化遗产重要旅游目的地。除此之外，因城市所在地区是摩洛哥最肥沃的农业用地之一，因此也是摩洛哥出口型农产品的主要来源。

⑥ 《我乒乓球代表团结束对摩洛哥访问后回国》，《人民日报》1972年8月1日，第6版。

洛哥进行友好访问，在卡萨布兰卡与拉巴特分别与摩洛哥国家“希望队”和拉巴特足球队进行了友谊比赛，北京体育学院校队在两场比赛中均取胜。[①]摩洛哥青年队则于1977年和1978年连续两年来到中国，参加北京国际足球友好邀请赛和中国青年杯足球赛。在1978年9月举行的中国青年杯足球赛中，摩洛哥青年队获得了冠军，广东青年队获得了亚军，日本青年队和中国“八一”青年队分别获得第三、第四名。[②]1982年7月20日至7月30日，摩洛哥历史上最优秀的足球队来到北京参加第三届北京国际足球邀请赛，北京球迷近距离感受到了这支球队的超凡球技。最后摩洛哥队获得冠军，南斯拉夫队获得亚军，中国队获得季军。[③]这支球队后来参加过1986年墨西哥世界杯，是非洲历史上第一支晋级世界杯18强的球队。

在田径运动方面，1973年4月28日，中国田径队在拉巴特与摩洛哥田径队进行了友谊比赛。当时的王储西迪·穆罕默德观看了两国运动员的比赛，并在比赛结束后接见了中国运动员，对中国运动员倪志钦跳高的优异成绩表示赞赏。中国田径队向西迪·穆罕默德王储赠送了队旗和纪念章。[④]1974年8月13日，摩洛哥田径队在北京先农坛体育场与中国田径队进行了友谊赛，在比赛中产生了多个打破摩中两国本国纪录的成绩。[⑤]

在武术方面，因摩洛哥百姓热爱观看中国的武打影片，武术成

---

① 《北京体院足球队访问摩洛哥结束》，《人民日报》1973年7月21日，第5版。

② 《中国青年杯足球赛在上海闭幕　摩洛哥青年队获冠军，广东青年队获亚军》，《人民日报》1978年9月30日，第4版。

③ 《北京国际足球邀请赛结束　摩洛哥队冠军，南斯拉夫队亚军，中国队第三名》，《人民日报》1982年7月31日，第4版。

④ 《我田径队访问突尼斯和摩洛哥》，《人民日报》1973年5月12日，第6版。

⑤ 《摩洛哥和中国田径运动员在京进行友谊赛　阿沛·阿旺晋美副委员长等观看比赛并会见摩洛哥朋友》，《人民日报》1974年8月14日，第4版。

为极具吸引力的表演项目。1975年11月9日，以柏坪为团长、赵启鑫为副团长的中国武术代表团前往摩洛哥进行友好访问，先后在拉巴特、卡萨布兰卡、菲斯和马拉喀什进行了四场表演，均受到热烈欢迎。①

第二节　国际文化合作建设新时期

一、基于协议与执行计划相结合的文化合作机制

1978年，以中国共产党十一届三中全会的召开为标志，中国开启了改革开放的历史征程。在着力推进新时期的经济与政治建设的同时，文化建设也受到高度重视。中国共产党把国家目标设定为建设有中国特色的社会主义。党的十五大专题论述了“有中国特色社会主义的文化建设”，并指出：“有中国特色社会主义的文化，就其主要内容来说，同改革开放以来我们一贯倡导的社会主义精神文明是一致的。”改革开放40年中国特色社会主义文化建设的基本经验，包括始终坚持以马克思主义为指导，是社会主义精神文明建设、中国特色社会主义文化建设的根本原则；始终坚持以人民为中心，贯穿于改革开放以来我们党推进中国特色社会主义文化建设的全过程；始终坚持以创新创造为动力，通过解放思想促进社会创新创造文化；始终坚持文化与经济社会发展的统筹推进；始终坚持加强和改进党对文化建设的领导。其中对外文化交流成为促进文化创

① 《我武术代表团结束对摩洛哥的访问》，《人民日报》1975年11月23日，第5版。

新创造的途径之一，包括扩大文化领域的对外开放和开展多种形式的对外文化交流。[①]

20世纪60年代非洲迎来独立浪潮以来，中国把不同形式的文化交流作为一种对非洲人民的精神支持。中国的文艺团、文化展览会、著名文化人物和体院代表队不时在非洲国家进行巡回式的交流，为增进中非人民相互了解发挥了重要作用。但早期因缺乏系统的管理，这些文化交流形式的随意性较强。而随着20世纪80年代初全球自由化趋势的蔓延，中非文化交流需要进行全面升级，不断完善文化交流体制并建立明确的文化交流发展计划成为迫切需要。

自1980年开始，为了给国际文化合作赋予法律基础，中国开始与合作国家签署文化合作协议，截至2012年5月，中国已和145个国家签署了政府间的文化合作协定。[②]1982年2月25日，摩中两国政府在北京签订了第一个文化合作协定[③]，协定内容包括摩中两国将通过组织文化、教育、科学、卫生、体育、出版和新闻广播等方面的交流和合作以及互派文艺代表团、教师、运动员和教练员来促进双边文化交流的发展。在文化合作协议的基础上，摩中政府每三年会定期签署文化合作执行计划来落实协议的各项内容。

1984年8月24日，摩洛哥文化事务大臣赛义德·贝勒巴希尔[④]

---

① 沈壮海：《改革开放40年中国特色社会主义文化建设的基本经验》，《光明日报》2018年11月26日，第11版。

② 徐硙、刘畅：《文化部：已同145个国家签订政府间文化合作协定》，http://www.gov.cn/jrzg/2012-05/14/content_2136885.htm。

③ 《中摩两国政府文化协定在京签字》，《人民日报》1982年2月26日，第4版。

④ 赛义德·贝勒巴希尔（Said Belbachir），摩洛哥政治家、教授。出生于1915年。20世纪70年代在拉巴特法学、经济学与社会学系担任教授，同时是独立党的成员；1981年至1985年担任摩洛哥文化事务大臣。担任文化事务大臣期间发起了“一公民一本书”的行动并成立了35家图书馆。

在北京与中国文化部部长朱穆之签订了第一个期限为三年（1984—1986）的摩中两国文化交流执行计划。[①]到2016年5月11日，摩中两国政府已经签订9个年度的执行计划。年度执行计划涵盖的范围随着摩中两国在多领域合作的加强也相应扩大。从1988年签署的《中华人民共和国政府和摩洛哥王国政府文化协定一九八八、一九八九、一九九〇年执行计划》的内容来看，该执行计划主要围绕文化艺术、教育、新闻和伊斯兰事务四大文化合作领域。计划中的各条款涉及一些具体的、可量化的行动。例如，在文化艺术方面，指定互派作家、艺术家等文化人士访团的人数和访问时长；在教育方面，指定两国互派奖学金留学生名额和文凭承认机制。另外计划也鼓励摩中在文化艺术和伊斯兰事务方面的文献互换。

在这一段时期，摩中两国通过举办多个文化节来展示不同的文化形式。1988年6月7日，摩洛哥首次在中国举办文化周，摩洛哥艺术家们为中国观众带来了音乐、舞蹈节目和文物、造型艺术珍品[②]；1992年2月11日至21日期间，摩洛哥的阿加迪尔、坦坦[③]和贾迪达三省市的文化教育部门与中国驻摩洛哥大使馆文化处联合举办“中国文化周”活动，期间举办的“中国工艺美术展览”展出的展品包括陶瓷、软木雕、竹编、绢人、漆器和贵州少数民族地区蜡染，成为本次文化周亮点。文化周期间还进行了图书展、图片展，并放映了

---

① 《中国和摩洛哥文化交流执行计划在京签字》，《人民日报》1984年8月25日，第4版。

② 《摩洛哥首次在我国举办文化周》，《人民日报》1988年6月9日，第3版。

③ 坦坦（Tan-tan），摩洛哥撒哈拉北部大西洋海岸城市。总人口为73 209人（2014年）。城市处于摩洛哥最长河流德拉河（Draa River）的入海口。坦坦经济主要依靠渔业和沼泽地景观旅游。

中国的故事影片和纪录片。[①]

再来看2010年至2013年的摩中两国文化合作协定执行计划[②]。时隔12年，摩中两国对执行计划的合作内容进行了较大的调整使内容变得更加全面，包括文化，基础教育，高等教育，新闻与宣传，青年与体育，妇女、儿童与残疾人事务以及宗教与伊斯兰事务七大文化领域。新执行计划的亮点包括吸取中国在文物和文化遗产保护方面的经验，图书馆管理、出版与档案管理合作，艺术培训，与非洲国家发展教育领域的三方合作，允许两国的教育机构签订合作协定直接合作，新闻培训与广告行业合作。另外执行计划出现了涉及对妇女、儿童与残疾人方面的合作内容。此外，因为摩洛哥属于典型的政教合一的穆斯林国家，国王又是先知穆罕默德的后裔，因此百姓对国王十分敬仰。这种制度使摩洛哥成为目前伊斯兰教世界中思想统一、主张与其他宗教和平共处的国家。在新的执行计划中，摩中合作还扩展到了伊斯兰教教材编辑、伊玛姆[③]培训、阿拉伯语和宗教哲学教育以及宗教图书出版等方面。

另一显著特色是通过组织专家、艺术家、作家和教育家的活动来实现知识与经验的交换。

2010年签订的执行计划还把原来单独签订的青年与体育合作纳入到文化协议执行计划内。20世纪70年代，中国依靠体育交流与

---

① 《摩洛哥举办“中国文化周”活动》，《人民日报》1992年2月26日，第7版。

② 《中华人民共和国政府和摩洛哥王国政府文化合作协定2010年至2013年执行计划》（2010-06-22），北大法宝法律数据库，法宝引证码 CLI.T.7106。

③ 伊玛姆，对伊斯兰教教长的称呼。在伊斯兰教中，一般每个清真寺由一个伊玛姆负责主持礼拜和管理清真寺设施以及若干助理。在摩洛哥，国王作为先知穆罕默德的后裔担任宗教领袖，因此他通过宗教基金与伊斯兰事务部来对他们进行培养和组织。中国的穆斯林伊玛姆叫作“阿訇”，是一个古波斯语词语，意为“老师”或“学者”。

美国破冰，并掀起了密集的外交活动，从而使中美外交关系得以恢复。因此，体育也成为中国跟友好国家增进友谊的文化交流形式。在改革开放初期，中国的全球文化合作布局中，也有签署体育合作的相关协议。

1980年10月29日，中国国家体委主任王猛与摩洛哥青年体育大臣阿卜杜拉·哈菲兹·卡迪里[①]分别代表本国政府签署了1981年至1982年两国体育、青年合作议定书[②]。在这一议定书有效期内，诞生了中国援助摩洛哥体育设施建设项目中最具代表性的项目。该项目于1981年5月在拉巴特开工，1983年7月7日竣工，1984年摩洛哥国王哈桑二世宣布以已故的穆莱·阿卜杜拉亲王的名字为这一综合体育设施命名，随后穆莱·阿卜杜拉综合体育场（Complexe Moulay Abdullah）正式投入使用[③]。穆莱·阿卜杜拉亲王于1964年代表哈桑二世国王率团参加中国国庆盛典。1974年其夫人拉米雅公主[④]对中国进行友好访问。因此阿卜杜拉亲王和夫人也成为促进摩中合作关系的重要人士。

1982年10月8日中国体委主任李梦华率领中国体育代表团访摩，期间在拉巴特与摩洛哥青年以及体育部签署了两国1983年至1984年

---

① 阿卜杜拉·哈菲兹·卡迪里（Abdulkader Hafid Kaddiri），摩洛哥政治家。1958年担任农业部国务秘书（部级）；1972年担任摩洛哥青年与体育大臣。此后开始投入于社会工程并在拉巴特平民区当选为议员；1983年担任摩洛哥驻西班牙大使。

② 《杨静仁会见摩洛哥青年体育大臣》，《人民日报》1980年10月30日，第4版。

③ 《摩洛哥为中摩合建体育设施举行命名仪式》，《人民日报》1984年1月31日，第6版。

④ 拉米雅公主（Princesse Lamia），黎巴嫩第一任总理利雅得·阿索罗总理（Riad Solh）之女。1938年出生于贝鲁特（Beirut）。20世纪50年代末毕业于巴黎索邦大学（University of Sorbonne）。1961年成为摩洛哥穆莱·阿卜杜拉亲王妻子并被哈桑二世国王授予公主身份。拉拉·拉米雅公主一直担任摩洛哥阿拉维王朝盲人发展组织（Alawi Organization for the Promotion of the Blind in Morocco-OAPAM）主席。

体育、青年交流合作协定。[①]

伴随着改革开放新时期的文化建设，中国的国际文化合作方式也发生了较大的变化，开始更加重视文化合作的实效性。与此同时，签署文化协定和相关的执行计划成为中国实现新时期文化合作的重要途径。借鉴经贸合作先例，根据摩洛哥的文化发展状况，中国与摩洛哥于1982年先签署了文化合作协议作为未来文化交流发展的总框架，再根据摩洛哥的实际情况签订为期三年的执行计划。早期的执行计划不仅覆盖艺术、教育、新闻等方面，还与其他穆斯林国家一样增加了宗教与伊斯兰事务合作部分。执行计划明确了合作目标并给予量化，如此一来在执行计划到期后，可以根据往期的成果和经验教训进行调整，再设定新的文化交流目标。这种具有高度适应性和灵活性的文化合作机制，是中国在摩洛哥和其他国家能够顺利开展文化合作的关键成功因素之一。

二、孔子学院作为汉语教学和文化传播的平台

进入21世纪后，中国政府在借鉴了英国、法国、德国等国家为了推广本民族语言而积累的经验的基础上，决定在海外设立旨在向国际推广汉语教学和传播中国传统文化的非营利教育机构——孔子学院。2004年11月21日，全球第一家孔子学院在韩国首尔挂牌。[②]截至2018年12月，中国已在全球154个国家和地区建立了548所孔子学院和1193个中小学孔子课堂，学员总数达187万人。[③]在同一时期的摩中两国教

① 《摩洛哥首相会见李梦华》，《人民日报》1982年10月18日，第6版。

② 张利：《“孔子学院”落户汉城》，《人民日报》2004年11月22日，第3版。

③ 吴晓颖：《世界各地已有548所孔子学院》，http://www.gov.cn/xinwen/2018-12/05/content_5345886.htm。

育合作中，在两国文化合作协定2010年至2013年的执行计划中，在摩洛哥大学开展中文教学成为两国教育合作的重点。

根据2008年3月拉巴特穆罕默德五世-阿格达勒大学（Rabat Agdal Mohammed V University）校长哈菲德·布塔莱布（Hafid Boutaleb）和中国驻摩洛哥大使龚元兴签订的一项协议内容，2009年12月4日，摩洛哥第一所孔子学院（以下简称“孔院”）在穆罕默德五世大学成立，中方合作院校是北京第二外国语学院（Beijing International Studies University-BISU）。[①]穆罕默德五世大学孔院的成立从此开创了在摩洛哥大学教授中文的先河。[②]

穆罕默德五世孔院自2009年12月运营以来，办学规模不断扩大，汉语学员从最初成立时的60多人，增长到2018年的1430多人。2012年9月，穆罕默德五世大学孔院协助穆罕默德五世大学开设了摩洛哥第一个中文本科专业——中国语言和文化专业[③]，孔院教师承担所有中文教学任务，至2018年连续招收了七届本科生，培养了四批毕业生。目前，除拉巴特孔院本部之外，穆罕默德五世大学孔院下设有四个教学点，分别是阿加迪尔伊本·佐海勒大学（Agadir Ibn Zohr University）、肯尼特拉伊本·图菲勒大学（Kenitra Ibn Tofail University）、提马拉旅游与饭店培训中心（Temara Training Centre in the Hotel and Tourism Sectors）和法国高等商学院拉巴特分院（The School of Economics and Business Sciences Rabat Campus-ESSEC）。值

① 《摩洛哥穆罕默德五世大学孔子学院揭牌成立》，http://www.scio.gov.cn/m/ztk/wh/12/8/Document/759863/759863.htm。

② 以下有关孔院数据均由穆罕默德五世大学孔子学院、哈桑二世大学孔子学院和阿卜杜·马立克·阿萨德大学孔子学院提供。

③ 《摩洛哥穆罕默德五世大学开设中国语言和文化专业》，http://ci-mu5.ma.chinesecio.com/zh-hans/node/77。

得一提的是，2017年穆罕默德五世大学孔院获得中国国家汉办授予的“示范孔院”大楼建设项目，2019年该项目正式进入施工阶段。[①]

穆罕默德五世大学孔院的成功办学使摩洛哥其他高校纷纷申请设立孔院，摩洛哥掀起了“汉语热”。

2013年1月18日，上海外国语大学与摩洛哥哈桑二世大学合作建设的孔院在摩洛哥卡萨布兰卡市举行隆重的揭牌仪式，这是在摩洛哥设立的第二所孔院。[②]2017年2月10日，哈桑二世大学孔院在哈桑二世大学艾因谢高文学院（University Hassan Ⅱ Ain Chok Campus）举行中文专业开班仪式[③]，将中文教学纳入摩洛哥教育体系中。在2017年9月至2018年6月的一学年中，哈桑二世大学孔院在摩洛哥共开设15个汉语教学点，注册学生总数约为1600人。除了传统面授的教学方式外，还设有摩洛哥唯一的网络远程教学课程。2017年，孔院有65名学生获得国家汉办奖学金赴华交流学习。

摩洛哥首都拉巴特和经济中心卡萨布兰卡分别开设孔院之后，与中国经济合作密切的丹吉尔也于2016年9月22日，由阿卜杜勒-马立克·阿萨迪大学（Tangier Abdelmalik Asaadi University）和中国江西科技师范大学在摩洛哥高教部签署有关丹吉尔孔院的成立的合作文件。2017年3月28日，丹吉尔孔院正式揭牌[④]，摩洛哥由此成为阿拉伯国家中第一个拥有三所孔院的国家。

---

① 《孔院举办示范大楼奠基仪式》，http://ci-mu5.ma.chinesecio.com/zh-hans/node/408。

② 《摩洛哥哈桑二世大学孔子学院隆重举行揭牌仪式》，http://ciuh2c.ma.chinesecio.com/zh-hans/node/82。

③ 《哈桑二世大学中文专业举行开班仪式》，http://ciuh2c.ma.chinesecio.com/zh-hans/node/164。

④ 卢苏燕：《摩洛哥第三所孔子学院正式揭牌》，《人民日报》2017年3月30日，第22版。

摩洛哥的三家孔院共同致力于汉语教学在摩洛哥的推广和发展，三家孔院每年联合举办摩洛哥国际汉语教学研讨会，围绕教师、教材、教法进行务实、有针对性的讨论，2019年在卡萨布兰卡由哈桑二世大学孔院承办第六届摩洛哥国际汉语教学研讨会。[①]尽管摩洛哥汉语教育历史不长，但相信在各个孔院汉语教师和志愿者教师的共同努力下，一定能够逐步摸索、总结出适合摩洛哥国情特点的汉语教学方法，摩洛哥的汉语教学将会取得骄人的成绩，汉语学习队伍将不断发展壮大，在摩洛哥的影响力也将不断提高。此外，三家孔院每年还联合举办“汉语桥”世界大学生中文比赛摩洛哥赛区的比赛，为众多优秀的摩洛哥汉语学员提供了展示语言能力和才艺的舞台，每年比赛中都涌现出一批各方面出类拔萃的汉语人才。

作为了解中国文化的窗口，除教授中文之外，摩洛哥的三家孔院都开设了中国文化课，包括介绍和教授书法、绘画、茶艺、舞蹈、剪纸和中国结的制作等。此外，三家孔院每年都会举行形式各异、内容丰富的文化活动，为广大摩洛哥民众亲身体验丰富多彩的中国文化提供了平台和机会。

摩洛哥的三家孔院为摩洛哥民众学习汉语、了解中国文化提供了新的平台，成为连接中国与摩洛哥人民的友谊之桥，被誉为是“民间大使”，在推动摩中交流与合作方面发挥着不可替代的作用。

---

① 《哈桑二世大学孔子学院承办第六届摩洛哥国际汉语教学研讨会》，http://wmcj.shisu.edu.cn/c4/69/c990a115817/page.htm。

第四章

中国对摩洛哥援助的分析及案例

新中国成立之初，作为苏联的受援国，虽然自身能力还非常有限，但依然坚持把所积累的经验分享给迎来独立浪潮的亚非拉“第三世界国家”。这一举措，一方面使中国承担起其国际主义义务，另一方面也正面改善了中国的外部政治环境。进入到改革开放的新时期，中国的援助政策虽然进行了一些调整，但始终坚持1964年宣布的“对外经济技术援助的八项原则”。其中，通过派遣专家达到知识和技术转移的目标，成为中国有别于西方国家的核心竞争力。如今，即便中国的援助体系已经与国际接轨，却仍然具有独特性。在此笔者尝试对中国的援助政策、管理体系进行全面的梳理，以此分析中国对摩洛哥援助的领域和形式，并以上海援摩洛哥医疗队作为案例，进一步分析中国对摩洛哥的援助的具体执行方式。

第一节　中国援外政策与管理体系沿革特点

一、兼顾国际主义与实现经济利益的中国援外政策

1．新中国援外政策的基本原则

1949年10月，伟大的新中国成立了，百废待兴，战后的国家重建任务迫在眉睫。这一时期，美苏争霸的格局也逐渐形成。在此

背景下，苏联向中国伸出援手，提供了大量的军事、经济和社会援助。[①]但随着中苏关系恶化，中国需要发展新的国际伙伴关系来改善其外部环境。同时自身作为受援国的中国，遵循无产阶级国际主义精神，也开始向争取民族解放的亚非拉国家提供有助于从政治独立走向经济独立的发展援助。[②]周恩来总理于1955年在万隆会议宣布，中国将在互相尊重主权和领土完整、互不侵犯、互不干涉内政、平等互利以及和平共处的前提下，向发展中国家提供力所能及的支持和援助。因此，基于当时的世界格局而言，中国的援外政策需要兼顾履行国际主义义务和实现国家的经济利益的双重任务，并在彼此之间寻找平衡。

1964年，周恩来总理在其推动非洲外交之行时，宣布了中国对外经济技术援助的八项原则，进一步确立了中国对外提供援助的方式。在不带任何政治条件的基础上，中国的援助目标确立为协助非洲国家完善基础设施的建设和提升生产能力。同年，周恩来总理在政府工作报告中如此阐述中国的援外政策和目标，“我国对外援助的出发点是，根据无产阶级国际主义精神，支援社会主义兄弟国家进行建设，增强整个社会主义阵营的力量；支援未独立的国家取得独立；支援新独立的国家自力更生，发展民族经济，巩固自己的独立，增强各国人民团结反帝的力量。”[③]

中国对外经济技术援助的八项原则，其传达的核心理念是中国

---

① 沈志华：《新中国建立初期苏联对华经济援助的基本情况（上）——来自中国和俄国的档案材料》，《俄罗斯研究》2001年第1期，第53–66页。

② 周弘：《中国援外六十年的回顾与展望》，《外交评论（外交学院学报）》2010年第5期，第3–11页。

③ 《在第三届全国人民代表大会第一次会议上　周恩来总理作政府工作报告》，《人民日报》1964年12月31日，第1版。

将在不干预内政的前提下，寻找互惠互利的合作方法，并积极向非洲国家进行技术转移。此后，即使中国的援外政策发生调整，但八项原则一直是中国在援外工作中履行国际主义义务和实现经济利益的指导方针。

2．发挥市场力量，改革开放后的中国援外政策

改革开放初期，中国对所有的领域进行了结构和政策上的变革。对外援助方面，中国政府在“坚持无产阶级国际主义、坚持八项原则”的基本方针下，开始探索如何在援助方法上进行调整以便提高援助的效率[①]。另外在原“八项原则”的基础上，提出了“中非经济技术合作四项原则”，包括“平等互利、讲求实效、形式多样、共同发展”。[②]其中“讲求实效”是中国对援外工作从项目的选择、实施的方法在结合市场机制之后提出的新要求。而“形式多样”是指根据中非合作的发展新形式，中国可以选择新兴的援助形式，包括参考借鉴其他西方国家的成功援外形式等。

“量力而行，尽力而为，不附带任何政治条件”“互利共赢，谋求共同发展”成为中国对外援助的新的指导方针。[③]其中“量力而行”是指削减援外开支并讲究实效，包括动员受援国共同承担当地援助费用，例如中国医疗队在执行任务期间所需要的设备、器械、药品、医用敷料和化学试剂由受援国供应以及每月向医疗队成

---

① 周弘：《外援书札》，中国社会科学出版社，2015，第221-222页。

② 钱国安：《我国同非洲国家开展经济技术合作的四项原则》，《国际贸易》1984年第5期，第36-38页。

③ 王蔚、朱慧博：《简析改革开放以来中国的对外援助》，《毛泽东邓小平理论研究》2008年第8期，第17页、第45-49页、第85页。

员提供津贴等。[①]再如，中国减少一些需要持续投入的生产性援助项目，转向援助一些“交钥匙工程”如体育场、政府大楼、学校等建筑工程，以及“授人以渔”项目，如通过农业专家派遣达到技术和知识转移的目的。“尽力而为”是指在中国可承受的范围内继续履行国际主义义务向非洲国家提供援助，以便巩固新中国成立以来获取的外交成绩。

进入21世纪，随着中国国力的不断增强，对外援助政策也发生了相应的调整。联合国于2000年9月围绕消除贫穷、饥饿、疾病、文盲、环境恶化和对妇女歧视等问题制定了千年发展目标。与此同时，中国与非洲51个国家于2000年10月在北京举行了中非合作论坛。中国虽然参加了联合国千年首脑会议并认可了所制定的千年发展目标，但由于其只关注民生领域而忽略基础设施建设和生产能力提升，并不符合中国的援外政策。[②]因此，中国联合非洲国家自建合作平台来进行更广泛、更全面的合作。

在2000年10月中非合作论坛第一届部长级会议上通过的《中非合作论坛北京宣言》中，更多体现了中国与非洲国家平等和互利的原则。中非合作论坛成为中国与非洲国家之间的制度性合作平台。中非合作论坛基于中国20世纪60年代至80年代制定的合作原则，尤其是有关增强友谊以及平等性和互惠互利合作等原则。在论坛的框架内，中非合作不断拓展和深化，并先后召开了中非农业、科技、法律、金融、文化、智库、青年、民间、妇女、媒体、地方政府等分论坛。[③]

---

① 《中华人民共和国政府和摩洛哥王国政府关于医疗合作的议定书》（1998-04-22），北大法宝法律数据库，法宝引证码CLI.T.1686。

② Deborah Brautigam，*The Dragon's Gift：The Real Story of China in Africa*（Oxford：Oxford University Press，2009）.

③ 详见中非合作论坛官方网站：http://www.focac.org。

中国对非洲的援助缺乏官方数据公布机制，因此，中非合作论坛也成为公布对非洲承诺援助以及实际援助项目的重要信息来源。例如在第一届部长级会议上，中国政府宣布了减免非洲重债穷国和最不发达国家100亿元人民币债务和设立“非洲人力资源开发基金”等举措。[①]2015年12月4日至5日，在中非合作论坛成立15周年之际于南非约翰内斯堡举行峰会，会上中国承诺向非洲国家提供总额600亿美元的资金支持[②]，将逐步为非洲中小企业发展专项贷款增资50亿美元，并设立首批资金100亿美元的“中非产能合作基金”。[③]

该论坛也成为中非共同应对经济全球化挑战的重要平台。中国较有实力的企业，也从中非合作论坛诞生的项目中获得了较大的发展空间，尤其是华为和中兴成功打破一直以来由欧洲垄断的庞大的非洲电信市场。而非洲国家则借助中国援助完善其基础设施、现代化农业和人才培养等领域的建设。例如2015年1月27日，中国与非洲联盟在埃塞俄比亚首都亚的斯亚贝巴非盟总部，签署推动非洲“三网一化”建设谅解备忘录，中国承诺愿为非洲国家提供金融、人员、技术支持来推动非洲交通和基础设施“三网一化”的合作[④]，“三网一化”是指高速铁路、高速公路和区域航空三个网络及基础设施现代化。[⑤]

---

① 《中非经济和社会发展合作纲领》，https://www.focac.org/chn/zywx/zywj/t155561.htm。

② 孟祥麟、杜一菲、李志伟等：《共同描绘中非合作新蓝图》，《人民日报》2015年12月9日，第3版。

③ 《中非合作论坛—约翰内斯堡行动计划（2016—2018年）》，https://www.focac.org/chn/zywx/zywj/t1327766.htm。

④ 王新俊：《中国与非盟签署推动非洲“三网一化”建设谅解备忘录》，http://news.cri.cn/gb/42071/2015/01/28/6891s4856170.htm。

⑤ 黄梅波、张晓倩：《中非产能对接与非洲三网一化建设：合作基础及作用机制》，《国际论坛》2016年第1期，第59-65页、第81页。

中国在非洲的援助政策赢得了非洲各国政府的高度认可。塞内加尔总统阿卜杜拉耶·瓦德[①]在接受《金融时报》（*Financial Times*）采访时如此概括中国对非洲援助政策："对于非洲国家而言，中国快速、有实效的援助模式优于相对较慢并有时带有家长式态度的欧洲原宗主国的援助政策。中国的援助帮助非洲国家在较短的时间内拥有发展经济必备的桥梁、道路、学校、医院、水坝、政府大楼、机场等设施。这些援助有效地改善了数百万非洲人民的生活水平，而且不仅仅是面向精英阶层。在塞内加尔，中国企业与本地企业的合资不仅使中国企业从基础设施建设中获得经济利益，同时他们还向塞内加尔企业转让技术和培训人才。另外我发现，与世界银行需要耗费5年才能达成一致的谈判项目，与中国企业只需要3个月便可成交。"[②]

二、融合行政管理手段和市场机制的中国援外管理体系及其特点

1．新中国成立后的援外管理体系

为了规范新兴的外援工作，新中国借鉴了苏联作为援助国制定的系列援外管理体系，其主要特点是结构简单，决策集中于中央

---

① 阿卜杜拉耶·瓦德（Abdoulaye Wade），塞内加尔政治家。1926年5月29日出生于塞内加尔西北部城市凯贝梅尔（Kébémer）。1957年在法国获得法律学士学位并从事律师职务；1959年在格勒诺布尔大学（University of Grenoble）获得博士学位，此后回塞内加尔在大学任教并从事律师工作；1974年创建塞内加尔进步联盟（Senegalese Democratic Party-PDS）并当选议员；1978年、1983年、1988年以及1993年连续4次在总统大选中落败；1991年至1997年担任多个部长职位；2000年最终成功当选总统并担任两期直到2012年。在他的任期内高度重视经济建设，使塞内加尔拥有西非较快的经济增长。

② Abdoulaye Wade，"Time for the West to practise：what it preaches，"，*Financial Times*，January 23，2008，https://www.ft.com/content/5d347f88-c897-11dc-94a6-0000779fd2ac#axzz33kE9wYsF.

政府及其相关部门，集中控制和统筹管理，并由地方政府和国有企业负责具体的实行。1952年新中国成立对外贸易部，主要负责对外援助的统一管理，并组织下属各进出口公司实施物资援助项目。1954年中国援外管理开始实行“两部委”的管理制度，由对外贸易部统一负责援助项目的洽谈与协议签署，由国家计划委员会负责按照不同的专业向国务院各有关部门下达任务。1958年随着中国援外项目的数量和种类明显增多，中国政府决定实施“总交货人部制”和“协作交货部制”。“总交货人部制”是指国家计划委员会根据援外项目的专业性质，指定最合适的部委担任“总交货人”，再由该部委根据援助项目的具体需求选择其他相关部委作为“协作交货部”的协调部委。1970年，正式建立对外经济部开始主导援外工作的管理，并把“总交货人部”和“协助交货部”体制改名为“承建部”和“协作部”，下辖筹建单位、协作单位、外贸公司等援外项目实施主体。由此可见，中国政府借助计划经济背景下的行政手段，来动员国务院下面的所有部委和全国各省、自治区和直辖市人民政府参与对外援助，有效增强中国援外的力度，并缓解了中央政府的压力。

随着中国援外政策的变化，援助管理体系也发生了相应的调整。中国政府开始探索如何使援外业务与市场机制紧密结合。1980年起，为了达到“简政放权”的效果和加强援助项目经济核算，对外经济援助项目试行“投资包干制”，就是把各个经济援助项目的全部实施工作包给一个部门或地区（承包单位），由它们全面负担该援外工程的经济技术责任。1983年，对外经济贸易部改变了“投资包干制”试行“承包责任制”，由各级政府下属的国际经济技术合作公司，或者其他具有法人地位的国有企业、事业单位竞标承包。20世纪90年代，许多中国援助的项目因经营不善遇到困难。在当时私有化改革的背景下，因担心受援国出售这些项目，中国开始通过“外债转股”战略与受援国进行参股合作。市场力量的多层次使中国援外管理体系变得更为复杂，因此于1993年开始正式实行“总承包责任制”和“监理责任制”，由经贸部（后改名为商务部）按照援外项目的专业性质，通过招议标方式确定具体项目的设计单位、施工单位和监理单位，三者相互配合并相互制约。1995年起，中国借鉴西方援助国的援助形式，开始提供政府贴息优惠贷款，由财政部和人民银行分别划拨出一笔资金，交给1994年成立的中国进出口银行作为贷款的优惠部分利息补贴。此时如何使对外援助在追求经济效益的同时，不耽搁背后的政治任务，成为政府面临的新挑战。①

2. 当今中国援外管理体系及其特点

当今的中国援外管理体系始于20世纪90年代初。为了适应援助规模的扩大，21世纪中国的援外管理体系更加注重专业化分工和部门间协调。在新的援外体系中，除了中国援外医疗队由卫生部管理，各省、市、自治区选派，以及志愿者直接由团中央管理外，其余援外工作由下述主管部门、联动机制、政策银行以及企业单位形成的新援外管理体系来进行管理。

（一）主管部门。中国国务院委托商务部作为中国援外工作的主管部门。商务部负责拟定对外援助政策、规章、总体规划和年度计划，审批各类援外项目并对项目实施进行全过程管理。商务部所

---

① 周弘主编，熊厚副主编：《中国援外60年》，社会科学文献出版社，2013，第2–32页。

属国际经济合作事务局、国际经济技术交流中心和国际商务官员研修学院分别受托管理援外成套项目和技术合作项目、物资项目以及培训项目的具体实施。中国驻外使（领）馆负责中国对驻在国援助项目的一线协调和管理。地方商务管理机构配合商务部，负责协助办理管辖地有关对外援助的具体事务。

（二）联动机制。为了协调多方援外机构的协调机制，使信息流动更加流畅，中国政府建立了商务部与其他政府机构的若干联动机制，包括：与外交部和财政部三部门援外工作联动机制；与国务院所有部委的部际援外合作机制；与地方省区商务部门的工作联系机制；与进出口银行优惠贷款联席会议工作机制；与中国人民银行、财政部和国家开发银行等部门和机构的减免债务工作机制；与外交部、解放军总参谋部等部门的紧急人道主义援助联动工作机制等。[①]在2006年中非合作论坛北京峰会上，中国推出的“八项举措”对中国援外管理体系的多渠道、多功能和多协调机制进行了更加清晰的界定。

（三）政策银行。主要以中国进出口银行为主，其业务包括对商务部指定的援外项目进行优惠贷款评估、贷款发放和回收等管理，并参与债务减免工作。国家开发银行和中国农业发展银行也开始加入援外优惠贷款和商业贷款领域。[②]

（四）企业单位。根据“政企分开”的政策原则，原隶属于部委的公司也开始实行独立的企业化管理，例如中国成套设备出口

---

① 黄梅波：《中国对外援助机制：现状和趋势》，《国际经济合作》2007年第6期，第6页。

② Deborah Brautigam，*The Dragon's Gift：The Real Story of China in Africa*（Oxford：Oxford University Press，2009）.

公司从外经贸部剥离。与此同时，为了加强承包企业的专业化，各部门开始对这些代表对外援助市场力量的承包企业实行监督评估管理，包括引进获得ISO9000质量认证资格的单位。

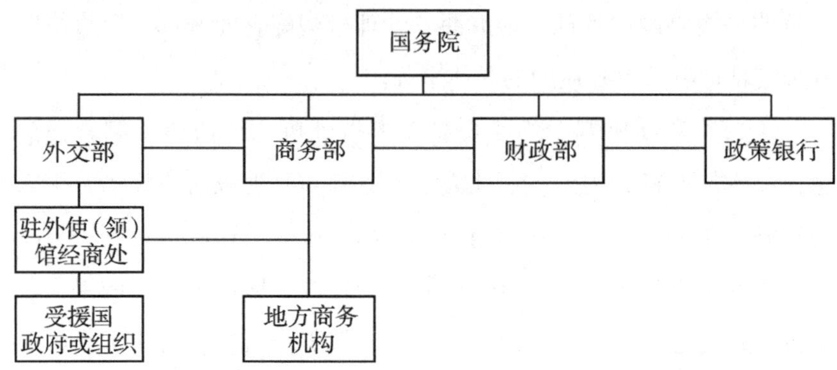

图4.1 进入21世纪后中国援外管理程序

图表来源：作者基于周弘和德博拉·布罗蒂加姆对中国援外管理体系的分析制成。

第二节 中国对摩洛哥援助的侧重领域

一、新中国成立后对摩洛哥援助的侧重领域

1956年摩洛哥独立后，周恩来总理电贺摩洛哥首相西·贝凯，对摩洛哥独立表示热烈的祝贺。1958年10月27日摩中签订了第一个政府间的贸易协定，同年11月1日，摩洛哥成为第二个与中国建交的非洲国家。1963年12月，周恩来总理和陈毅副总理率团正式访问摩洛哥，其间两国签订了一系列贸易及援助协定。从1964年至1999年间，两国虽然在重大国际事务上保持良好的政治合作关系，但摩洛哥获得中国的援助较少。在此期间中国对摩洛哥的援助主要涉及医

疗、标志性建筑建设以及合作种植茶叶三个领域。

医疗援助领域。1975年中国卫生部将对摩洛哥的医疗援助任务分配给上海市负责。独立后的摩洛哥卫生条件仍然十分落后，尤其是偏远农村地区，无论医疗设备还是医生数量，都不足以满足乡村地区农民所需的医疗服务。在摩洛哥政府的要求下，经友好协商，中国政府同意派遣一支援外医疗队赴摩洛哥进行医疗工作。1975年3月18日，中国外交部长乔冠华与摩洛哥外交国务大臣艾哈迈德·拉腊基（Ahmed Laraki）[①]博士，在北京签署《中华人民共和国政府和摩洛哥王国政府关于中国派遣医疗队赴摩洛哥工作的议定书》。[②]该议定书规定中华人民共和国医疗队，按摩洛哥王国的卫生政策，并根据其公共卫生行政结构和活动，进行工作。工作的方法是定点和巡回医疗相结合，工作地点由中国驻摩洛哥大使馆和摩洛哥政府指定的部门共同商定。此协定书自签字之日起生效，有效期为2年。自1975年起，截至2019年上海市已派出184批次、共1784名队员援助摩洛哥医疗卫生事业。[③]截至2015年，中国援摩医疗队共诊治摩洛哥患者约540万人次，收治病人约65万人次，其中手术近45万例。[④]中国的医疗队除了提供西医治疗外，还向摩洛哥人推广中医针灸，充当了重要的中国传统文化推广角色。2015年9月30日，中国驻摩洛哥

---

① 艾哈迈德·拉腊基（Ahmed Laraki），摩洛哥政治家和医生。1931年10月15日出生于卡萨布兰卡。1957年在巴黎获得医学博士学位；1967年担任外交部大臣；1969年担任首相；1974年再度担任外交部大臣，负责与西班牙谈判从撒哈拉撤军。

② 《中华人民共和国政府和摩洛哥王国政府关于中国派遣医疗队赴摩洛哥工作的议定书》（1975-03-18），北大法宝法律数据库，法宝引证码CLI.T.2222。

③ 陈斌杰：《通讯：轻轻的一个吻——援摩洛哥医疗队促进中摩两国民心互通》，http://www.xinhuanet.com/2019-04/13/c_1124361615.htm。

④ 《中国向摩洛哥派遣援外医疗队40周年纪念碑揭幕》，http://www.xinhuanet.com/world/2015-10/22/c_128346341.htm。

大使孙树忠和摩洛哥卫生大臣侯赛因・卢瓦尔迪续签关于中国派遣医疗队赴摩工作的议定书，侯赛因・卢瓦尔迪在签约仪式上对中国长期以来向摩洛哥医疗卫生领域提供的无私援助深表谢意。他说，这些中国医护人员“完美地”融入了摩洛哥的医疗系统，他们与摩洛哥同行相互交流工作经验，彼此结下深厚友谊。中国医疗队员获得了摩洛哥患者的高度赞赏和衷心感谢。[①]上海援摩洛哥医疗队也是本文的案例分析对象之一。

标志性建筑建设领域。20世纪80年代初，摩洛哥首都拉巴特缺乏可以举办国际和全国赛事的体育场。恰好此时是中国改革开放初期，中国的援外政策开始倾向于建设一些无须后续投入的“交钥匙工程”，因此开始对包括摩洛哥在内的非洲国家提供综合体育场援建项目。1983年建成移交的拉巴特穆莱・阿卜杜拉亲王综合体育设施，包括一个能容纳60 000个座位的体育场、一个能容纳8000座位的体育馆及附属训练设施。时至今日，该建筑仍是摩全境规模第二大的综合体育场馆，举办过多次重大体育赛事。

茶叶种植合作领域。摩洛哥是世界上以饮茶而闻名的国家，对于新独立的摩洛哥，茶叶进口所占外汇消耗仅次于能源进口。摩洛哥独立后成立了摩洛哥茶糖公司，垄断了茶叶的进口、加工、包装和批发。茶叶的零售和批发计划均由茶糖公司统一制订，如遇亏损则由国家补贴。因茶叶的供应涉及国家的社会稳定，1968年开始，在中国专家的指导下，摩洛哥在西北部开始试种茶叶。此后茶园的规模不断增大，到1984年超过800公顷。除了茶叶种植援助，中国还

---

① 《中国和摩洛哥续签向摩派遣医疗队议定书》，http://www.xinhuanet.com/world/2015-10/04/c_128289257.htm。

帮助摩洛哥进行茶厂建设，并于1982年正式投产。

二、进入21世纪以来中国对摩洛哥援助的侧重领域

1999年，中国国家主席江泽民对摩洛哥进行国事访问后，摩洛哥成为中国的主要受援国。援助领域扩张到农牧渔业、水利建设、社会公共设施建设、能源工业、教育等领域。进入21世纪后的中国对摩洛哥的援助，可分为“硬”领域如建设经济基础设施和物资赠送，以及“软”领域如技术培训、文化教育、医疗援助等两方面。

中国在摩洛哥援助的“硬”领域主要体现在基础设施建设、农业和新能源方面。基础设施是摩洛哥提高在本地区的海外投资吸引力战略中的重要一环，主要体现于高速公路与铁道建设。2010年摩洛哥与中国进出口银行联合阿拉伯经济与社会发展基金会（Arab Fund for Economic and Social Development-AFESD）以及欧盟投资基金会（European Investment Fund-EIF）签署了价值达2.48亿美元、全长172公里的拜赖希德[①]到贝尼迈拉勒[②]高速公路建设协议，并由中国水利水电第五工程局有限公司负责承建第一标段。[③]另外，中国海外工程有限责任公司承包了摩洛哥第一条连接丹吉尔和卡萨布兰卡的高铁项目的土建工程部分。

在农业方面，摩洛哥作为农业国家一直希望通过国际合作来发展现代农业。过去摩洛哥农业的发展十分依赖自然降雨，因此在独立后亟须发展现代农业技术。摩洛哥前国王哈桑二世在继任王位后，设定

① 拜赖希德（Berrechid），位于卡萨布兰卡大区的城市，该区土地肥沃，出产量在摩洛哥占农业总贡献率的13.25%。根据2010年的普查总人口为77 000人。

② 贝尼迈拉勒（Beni Mellal），摩洛哥中部的农业城市。根据2014年普查，总人口为447 330人。贝尼·梅拉勒的水资源丰富，农业用地大约为26万公顷，生产的农产品包括棉花、柠檬、橙子、橄榄、苹果、蔬菜等。

③ 何永恩：《集团承建的摩洛哥第四条高速公路实现主线通车目标》，http://www.powerchina.cn/art/2015/4/15/art_7440_368267.html。

了一年建一座水坝和到2000年灌溉农业用地面积达100万公顷的战略目标。中国具有悠久的农业历史、丰富的种植经验以及成熟的灌溉技术，在支持摩洛哥发展水利工程建设方面，更是具有显著优势。截至2012年，在中国、法国等国家的支持下，摩洛哥已建成130座水坝，拥有大约170亿立方米储存水量。预计到2030年将再新增50座水坝。①2002年中国援助伊夫兰②城建成了可以灌溉670公顷农用地的小型水坝和坐落于摩洛哥北部里夫山脉③的舍夫沙万④用来满足周围村庄需求的饮用水以及4000公顷的灌溉农用地的小型水坝和北方地中海城市胡塞马用于灌溉的400公顷农用地的小型水坝。⑤

在能源援助方面，摩洛哥作为非石油生产国，亟须减少对进口能源的依赖，因此对发展新能源的援助有很强烈的需求。中国也开始重视对摩洛哥的新能源建设的援助，包括2009年向摩洛哥提供1000万人民币（约1153.876万迪拉姆））的太阳能技术合作和2012

---

① Lavieeco. Maroc，“130 barrages et 14 autres en cours de construction，”，https://www.lavieeco.com/economie/maroc-130-barrages-et-14-autres-en-cours-de-construction-21256/.

② 伊夫兰（Ifrane），被誉为摩洛哥小瑞士。总人口为73 782人（2014年）。伊夫兰一直是中阿特拉斯的林中小镇。1929年法国殖民当局因其高山气候比较适合夏季避暑和冬季滑雪，选择在这里建设城市并采用全部欧式风格建筑。独立后，因其自然风景和独特气候，伊夫兰成为来摩洛哥的国内外游客的首选。1995年摩洛哥国王哈桑二世（King Hassan Ⅱ）和沙特国王法赫德·伊本·阿卜杜勒·阿齐兹（Fahd Ibn Abdel Aziz）联合创建阿卡哈文大学（Al Akhawayn University），成为摩洛哥第一家采用美式高等教育教学方式的私立大学。

③ 里夫山脉（Rif），属于直布罗陀弧（Gibraltar Arc）的摩洛哥北部山脉，是欧洲南部山脉在非洲的延续。里夫山主要城市包括丹吉尔、胡赛马（El Hoceima）、得土安（Tetouan）和纳多尔（Nador）。

④ 舍夫沙万（Chefchaouen），又称蓝色小镇。是摩洛哥里夫山旅游城市。总人口为42 786人（2014年）。1471年由流亡到北非的安达卢西亚人建成，因此其古城具有西班牙南部城市风格。2016年摩洛哥对中国公民实行免签政策以来，这里成为中国游客来摩洛哥旅游的必去目的地之一。

⑤ 《摩洛哥与中国的经济关系（1999—2003）》，http://ma.mofcom.gov.cn/article/ztdy/200504/20050400080952.shtml。

年向摩洛哥赠送300套太阳能照明路灯及附属设备。

表4-1　中国援助摩洛哥项目行业分类（1997—2014）

领域	涉及方面	项目数
社会公共设施	医院、体育设施、博物馆及市政设施	10
经贸	中小企业支持、磷矿采购	5
医疗	医疗设备、医生派遣	4
工业	钢铁生产、设备赠送	3
文化教育	孔子学院、教育设施、物资、教师派遣、技术转移	8
农业	水稻种植、茶叶	3
水利工程	水坝建设	3
经济基础设施	高速公路	2
绿色经济发展	设备、技术合作	2
能源工业	燃煤电厂	2
人道主义	物资赠送、医生派遣	2

数据来源：根据笔者从摩洛哥外交部、公共建设部、财政部、摩洛哥驻华大使馆以及中国驻摩洛哥大使馆收集的有关中国援助摩洛哥的数据整理而成。

在援助的“软”领域方面，上海援助摩洛哥医疗队所取得的成绩受到世界卫生组织（World Health Organization-WHO）和摩洛哥人民的交口称赞。其他“软”领域还包括地质、农业种植和文化教育等领域。在地质方面，中国联合摩洛哥能源、矿业、水利与环境部通过技术援助支持摩洛哥制定2015—2025年国家地质填图发展路线图，进一步促进摩中在地质矿业领域的合作。2002年2月在摩洛哥国王穆罕默德六世访华期间，中国总理朱镕基与摩洛哥首相优素福签署了价值500万元的摩洛哥盖勒敏-塞马拉大区①地球化学填图项目，后来延展到更多矿产地区，包括苏斯-马萨地区②、东阿特拉斯山和西阿特拉斯山地区③。

在农业方面，摩洛哥作为典型的农业国家，农业占据国民经济的重要地位。在中非合作论坛北京峰会框架内，中国与摩洛哥水稻种植农业合作始于2008年，主要集中在摩洛哥西部肥沃的农业用地——占摩全国粮食总产量90%的西部地区（Gharb Region）。援助内容包括向摩洛哥派遣农业专家、对水稻种植援助地区的工作人员进行指导和培训并提供一批农业示范设备等物资。④2011年5月5日至2012年5月4日水稻种植援助地区进一步扩张到摩洛哥塞布河流域，并建立了水稻种植区，开展了水稻示范种植。

在文化教育方面，中国在摩洛哥创办旨在向世界各国推广汉语言和中国文化的孔子学院。孔子学院的合作主要由中国国家汉办派遣教师、提供教材并收取象征性的报名费，由摩方提供教学场地，

---

① 盖勒敏-塞马拉大区（Goulmim-Es-Semara），1997年至2015年摩洛哥南部的16行政大区之一。总人口为501 921人（2014年）。盖勒敏-塞马拉大区包括5个省份：阿萨扎格省（Assa-Zag Province）、埃斯马拉省（Es-Semara Province）、圭尔姆省（Guelmim Province）、坦坦省（Tan-Tan Province）以及塔塔省（Tata Province）。

② 苏斯-马萨地区（Souss-Massa），摩洛哥中部的12行政大区之一。大区中心城市是阿加迪尔（Agadir）。总人口为2 676 847人（2014年）。苏斯-马萨大区包括2个州和4个省，分别是阿加迪尔-艾达·塔阿纳州（Agadir-Ida Ou Tanane Prefecture）、伊奈兹甘·艾特·美陆乐州（Inezgane-Aït Melloul Prefecture）、舍图卡·艾特·巴哈省（Chtouka-Aït Baha Province）、塔鲁丹特省（Taroudannt Province）、塔塔省（Tata Province）以及提兹尼特省（Tiznit Province）。

③ 东阿特拉斯山（East Atlas mountains）和西阿特拉斯山（West Atlas mountains）地区，穿越摩洛哥、阿尔及利亚和突尼斯，总长2500公里的山脉。最高峰是海拔4 167米的图卜卡勒峰（Toubkal）。阿特拉斯山脉是阻挡于撒哈拉沙漠与地中海之间的自然屏障，使北非和南欧地区免遭沙漠热风的负面影响。该地区富含黄金、银、铅、磷和天然气等自然资源。

④ 《中国摩洛哥两国政府签订关于中国向摩洛哥派遣农业技术专家的换文》，http://ma.mofcom.gov.cn/article/jmxw/201103/20110307452715.shtml。

以此形式展开。孔子学院因作为推广中国文化的标志性机构，得到了中国政府的大量资金投入并从各大高校招募教师，这些举措使孔子学院在全球得以迅速发展，在摩洛哥也不例外。

第三节　中国对摩洛哥的援助方式

一、成套项目援助

成套项目援助是指中国提供无偿援助和无息贷款等援助资金帮助受援国建设生产和民用领域的工程项目。中方负责项目考察、勘察、设计和施工的全部或部分过程，提供全部或部分设备、建筑材料，派遣工程技术人员组织和指导施工、安装和试生产。项目竣工后，移交受援国使用。成套援助项目始于20世纪50年代，是中国最主要的对外援助方式。[①]

摩洛哥作为非洲、欧洲和阿拉伯世界的交汇国家，对于中国企业具有较高的战略意义。从2000年以来，摩洛哥的重大基础设施项目建设就少不了中国的身影，摩洛哥第一条高铁项目的土建工程部分也是由中国承包的。2000年以来由中国提供优惠贷款和中国企业负责施工的成套项目，包括医疗机构、水利工程项目、经济基础设施以及能源工业项目的建设。

---

①　《〈中国的对外援助〉白皮书》，http://www.cidca.gov.cn/2018-08/06/c_129925064_4.htm。

二、一般物资

一般物资援助是指中国在援助资金项下，向受援国提供所需生产生活物资、技术性产品或单项设备，并承担必要的配套技术服务。中国本身作为发展中国家，对外援助的理念是利用最少资源达到最大效果。而提供物资援助方式，使得受援国很容易将援助物资移作他用，而非转交给有需求的国民。因此在中国的援外项目中，除了人道主义和缓解危机援助外，较少提供物资援助。在摩中合作中，每当举行两国领导人峰会或互访时也会提供象征性的物资援助。

1999年以来最具代表性的物资援助如下：1999年摩洛哥遇到干旱年，中国向摩洛哥国有粮食公司（National Interprofessional Office of Cereals and Legumes-ONICL）提供了5100吨小麦的援助，再由受援公司向磨坊主以市场通用价出售。2005年9月4日至6日，中国全国人大常委会委员长吴邦国对摩洛哥进行正式友好访问。访问期间，中国全国人大向摩洛哥议会赠送了办公用品。赠品随吴邦国委员长的专机运抵摩洛哥首都拉巴特，双方技术人员在机场进行交验，并由摩方负责当地运输。由于摩洛哥议会分众、参两院，赠品分两部分分赠。[①]2006年11月21日中国驻摩洛哥大使程涛代表中国驻摩使馆向摩全国妇女联合会赠送一批办公用品。[②]

摩中合作中的物资援助还有：2006年中国为了促进摩洛哥的水利工程建设，向摩洛哥提供价值2200万迪拉姆（265万美元）的设备

① 《中国全国人大向摩洛哥议会赠送办公用品》，https://www.focac.org/chn/zfgx/jmhz/t211285.htm。

② 《中国驻摩洛哥使馆向摩全国妇女联合会赠送办公用品》，https://www.fmprc.gov.cn/web/gjhdq_676201/gj_676203/fz_677316/1206_678212/1206x2_678232/t436938.shtml。

援助；2009年中国向摩洛哥南方偏远乡村地区希沙沃[①]提供价值1100万迪拉姆（132.50万美元）的学校设备，包括电脑、打印机、体育用品、背包以及自行车等；2012年中国向摩洛哥提供了300套太阳能照明路灯及附属设备来促进偏远地区的新能源发展。

三、技术合作

技术合作是指由中国派遣专家，对已建成成套项目后续生产、运营或维护提供技术指导，就地培训受援国的管理和技术人员；帮助发展中国家为发展生产而进行试种、试养、试制，传授中国农业和传统手工艺技术；帮助发展中国家完成某一项专业考察、勘探、规划、研究、咨询等。中国对摩洛哥的技术合作主要体现在矿产资源开发、农业技术转移方面以及提供具有高性价比的中国制造的农业设备。在地质方面，中国向摩洛哥地质技术人员提供中国自主研发的地图填图软件培训，中国专家向摩洛哥能源、矿产、水和环境部地质调查局分享中国地质调查信息化所取得的成绩、工作动态前沿、技术发展趋势和数据资料利用与服务的信息情况。随后摩洛哥开始采用中国地质调查局发展研究中心自主研发的地质勘查数据处理与分析系统（GeoExpl-International），作为项目数据库管理与应用平台。

在农业方面，中国专家通过农业部国际交流服务中心选派专家常驻摩洛哥的形式，与摩洛哥专家共同研究出一套适于摩洛哥实际情况的水稻栽培技术，并使摩洛哥技术人员掌握水稻生产各环节，

---

① 希沙沃（Chichaoua），摩洛哥中部城市。总人口为15 657人（2014年），是马拉喀什通往大西洋海湾必经之地，经济主要依靠小农业。

包括农田土地的平整、品种的选用、水分的管理、杂草的清除、稻谷的干燥等技术内容。与此同时中国专家还向摩洛哥技术人员和当地学员提供指导与培训。根据中非合作论坛北京峰会和中非合作论坛第四届部长级会议的承诺，中国政府于2008年、2011年派出多名高级农业专家开展农业技术援助工作[①]，完成了对当地技术人员的水稻种植指导与培训，共为摩洛哥培养了900名水稻种植技师。

另外对于发展中国家来说，中国自主研发的农业设备的优越性主要体现在性价比上。例如中国在摩洛哥的水稻种植推广项目中，当地农民驾驶着代表中国先进技术的湖州星光和常州常发牌收割机在稻田纵横驰骋。该机的成本为255迪拉姆（30.72美元）/吨，摩洛哥现用欧美机的成本为455迪拉姆（54.81美元）/吨左右，中国农机还体现出性能优越、操纵灵活、结构紧凑、自动化程度高和节能、低成本的诸多优势。性价比高的农业机械结合技术培训等工作，取得了较好的成果。在中国农业专家的指导下，当地农民在掌握种植技术后增加了收入，使原来不熟悉水稻种植的当地农民认可了这种外来的农业生产活动。

四、人力资源开发合作

人力资源开发合作是指中国通过多双边渠道为发展中国家举办各种形式的政府官员研修、学历学位教育、专业技术培训以及其他人员交流项目。中国与摩洛哥的人力资源开发合作主要体现在留学生互派以及创办孔子学院两方面，也是中国意识形态和价值观传播的重要手段。随着中国的国力不断增强，越来越多的摩洛哥大学生

---

① 《中国摩洛哥两国政府签订关于中国向摩洛哥派遣农业技术专家的换文》，http://ma.mofcom.gov.cn/article/jmxw/201103/20110307452715.shtml。

希望了解中国、学习汉语并到中国高校留学。

中国自1978年开始接受来自摩洛哥的中国政府奖学金学生，到2012年，摩洛哥在华留学生总数已达396名。[①]从2010年起，中国政府向摩洛哥提供每年15个研究生全额奖学金名额，而摩洛哥政府也向中国提供10个研究生奖学金名额。[②]另外为“向全球推进汉语教学、传播中国文化”而设计出来的孔子学院项目也是一种人力资源开发援助项目。其目的是培养能够运用汉语进行交流的不同专业背景的摩洛哥本地人才。

五、援外医疗队

援外医疗队是指中国向受援国派出医务人员团队，并无偿提供部分医疗设备和药物，在受援国进行定点或巡回医疗服务。已经遍布于70多个国家的中国援外医疗队最能突出中国专家为受援国创造的价值。截至2016年年底，中国先后向亚、非、拉、欧和大洋洲的66个国家和地区派遣过援外医疗队，累计派出医疗队员约2.4万人次，诊治患者近2.7亿人次。据统计时至2017年1月，中国向51个国家、地区派有援外医疗队，其中有42个国家在非洲，有1178名医疗队员分布在115个医疗点上。[③]

根据中国国家主席习近平在联合国南南合作圆桌会议上就加强南南合作提出的主张，以及南南合作“6个100”项目，包括建设100

---

① 林峰：《中国高校在摩洛哥联合举行“留学中国”推介》，http://edu.people.com.cn/n/2013/0324/c1053-20893833.html。

② 《中华人民共和国政府和摩洛哥王国政府文化合作协定2010年至2013年执行计划》（2010-06-22），北大法宝法律数据库，法宝引证码CLI.T.7106。

③ 白剑峰：《全球健康治理的“中国标杆”》，http://politics.people.com.cn/big5/n1/2017/0119/c1001-29033879.html。

所医院和诊所的目标[①]，医疗卫生成为摩中合作的重要合作领域。中国派遣援外医疗队也是中国对外援助的重要形式，至今已有53年的历史。中国各个省市都参与了非洲医疗援助行动，而援助摩洛哥的任务被分配给了上海市的医疗队。

六、紧急人道主义援助

紧急人道主义援助是指中国在有关国家和地区遭受各种严重自然灾害或人道主义灾难的情况下，主动或应受灾国要求提供紧急救援物资、现汇或派出救援人员，以减轻灾区人民生命财产损失，帮助受灾国应对灾害造成的困难局面。2012年，中国政府国际人道援助额约2700万美元，虽然只有美国的0.7%[②]，但随着中国的国际地位不断上升，中国在国际人道主义援助领域正扮演越来越重要的角色。例如，2015年4月25日，一场毁灭性的地震袭击了尼泊尔，造成了上万伤亡和巨大的破坏。中国是第一批对这场灾难做出反应的国家。5月12日尼泊尔再次发生7.5级强烈地震，中国政府向尼泊尔提供了三轮援助，截至15日已提供了价值1.4亿元人民币（约合2260万美元）的紧急人道主义物资援助，并派出救援队伍和医疗人员。[③]

中国对于摩洛哥的紧急人道主义援助，也体现在抗震救灾方面。2004年2月24日，摩洛哥北部城市荷赛马[④]发生6.5级地震，造

① 陈赞、王丰丰、孟娜：《习近平在南南合作圆桌会上发表讲话》，http://www.xinhuanet.com/world/2015-09/27/c_1116689451.htm。

② 《国际人道援助排名：美国投入称雄 卢森堡最慷慨》，http://data.163.com/14/0213/22/9L0F1FB300014MTN.html。

③ 石岩：《中国对尼泊尔抗震救灾援助总额达1.4亿元》，http://www.chinanews.com/gn/2015/05-15/7279606.shtml。

④ 荷赛马（El Hoceima），是位于摩洛哥里夫山脉和地中海边上的海滨城市。根据2010年普查，总人口大约为90 000人。胡赛马拥有摩洛哥最漂亮的沙滩之一，因此本地经济主要依靠旅游行业，尤其是暑假期间。除此之外，大约40万本地人移民到欧洲，尤其是荷兰和西班牙每年有大量的资金汇进城市中。

成重大的人员伤亡和经济损失。2月28日，中国用飞机向摩派送价值500万元的紧急援助物资，包括帐篷、发电机、净水和照明设备等。[①]与此同时，中国驻摩洛哥医疗队也赴灾区开展救援工作。

表4-2　中国对摩洛哥援助方式及领域（1999—2014）

序号	援助方式	援助领域
1	成套项目	医疗机构建设、水利工程项目、经济基础设施以及能源工业项目
2	一般物资	小麦、办公用品、学习用品、体育用品、太阳能照明路灯及附属设备
3	技术合作	水稻种植技术培训
4	人力资源开发合作	来华留学生、孔子学院
5	援外医疗队	上海援摩洛哥医疗队
6	紧急人道主义援助	物资及医生派遣

数据来源：作者整理。

第四节　中国援摩洛哥医疗队案例分析

一、上海援摩洛哥医疗队的援外政策依据

1962年，阿尔及利亚获得独立，但随着与原宗主国法国的关系恶化，阿尔及利亚陷入严重的经济和社会问题，并直接影响到医疗领域，于是向全世界发出紧急医疗援助的呼吁。中国虽然刚经历了三年自然灾害，还是积极响应阿尔及利亚的呼吁。从湖北、北京、

① 《我紧急人道主义援助物资运抵摩洛哥》，http://ma.mofcom.gov.cn/article/jmxw/200403/20040300188266.shtml。

上海、天津、湖南、江苏、辽宁、吉林等地抽调了23名优秀医务人员，组成了第一支中国医疗队，赴阿尔及利亚提供医疗援助。

独立后的摩洛哥，医疗卫生条件十分落后。因国家的财力不足，卫生部预算一直未超过3%。1970年总人口1785万的摩洛哥只有1238名医生、45所医院，193家诊所和16 776张病床。[①]医疗机构集中于沿海大城市，而偏远农村地区的居民必须到附近的大城市治病。肺病肆虐、婴幼儿和产妇死亡率极高都成为摩洛哥乡村最大的隐患。[②]加上摩洛哥的政局不稳定，经济面临崩溃，恶劣的医疗状况成为国内社会抗议活动的主题。

20世纪70年代，中国在非洲的援助非常活跃。一方面，中国需要改善其外部环境条件，另一方面作为最大的发展中国家，刚在非洲国家的支持下恢复在联合国的合法席位，需要履行国际主义义务。1975年在摩洛哥政府的请求下，中国政府同意向摩洛哥派遣一支援外医疗队，并委托给上海市负责，医疗队成员由第二医科大学及其附属医院选派。同年3月18日，两国政府签订的《中华人民共和国政府和摩洛哥王国政府关于中国派遣医疗队赴摩洛哥工作的议定书》中规定中方承担医疗队成员在摩洛哥执行任务所需的某些特殊医药制品，以及医疗队人员赴摩洛哥所需的往返旅费、在摩工作期间的工资及伙食费。

改革开放新时期，中国的援外政策发生了较大的变化。其指导方针是中国向受援国提供“力所能及，尽力而为”的援助，受援国也被要求承担部分援助的资金。根据1980年6月签订的《中华人民

---

① Haut commissariat au plan，“Démographie Marocaine: tendances passées et perspectives d'avenir，”，*Centre d'études et de recherches démographiques*，2005.

② Wajih MAAZOUZI，Noureddine FIKRI BENBRAHIM，Radia ATIF，et al，“Système de Santé et Qualité de Vie，”，http://ourahou.e-monsite.com/medias/files/systsantequdeviecorri.pdf.

共和国政府和摩洛哥王国政府关于中国派遣医疗队和医疗专家组赴摩洛哥工作的议定书》[①]，以及1983年5月，摩中两国签署的新一期的《中华人民共和国政府和摩洛哥王国政府关于医疗合作的议定书》[②]，中国医疗队在执行任务期间所需要的设备、器械、药品、医用敷料和化学试剂由摩方供应，针灸必需的用具和特殊药品由中方提供，费用由摩方承担。另外摩方还负责为中国医疗队和专家组人员解决在摩洛哥工作期间的住房（包括必要的家具和卧具）和交通问题。1983年签订的议定书中规定摩方每月向专家和专家组长提供5000迪拉姆（大约600美元）的津贴，向其他成员提供2200迪拉姆（大约265美元）的津贴。第一批上海援摩洛哥医疗队在塞塔特省哈桑二世医院取得的显著成果，在摩洛哥政府的要求下，医疗队迅速扩展到其他偏远地区并设立分队。

1986年，中国改革开放的总设计师邓小平在会见马里总统穆萨·特拉奥雷[③]的时候表明，中国将来发展了，还是把帮助穷朋友摆脱贫困作为自己的任务。[④]进入21世纪，随着中国的国力不断增强，中国援外医疗政策也发生相应的调整，尤其在资助方面，调整回改革开放前全面由中国独自承担的政策。2010年4月27日，中国驻摩洛哥大使许镜湖与摩洛哥卫生大臣雅丝米娜·巴杜（Yasmina

① 《中华人民共和国政府和摩洛哥王国政府关于中国派遣医疗队和医疗专家组赴摩洛哥工作的议定书》（1980-06-05），北大法宝法律数据库，法宝引证码CLI.T.2501。

② 《中华人民共和国政府和摩洛哥王国政府关于医疗合作的议定书》（1983-05-03），北大法宝法律数据库，法宝引证码CLI.T.2670。

③ 穆萨·特拉奥雷（Moussa Traore），马里（Mali）政治家、军人。1936年9月25日出生于马里西部小镇塞贝图（Sébétou）。1960年在法国弗雷瑞斯军官学校（École d'Officiers de Fréjus）学习；1963年获得陆军中尉军衔；1968年马里政局不稳，获得军队大权。1969年特拉奥雷担任总统并一直执政直到1991年因另一个军事政变被迫下台。

④ 《邓小平会见特拉奥雷时说　中国将来发展了仍属于第三世界》，《人民日报》1986年6月22日，第1版。

Badou）[①]分别代表两国政府正式签署《中华人民共和国政府和摩洛哥王国政府关于中国派遣医疗队赴摩洛哥工作的议定书》，议定书规定由中国政府负担中国医疗队轮换的国际旅费以及在摩洛哥工作期间的工资。

2014年，在中国提出"一带一路"合作倡议后，中国领导人屡次提出有关中国援外医疗队在中国对外政策中发挥的重要作用。在中国援外医疗队派遣50周年表彰会上，习近平主席对中国医疗队作为重要的友好外交使者所做出的贡献给予高度评价："大家不畏艰难、无私奉献、救死扶伤、大爱无疆。你们是我们援外工作中的一块金字招牌，而且再次诠释了援外医疗队的精神。"[②]中国国家卫计委国际合作司副司长王立基也强调了中国援外医疗队进入21世纪后依然履行的国际主义使命，指出："我们共同居住在一个'地球村'，医疗卫生事业没有国界。这次援助西非抗击埃博拉疫情，中国尽了一个大国的责任和义务，其实也是在援助我们自己。要站在全球的高度来看待卫生外交。为全人类生活在健康的环境里做出努力，每个国际公民都责无旁贷。"[③]

在管理体系方面，中国国务院授权卫生部作为中国援外医疗队工作的主管部门，由原中国卫生部国际合作司非洲（援助）处负责统筹管理。在受援国的援外工作则主要通过中国驻外使（领）馆经

---

① 雅丝米娜·巴杜（Yasmina Badou），摩洛哥政治家、律师。1962年10月23日出生于拉巴特。1990年在拉巴特穆罕默德五世大学获得法学硕士学位并开始从事律师工作；2002年在社会发展、家庭、团结部担任国务秘书负责家庭、儿童和特殊需求人士；2007年在卡萨布兰卡当选为议员，随后担任卫生部大臣。

② 李媛：《国际医疗援助：中国外交的一块金字招牌——专访国家卫计委国际合作司副司长王立基》，http://www.chinatoday.com.cn/chinese/sz/dskzg/201505/t20150511_800033289.html。

③ 同②。

济商务参赞处负责，主要是对援外项目的一线协调和管理。在当地实行医疗援助的医疗队直接受中国驻摩洛哥大使馆经商处领导，由总队长负责医疗援助任务的具体实施，在不同城市的医疗队设分队长。中国援摩医疗队总部设在拉巴特，场地是一栋独立楼。总部设有会议室，主要用于召开年度会议和季度会议。除此之外，还在一楼设置了宿舍，用来接待医疗队成员，以便从拉巴特转接到各受援地区。

到2019年，上海援摩医疗队的规模达到了8个分队、共计78名队员[①]，其中包括总队长4名，驻扎于首都拉巴特的上海援摩洛哥医疗队总部，其余人员分布在塞塔特[②]、穆罕默迪亚[③]、梅克内斯[④]、塔扎[⑤]、

---

① 陈斌杰：《通讯：轻轻的一个吻——援摩洛哥医疗队促进中摩两国民心互通》，http://www.xinhuanet.com/2019-04/13/c_1124361615.htm。

② 塞塔特（Settat），摩洛哥中部物流枢纽。总人口为142 250人（2014年）。18世纪中叶，因连接北部和马拉喀什的战略地位，阿拉维王朝苏丹·穆莱·伊斯梅尔（Sultan Moulay Ismail）在这里建设古堡来保障商队的安全并任命州长。18世纪开始塞塔特成为摩洛哥中部的重要商业和物流中心并在1912年法国殖民时期继续发挥物流枢纽作用。如今塞塔特除了成为本地区农业的销售平台外，也开始发展轻工业，并设立了大学和多个职业教育学院。

③ 穆罕默迪亚（Mohamedia），古名菲达拉（Fedala），位于卡萨布兰卡和拉巴特之间的工业城市。总人口为208 612人（2014年）。拥有摩洛哥最大的火力发电厂和摩洛哥最大石油港口。11世纪的莫拉彼德王朝（Almoravides）的记载中已经提到菲达拉，但一直到1773年阿拉维王朝苏丹·西迪·穆罕默德·本·阿卜杜拉（Sultan Sidi Mohammed Ben Abdallah）在这里建设古堡，才开始成规模发展。1912年法国殖民当局开始高度重视菲达拉并在此发展基础设施建设。1960年6月25日，菲达拉以穆罕默德五世国王的名字改名为穆罕默迪亚。

④ 梅克内斯（Meknes），摩洛哥古都之一，也是当今摩洛哥农业首都。总人口为632 079人（2014年）。11世纪在莫拉彼德王朝（Almoravides）时期建成。1672年至1727年期间，阿拉维王朝Sultan Moulay Ismaïl（苏丹·穆莱·伊斯梅尔）设立为首都。因所在区域是摩洛哥最肥沃的农业用地，因此农业较发达。每年5月摩洛哥农业部在梅克内斯举行摩洛哥国际农业展（International Agriculture Show in Morocco）。

⑤ 塔扎（Taza），里夫山和阿特拉斯山山口城市。总人口为148 456人（2014年）。10世纪由摩洛哥梅克纳萨（Meknassa）部落建成，其连接西部与东部的战略位置成为历代战争中的必争之地。1141年塔扎成为阿蒙哈德（Almohades）王朝的临时首都；17世纪末，阿拉维王朝穆赖·拉希德（Sultan Moulay Rachid）把塔扎设立为临时王朝后发动了统一全国的行动。如今塔扎的经济主要依靠周围地区的农业和暑假时的旅游业。

舍夫沙万、本格里①、拉希迪耶②、阿加迪尔等8个城市的省级医院。

为了动员更多资源参与到医疗领域援助，中国政府指定每个省、自治区、直辖市负责一个非洲国家的医疗援助任务。例如摩洛哥委托给上海市，山西省负责多哥（Togo）；湖北省负责阿尔及利亚（Algeria）；河北省负责扎伊尔（Zaire）等。援外医疗队作为中国对外援助的方式之一，其支出也是国家财政支出的一部分。援外预算资金由财政部按预决算制统一管理。商务部及国务院其他参与对外援助管理的部门，根据职责分工具体管理本部门的援外资金。各部门结合对外援助任务，坚持量力而行的原则编制年度对外援助项目支出预算，经财政部审核并报请国务院和全国人民代表大会批准后执行。各部门对援外项目资金实行预算控制管理。财政部和国家审计署根据国家有关法律、法规和财务规章制度对主管部门援外支出预算执行情况进行监督检查。③

二、上海援摩洛哥医疗队援助形式

从严格意义上讲，因涉及专家派遣，中国援外医疗队应归属于技术合作援助形式。但因起步早，而且成规模，中国援外医疗队在中国国务院白皮书的分类中被单独归类为“援外医疗队”援助形

---

① 本·格里（Ben Guerir），摩洛哥磷矿石中心。根据2008年普查，总人口为70 294人。自2012年开始，本·格里开始从矿业转变为绿色经济，并致力成为非洲第一座绿色城市。同时穆罕默德六世综合理工大学（Mohammed Ⅵ Polytechnic University）在本地的成立也使本·格里吸引了来自全国的大学生。

② 拉希迪耶（Errachidia），摩洛哥东南部沙漠地区的绿洲。总人口为90 614人（2014年）。拉希迪耶是摩洛哥现今阿拉维王朝的发源地。2006年曾作为巴黎达喀尔拉力赛路线的一部分。经济主要依靠绿洲农业，尤其是椰枣。

③ 《〈中国的对外援助〉白皮书》，http://www.scio.gov.cn/zxbd/nd/2011/document/896471/896471_2.htm。

式。[1]中国卫生部委托各省、自治区和直辖市分别一对一负责向非洲各国提供医疗援助。地方政府在接到任务后需要进行人员选拔，再进行培训，随后派遣到受援国执行援助任务。在不同的历史时期，无论是选拔的标准、培训的内容还是执行任务的团队的组成，都进行了相应的调整。

在医疗队成员选拔方面，第一批上海援摩洛哥医疗队的组建除了要求具备较高的医术水平外，还需要坚持无产阶级政治挂帅。上海市经严格的审查，最终选拔出由张伯根担任队长、12名成员组成的赴摩医疗援助队，分别包括内、外科医生各2名，妇产科、儿科、针灸、麻醉、护士、化验、炊事员、翻译各1名。1975年8月5日至14日，在赴摩洛哥之前，医疗队接受了系统的外事教育学习，内容包括理论教育、参观访问、交流讨论三种形式。

表4–3　第一批中国援助摩洛哥医疗队的赴摩洛哥前培训

培训内容	课程设置
理论教育	毛泽东“五·二〇”声明及毛泽东对外宣传工作的一系列指示、《纪念白求恩》；涉外人员守则和我国对外政策；中共中央（1974）10号、15号文件（毛泽东同布迈丁、尼雷尔、卡翁达的谈话）；1974年全国援外工作会议上领导同志讲话和兄弟省市援外医疗队的典型材料；上海市革委会〔1973〕24号文件（转发市革委会工交组《关于上海赴日轻柴油列解技术考察组不正之风检查处理情况报告》；非洲形势和摩洛哥政治、经济、外交方面情况
参观访问	中共中央一大会址；番瓜弄今昔社会对比阶级教育展览会；黄浦江地下隧道和上钢五厂二车间理论学习小组
交流讨论	通过理论学习和参观访问，结合自身思想与体会展开深入讨论

信息来源：许文颖：《上海援摩洛哥医疗队研究（1975—1985）》，硕士学位论文，华东师范大学人文学院历史系，2011，第28–29页。

① 《〈中国的对外援助〉白皮书》，http://www.scio.gov.cn/zxbd/nd/2011/document/896471/896471_2.htm。

改革开放后，政治面貌虽然仍属于重要的选拔标准，但开始更重视业务的熟练水平。根据2016年国家卫计委办公厅国际合作司发布的《援外医疗队员选拔暂行规定》，医师应当具有全日制本科及以上学历、中级及以上职称和5年以上临床工作经历；医技和护理人员应当具有本专业5年以上临床工作经历。医师和护理人员应当持有相应的执业证书。医务人员应当具有所从事专业的理论基础和临床经验，具备独立开展工作和解决问题的能力。[①]

如今的上海援摩医疗队，既有综合队，又有专业组；既有西医，也有中医。医疗队员则选择年龄原则上不超过55岁、有相当临床经验的中高级职称医务人员，医疗队员在外工作一般为两年一期。而根据上海援摩医疗队汤琦总队长介绍："虽然规定是要有5年以上的工作经历，但实际来摩洛哥的医生基本上具有20年的临床经验，都属于在中国国内水平较高、享受很高待遇的医生。因此他们自愿选择来摩洛哥提供医疗援助的精神值得学习。"在治疗程序上，援外医疗队采取会诊制度，由不同专科的主任医师汇总病人情况，经过共同商议，最终确定治疗方案。

在出国前培训方面，上海援摩医疗队根据中共中央、国务院的对外援助工作的意见，对出国前强化培训的内容进行了调整。培训时间一般持续半年至9个月，采取脱产全封闭、集中教学和小班授课相结合的方式，还邀请已回国的前任队长介绍国外情况和经验教训，并组织外事报告等多种培训形式。经考试考核，成绩合格、表现较好的成员，方可派遣出国。培训的具体内容包括抓好思想教育工作、加强队员业务水平和法语能力培训。

---

① 详见：《国家卫生计生委办公厅关于印发援外医疗队员选拔暂行规定的通知》（2016-08-23）的附件《援外医疗队员选拔暂行规定》，北大法宝法律数据库，法宝引证码CLI.4.279210。

表4–4　改革开放后上海援摩洛哥医疗队出国前强化培训科目设置

培训内容	课程设置
思想教育	党风廉政建设、党建及和谐团队建设、对外政策和外事纪律教育、职业道德教育、中国外交工作方针政策、受援国政治及心理教育等相关内容
业务水平	援外医疗工作规章制度专业技能、药械管理、外事与财务纪律、国家安全与科技保密、国际知识与涉外礼仪、出国注意事项
法语能力培训	委托给上海交通大学医学院，培训内容主要侧重于提高医疗队成员的口语能力，以及增强学习法语的兴趣

信息来源：笔者整理。

在非洲从事了20多年医疗援助工作的龚炳岭表示：“来摩洛哥前，中国医疗队成员必须在上海交通大学医学院经过至少6个月的法语培训。但尽管如此，来到摩洛哥后仍然需要靠每个分队的翻译来与摩方医生和病人沟通。但据介绍，中国医疗队医生们经过6个月到1年的时间，已经基本掌握与会诊相关的术语。”而根据汤琦总队长介绍：“个别好学的中国医生，还能掌握基本的摩洛哥阿拉伯语方言。对于中国医疗队医生，掌握法语和阿拉伯语以及深入了解摩洛哥文化将丰富他们的人生经历并有助于职业生涯发展。”①

在任务执行方面，第一批医疗队执行的任务发生的变化较小。1975年9月，由12人组成的上海市首批援摩洛哥医疗队经北京出境，来到离卡萨布兰卡150公里的塞塔特省哈桑二世医院，开始了为期两年的对外医疗援助工作。哈桑二世医院是塞塔特省唯一一家省级医院，除了负责给外省基层医疗机构的转院病人治病，还承担来自省内的重危、疑难及车祸外伤病人的救治工作。除了日常的看病外，上海援摩医疗队也把中国一些先进的医疗技术和治疗经验传授给摩

① 引自2017年2月9日笔者对中国援摩洛哥医疗队总队长汤琦先生的访谈。

方医务人员。例如，在梅克纳斯穆罕默德五世医院，中国医疗队结合自身的经验，在摩方医生与护士的配合下，建立了一套细致的灼伤和断肢再植手术的查房、手术、门诊、急诊、消毒及隔离等完整的操作制度。截至1985年年底，上海共向摩洛哥梅克内斯派出3支灼伤与断肢再植医疗专家组，共计31人。由专家组负责的灼伤科成为摩洛哥唯一的灼伤治疗中心。而骨科也成为梅克纳斯地区的治疗中心。[①]除此之外，中国医疗队除了在省级医院提供专家团队会诊，还定期到所在区域的山区为本地村民提供义诊，同时结合所在大区卫生厅开展巡诊活动。

近年来，上海援摩医疗队开始在援助方式方面增加一些非常有成效的具有品牌效应的医疗行动。2014年中国卫生计生委面向非洲受援国家推出中国援非“光明行”行动。该行动的内容是组织眼科专家到指定省会为该省的贫穷居民提供免费的白内障复明手术，是一项公益慈善活动。该项活动于2015年在摩洛哥塞塔特哈桑二世医院举办过一次。据活动负责人汤总队长介绍：“目标原来预设为完成100例手术，但因摩洛哥的地理环境和干旱气候，这种病的发病率极高。因此此次的中国援非‘光明行’最后完成了140例手术，在本地产生强烈的正面效应。按照规定，中国援非‘光明行’一个国家只能举办一次，但基于第一次的成功举办，上海援摩医疗队向北京总部申请，获得了2016年再次举办中国援非‘光明行’的许可，得到了包括摩洛哥卫生部、省卫生厅以及百姓的高度认可。第二次中国援非‘光明行’在白内障发病率极高的塔扎（Taza）举行，并完

① 许文颖：《上海援摩洛哥医疗队研究（1975—1985）》，硕士学位论文，华东师范大学人文学院历史系，2011，第35页。

成203例手术。在中国援非‘光明行’结束后，中国医疗队将医疗器械和药物赠送给本地医生以便加强本地医院完成类似手术的能力。”①

三、上海援摩洛哥医疗队对摩洛哥医疗领域援助产生的影响

中国援摩医疗队最初的目标，是通过传授先进的医术为摩洛哥偏远农村地区培养专业医护人员，以此来解决一直缺乏的医疗医护人才的问题，促进摩洛哥偏远地区医疗的可持续发展。在中国医疗队来到摩洛哥前，已经有包括法国、西班牙、罗马尼亚等国家的医生志愿者在摩洛哥各大医院提供医疗援助。摩洛哥的城镇医生数量和医术水平的差距非常大，因此中国医疗队为了发挥其国际义务援助作用，经过与摩洛哥卫生部的协商，选择了为被摩洛哥百姓形容为“被政府遗忘的城市”的经济落后地区省份提供援助，并在受援省份的省级公共医院设基地为全省居民提供免费医疗服务。经过40多年的医疗援助服务，上海援摩医疗队给一起共事的摩洛哥同事及本地居民留下了深刻印象。

在梅克纳斯与中国医疗队医生们一起工作的摩洛哥护士表示：“中国医生为四肢腐烂的糖尿病患者提供体贴的服务，每天亲自换药。而如果中国医生外出或放假，摩洛哥医生则无人愿意完成这些工作。”来自塔扎的实习医生木尼尔（Mounir）认为：“中国医生会传授不同病理的特征及治疗方法，并对比中国与摩洛哥在诊断和治疗上的差别所在，耐心带好摩洛哥本地医生和护士。”他再补充：“跟中国医生学到了很多新的知识，希望有机会到中国的医院

① 引自2017年2月9日笔者对中国援摩洛哥医疗队总队长汤琦先生的访谈。

实习，也希望中国医疗队能增加相应的教学内容。”木尼尔的同事飒益达（Saida）描述了她刚刚进入医院学习的感受：“其实我刚毕业，实操经验很有限，但经过与中国医生的两年学习，基本掌握了所有的专业实操技能。中国医生也赞扬我现已具备在中国大型医院工作的条件了。”[①]

另外，来自摩洛哥南部沙漠延吉尔[②]绿洲的穆罕默德·本·巴拉卡曾经来到省会拉希迪耶中国医疗队所在地接受中国医生的治疗。他高度称赞中国医生尊重当地人的风俗，并提供了与本地医生相比更好的医疗服务，而且预约很方便。还有在比较分析了中国医疗队的医生和摩洛哥本土医生的事业发展观后，阿米得（Ahmed）评论称：“摩洛哥医生在大学毕业后把就职目标定在私营诊所，因为那里的收入比较高，而忽略了助人美德的学医初衷。中国医疗队以志愿者身份从遥远的中国来到摩洛哥，为贫困百姓提供专业的医疗服务，体现了援助的理想主义精神。”来自摩洛哥中部塔扎的亚信认为，驻当地的中国医生很热情，哪怕节假期间或夜晚，如果本地人到他们家就诊，也很乐意帮助。伊尔哈姆（Ilham）表示在她的母亲严重骨折后，摩洛哥医生担心病情加重不敢进行全身麻醉，而中国女医生则果断采用准确的麻醉处理方式，最后她的母亲顺利完成手术并脱离危险。”来自东南部地区拉希迪耶的乐侯（Lhlou）看到中国女医生为他的妻子进行抢救，顺利完成双胞胎剖宫产，对中国医生的专业与体贴表示十分感激。乐侯介绍道：“当时情况十分

---

① 引自2017年5月27日笔者对Mounir和Saida在医疗巡诊中进行的访谈。

② 延吉尔（Tinghir），摩洛哥大阿特拉斯山脉的绿洲城市，总人口为42 044人（2014年），经济主要依靠绿洲农业和旅游，其托德拉峡谷（Todgha Gorge）是世界闻名的旅游风景区。

紧急，值班的摩洛哥医生不熟悉具体的应对措施，而中国的女医生则很冷静地带上摩洛哥医生和护士完成了难产手术。”

另外，在摩洛哥家庭中广泛流传这样一句话：“如果得了西药治不了的疾病，比如关节疼痛、慢性溃疡、偏头疼、脑血栓等慢性疾病，那么你需要到中国医疗队尝试中医的治疗，而且成本很低。”根据时任中国驻摩洛哥大使孙树忠介绍，如今，因摩洛哥人民饱含对中医的热忱，摩中正在筹备推出非洲第一所中医药医院来满足老百姓对中医日益增长的需求。

但上海援摩医疗队在摩洛哥执行任务时也在文化适应、饮食、家属关系以及工作方面遇到了较难克服的问题。在文化适应方面，上海援摩医疗队提供医疗服务的地区，基本为规模小、经济落后、离大城市远、住房条件简陋、气候严酷的地区。除了靠近卡萨布兰卡的穆罕默迪亚为港口城市外，其他城市均为偏远沙漠或山区。这些地区的生活环境，对于摩洛哥大城市居民来说都难以适应，而对于来自国际化大都市上海的医疗队成员来说就是更大的挑战了。除了生活条件的艰苦外，语言障碍也加大了文化适应的难度。摩洛哥官方语言为标准阿拉伯语和法语，但在偏远地区，文盲率较高，当地人的交流以本地阿拉伯语和阿玛泽哥语[①]为主，对于接受过短暂法语培训的中国医疗队成员而言是巨大的挑战。即便医疗队配备了一名中法翻译，也是无法满足全队成员在生活、工作和协作等方面交流的需求。

据医疗队总队部总队长汤琦介绍，为了照顾中国医疗队成员生

① 阿玛泽哥（Amazigh）语，属于亚非语系的分支，是北非以及部分撒哈拉以南国家的原始居民使用的语言。目前大约有4000万人在使用。对于阿玛泽哥语的来源，目前学者持有不同的观点，尤其是古埃及和乍得语来源说。

活，解决饮食习惯问题，允许医疗队成员从海关进口价值600美元（大约5940迪拉姆）的中国食品，包括在摩洛哥买不到的大米、榨菜、酱油等中国菜必备调料。汤琦总队长还补充：“中国医生因居住在受援医院内，医院摩方院长允许他们利用医院内和周围空置地皮来种各种蔬菜。这些蔬菜是中国菜独有的，摩洛哥饮食内并不常用，例如大白菜、韭菜等。种植丰收后，中国医生还会邀请摩方医生和护士来尝试中国菜，尤其当遇到中国传统节日，如春节。而摩洛哥同事每遇到摩洛哥传统节日，也会邀请中国医疗队成员到家做客，体验摩洛哥传统过节氛围。”据汤队长介绍，这种基于两个历史悠久国家的传统文化交流增强了中国医疗队成员和摩洛哥同事的关系，包括日常工作的沟通。因此，在回中国后将把摩洛哥传统文化学习纳入上海医疗队新成员来摩洛哥前的重要培训科目。[①]

另外身处异国他乡的援外医疗队成员，大多数已成家，在摩洛哥的两年援外工作期间，基本无法照顾家庭。有的撇下刚刚出生的孩子，有的家里老人生病或去世都无法回去，只能打个电话寄托感情。这种远离家庭的状态也给医疗队成员增加了心理上的负担。汤琦总队长特别指出：“中国医疗队的宗旨是‘大爱无疆、无私奉献’，医生们来到摩洛哥后，唯一的私人收获是丰富人生的经历。大多数医生年过40，在中国有自己的家庭。而中国医疗队的请假规定极其严格，许多中国医疗队成员，遇到家中喜事或丧事都无法回国，这种困难最难克服。因此中国医疗队总部也负责向分布到各个地区的医疗队成员提供适当的心理辅导。”

而上海援摩医疗队在工作中遇到的突出问题，可以说是在物

① 引自2017年2月9日笔者对中国援摩洛哥医疗队总队长汤琦先生的访谈。

质资源极其匮乏的条件下承担起繁重的医疗任务。摩洛哥公立医院普遍缺乏先进医疗设备和药械使医疗队的任务更加艰难。首先，因这些省级医院是所在地区唯一的综合性医院，需要承担救治所在地区的急诊、重危病人以及来自各个村的诊疗所和医疗中心的转院病人。其次，因地理环境复杂、公路网络不发达，上海援摩医疗队所在地区交通事故频发，加上因乡村地区的卫生条件落后，当地村民缺乏预防知识使传染病较多。另外，摩方医生每逢假期或周末都会休假。因此上海援摩医疗队成员始终在较高压力下进行抢救和提供治疗。

正如上文所示，上海援摩医疗队的援助形式在不断进行调整，以便符合中国的援外政策。汤琦总队长这样描述援摩医疗队的未来发展战略："一、为了达到'授人以渔'的目的，中国将在现医疗队援助形式的基础上，增加邀请摩洛哥医生赴中国接受短期进修的形式，来快速提高他们的实操经验。二、为了培养摩洛哥医疗科研人员，提高摩洛哥的整体医疗研究水平，上海交通大学医学院、新华医院与梅克内斯穆罕默德五世医院即将开展密切的中摩医疗专家科研合作等项目。三、中国'光明行'成功举办后，中国医疗队了解到摩洛哥偏远地区对眼科的极高需求，将在今后争取每年举办一次该行动。除了'中国光明行'，中国医疗队也已经在积极参与摩洛哥卫生部举办的类似能够解决农民实际问题的巡诊活动，而巡诊活动也提供了中国医生向偏远地区医生和护士传授医术的机会。四、以往上海援摩医疗队的药械经费由中国政府和上海政府提供，大约250万元人民币（约2476.104万迪拉姆），今后将逐渐加大这方面的投入力度。五、加大中医援助内容，目前中医治疗仅设在穆罕默迪亚小栋别墅内，而其他城市只有三个分队配备了中医医生，无法满足每天从摩洛哥各地来看中医的病人，因此正在计划扩大中医诊所的面积。六、摩洛哥具有丰富的药材资源，土地也很适合种植中药材，尤其是摩洛哥的藏红花在西方很有名气，不逊色于中国西藏的藏红花，中国医疗队回国前会购买一些带回中国。因此在'一带一路'合作倡议背景下，希望达成两国企业这方面的投资合作，以此通过在摩洛哥种植中药材并销往中国庞大的市场，带动摩洛哥的经济发展。这样中国医疗队不仅帮助摩洛哥改善医疗状况，还积极参与中摩其他领域的合作。"

尽管限制性条件众多，上海援摩医疗队在文化适应、生活和工作等各方面采取的应对措施依然取得了显著的成果，给摩洛哥人民留下了深刻的印象。上海援摩医疗队在文化适应和工作适应等多重困难环境下，依然全心全意投入到医疗援助工作中。中国医疗队在摩洛哥取得的优异成绩，以及这种无条件的援助，引起摩洛哥一些传统合作伙伴对中国的排斥与怀疑。1979年，欧洲一名记者挑衅性地向摩洛哥国王哈桑二世问起关于中国医疗队在摩洛哥的政治角色时，哈桑二世巧妙地称赞道："中国医生是有教养的，他们的工作是无可指责的。"可见中国医疗队的表现也获得摩洛哥最高层领导人的高度认可。

综上所述，中国对非洲援助政策在不同的历史时期均发生相应的调整。但从援助的政策、管理体系、领域和形式可以看出中国已经拥有具有中国特色的对外援助体系。

第一，援助政策方面，中国在1964年提出的《对外经济技术援助的八项原则》和1983年提出的《中非经济技术合作四项原则》，奠定了中国与非洲国家平等相待、共同发展的基本原则。而在此后不同的时期，中国虽然对援外政策反复进行调整与改革，但一直延续上述基本原则。改革开放后，中国需要满足其快速发展的经济对天然资源的依赖，中国看好了拥有12亿人口的庞大的非洲市场，因此继续向非洲提供所需要的基础设施建设和生产能力提升援助，作为获取天然资源和扩展市场的条件。

第二，援助管理体系方面，经过半个世纪以来的探索与调整，自20世纪90年代开始，由中央和地方政府、银行和企业组成的具有中国特色的对外援助管理体系形成，该体系有效提升了中国对外援助工作的评估。

第三，对摩洛哥的援助领域方面，新中国成立后，把通过自力更生获得的农业、工业和医疗技术成果与摩洛哥分享，主要通过派遣专家、赠送设备或销售低成本生产元素的形式进行。这种形式一直未间断，直到中国20世纪90年代末开始向非洲国家提供优惠贷款，摩洛哥也从与中国加强生产性合作中受益。2011年阿拉伯之春爆发后，摩洛哥亟须发展经济基础设施和实现工业现代化，中国进一步加强对摩洛哥的基础设施优惠贷款，尤其是高速公路、桥梁和铁道建设方面的援助。

第四，援助形式方面，早期的中国对非洲援助形式高度重视，通过派遣专家，达到知识和技术转移的目标，成为中国有别于西方国家的核心竞争力。而在改革开放时期中国对摩洛哥的援助呈现多元化特征，具体包括成套援助项目、一般物资援助、技术合作、人力资源开发合作、援外医疗队、紧急人道主义援助等6种援助形式。

第五，自1975年开始，上海援摩洛哥医疗队为摩洛哥提供的医疗援助，已经成为中国对摩洛哥援助的范例。众所周知，任何国家的医疗领域都无法仅仅依靠援助来获得持续发展，而是需要包括医疗制度改革、财政预算的增加、医护人员的培养等综合因素的支持。中国医疗队的援助虽然范围有限，但有效地弥补了摩洛哥亟待解决的医疗专家数量不足的问题。摩洛哥卫生部为吸引高水平医生，以往采取了一系列的措施，但因生活条件艰苦，均未能成功吸引他们在农村落地工作。而中国医疗队的一流专家来到摩洛哥后，既在偏远地区提供了援助，又培养了当地的医生和医护人员。中国医疗队为摩洛哥偏远地区提升的医疗成就，得到了国际卫生组织和摩洛哥政府的高度赞誉，也使中国政府在医疗援助方面增加了更多培育性内容，包括邀请摩洛哥医生来中国医院短期进修、摩中医学高校开展科研合作以及增加摩洛哥医学专业来华留学生奖学金。上海援摩医疗队至今仍然遵循此原则在摩开展工作。

第五章

“一带一路”合作倡议背景下的摩中合作现状

2013年起，中国决定振兴古代丝绸之路的倡议成为世界各国高度关注的议题。资助“一带一路”沿线国家和地区的重大基础设施项目建设是“一带一路”合作倡议的重要内容。为了解析“一带一路”合作倡议的产生背景，需要先对中国在改革开放初期是如何吸收和利用国际资本的做出分析，再对后金融危机阶段全球经济形势的变化进行判断，这样才能理解中国为何会发起“一带一路”合作倡议。该倡议发起后，摩洛哥积极响应。2016年穆罕默德六世国王访华给摩中关系注入了新的活力。“一带一路”合作倡议与中非合作论坛均拓展了摩中合作的制度性平台。这些动态直接影响摩中经贸与投资的发展以及文化交流的深入。

第一节　“一带一路”合作倡议的产生背景

一、吸收外资、优化利用

从中国改革开放的历史中，可以梳理出中国政府在吸收外资并加以优化利用方面的脉络，从中也就可以找到隐藏其间的政策逻辑。

1978年12月召开的十一届三中全会，开启了中国改革开放的历史新时期。[①]中国政府开始认真研究关于如何积极吸收外国资金与技术来加速本国经济发展的方针，此后，陆续颁布了有关外商直接投资（Foreign Direct Investment–FDI）和外国政府、组织及民间贷款的相关法律和鼓励政策。20世纪80年代，中国政府一方面通过吸收外资增加国家财政收入从而扩大了政府经济和社会建设的投资力度；另一方面引进先进的技术和管理经验来促进产业结构调整和弥补中国企业的不足。到1991年，引进外资规模不断扩大，还带动了劳动就业，成为中国国民经济的重要组成部分，对中国的国民经济腾飞起到了重要的作用。但中国很快就意识到利用外资也存在一些问题，包括如果高度依赖外资会阻碍自主原创技术的研发，外资的产业分布和地区分布不合理会影响国家的产业基础，以及为了吸引外资所提供的优惠政策会妨碍市场公平竞争的运行机制等。因此中国政府通过不断调整相关政策来吸引更符合现实情况的高质量外资。例如1986年后，在总结外商直接投资的产业分布后，为了创造技术转移的条件，政府开始将投资引向生产性项目。[②]

20世纪90年代是中国改革开放的加速阶段。1992年中国政府明确提出实行社会主义市场经济体制的大方向[③]，1992年10月中国共产党第十四次全国代表大会明确了中国建立社会主义市场经济体制的目标。中国政府不断推出有利于为外商投资创造良好经济环境的有力政策，以外商直接投资为形式的投资规模急剧扩张。1992年至

---

① 《中国共产党第十一届中央委员会第三次全体会议公报》，《人民日报》1978年12月24日，第1版。

② 《改革开放后利用外资的起步阶段（十一届三中全会到邓小平南巡讲话）》，http://history.mofcom.gov.cn/?specialthree=ggkfhlywzdqbjd。

③ 《江泽民在中国共产党第十四次全国代表大会上的报告》，http://www.gov.cn/test/2007-08/29/content_730511.htm。

2001年，全国新设外商投资企业逾347522万家，累计合同外资金额6927亿美元，实际使用外资金额3702亿美元。从外资的质量来看，截至2001年，世界500强中有400家已经在中国开展了一批先进技术项目并设立了研发中心。中国企业也开始尝试在海外获得国际资本来增强中国的国力，如华晨中国汽车控股有限公司、青岛啤酒、上海石化、马钢、东方航空、中旅等陆续在海外上市。外资的大量涌入加大了中国出口规模，带动了高新技术产业的发展，推动了中国相关工业技术的进步并加快了中国产业结构和产品结构的调整步伐。外资绩效尽管很突出，但中国政府依然坚持追求合理利用外资的方针。政府总结了若干问题，包括中外合资因双方存在的分歧使交易成本增高；投资来源以华侨为主，西方国家投资仍相对较少；外资因集中在东部地区使东西部经济水平差距以及城乡各群体之间的收入差距不断加剧；产业结构不合理等问题。[①]

中国作为世界上人口最多的国家，疆域辽阔，不同区域的经济发展存在不均衡的情况，因此改革开放也遵循了循序渐进、相互带动的策略来逐步实施，最终获得了整体上稳步推进的效果。中国积累了20年的国际合作经验，到2000年，已经具备了加入世界贸易组织的条件。中国加入世界贸易组织意味着中国将遵照国际规则来扩大对外开放。按照与世界贸易组织的谈判结果，中国不断向国际企业开放本土市场，简化外资准入程序，内外资企业的适用政策也逐步趋向一致。在外资引进方面，中国凭借所积累的竞争优势对所吸引的外资质量加以优化。这一时期，外资发挥了促进创新、产业升

---

① 《1992年以后利用外资的发展与突破阶段（从南巡讲话到加入WTO）》，http://history.mofcom.gov.cn/?specialthree=lywzdfzytpjd。

级以及实现区域协调发展的作用。中国的石油和电信国有企业通过在海外上市更好地与国际接轨，掀起了中国企业利用国际资本的热潮。除了不断优化利用外资外，中国政府向希望"走出去"的中国各种所有制企业提供支持，通过开展境外投资和对外承包工程劳务合作推动中国国民经济的发展。[①]

二、对内拉动内需、对外建立新的区域多边合作机制

2008年全球爆发的金融危机使中国政府意识到国际资本存在的不稳定因素，并会对国内经济的平稳较快增长产生不利影响。金融危机爆发初期，中国政府迅速反应，决定通过采取多种措施来全面拉动内需，以此来缓冲国际市场的不稳定。拥有接近世界五分之一的人口和960万平方公里的陆地面积，使中国政府有信心通过调整产业结构、优化发展环境、提升发展水平、注重可持续发展等改革措施促进中国国内不同区域的均衡发展。2008年11月5日，国务院公布了中国到2010年将动用4万亿元来实施10项拉动内需的措施，具体包括：1）加快建设保障性安居工程；2）加快农村基础设施建设；3）加快铁路、公路和机场等重大基础设施建设；4）加快医疗卫生、文化教育事业发展；5）加强生态环境建设；6）加快自主创新和结构调整；7）加快地震灾区灾后重建各项工作；8）提高城乡居民收入；9）在全国所有地区、所有行业全面实施增值税转型改革，鼓励企业技术改造，减轻企业负担1200亿元；10）加大金融对经济增长的支持力度。[②]10

---

① 《利用外资进一步深入发展阶段（加入世贸－　）》，http://history.mofcom.gov.cn/?specialthree=lywzjybsrfzjd。

② 《国家出台扩大内需十项措施 总投资约需4万亿元》，http://www.china.com.cn/economic/txt/2008-11/10/content_16741344.htm。

项措施，从确保民生、加快基础设施建设、优化产业结构、可持续发展、生态建设等方面进行了系统全面的考虑。2008年金融危机以后，中国政府不断公布新的措施来进一步释放居民消费潜力，特别是针对农村居民和城市低收入消费者，以此来扩大内需。

中国有惊无险度过了金融危机，向全球呈现出其冷静和成熟的一面。然而，金融危机引发了全球经济衰退，失业率持续居高不下，私人消费开支也相应缩减。当中国政府采取扩大内需来应对危机时，美国奥巴马政府和国会则选择以扩大出口带动就业增长，最终实现经济复苏。美国通过呼吁实行包括劳工和环境标准、伙伴国家货币汇率水平等美国设定的公平贸易原则来获得贸易伙伴国的准入。对于违反这些原则的国家，则通过美国国会设立有关实施倾销和反补贴以及征收与此相对应的惩罚性关税的法律。这些措施使美国从20世纪80年代初一直倡导政府不干预经济的自由贸易，转变为以确保公平贸易为由来促进出口和限制伙伴国家的进口的政府干预经济政策。中国的快速崛起使中国成为美国贸易保护制衡的重点。

2009年开始，美国贸易保护主义措施更加显著，包括限制一些来自中国的进口产品，加强与中国周边地区的东亚国家签署双边与区域贸易协议以及为了减少贸易逆差不断向中国施压要求人民币升值。在进口设限方面，最具代表性的是中美轮胎特保案。经美国国际贸易委员会提出建议，美国总统奥巴马于2009年9月11日决定，对从中国进口的所有小轿车和轻型卡车轮胎实施为期三年的限制关税。对从中国进口轮胎实施的惩罚性关税税率第一年为35%。这一案件成为美国对中国贸易政策的风向标。在东亚国家合作方面，为了促进美国商品向亚洲的出口，美国政府与韩国、东盟国家、澳大利亚等中国周边国家签署若干的贸易合作协议。其内容主要突出知识版权、劳工和环境标准。最后，在中国货币政策方面，为了缩小美国和中国双边贸易产生的贸易逆差，美国政府除了在一定的范围内让美元贬值，还不断向中国施压要求进行人民币升值的汇率改革，以此来拉动美国产品向中国的出口和抑制进口。[①]

显而易见，在后金融危机时代，美国以维护本国产业的市场份额之名，选择实行各种性质的贸易保护主义。美国的保护主义趋势很快就蔓延到其他国家。发达国家设限的产业领域主要集中于中国战略性新兴产业商品，尤其是钢铁产品。而新兴经济体设限的产品主要是以与本国生产的产品出现直接竞争的劳动密集型产品。2013年，共19个国家和地区向中国发起了92起贸易救济调查（Trade Remedy Investigation），涉案金额36.19亿美元。[②]2014年，共有22个国家和地区向中国发起97起贸易救济调查，涉案金额104.9亿美元。[③]中国产品遭遇的贸易限制措施直接影响中国商品出口的稳定增长。

面临新的不利局面，中国并没有选择迟疑观望，而是充满智慧地提出宏大的解决方案，决定与古代丝绸之路的沿线国家启动全面的合作倡议。"一带一路"合作倡议就此诞生了。2008年的金融危机使中国更加重视扩大内需的战略意义，而全球保护主义的蔓延以及针对中国产品的设限，使中国尝试联合伙伴国家，通过提出"一带一路"合作倡议来促进全球经济的重新振作。

2013年9月，习近平主席在哈萨克斯坦斯坦纳扎尔巴耶夫大学

---

① 张丽娟：《金融危机以来美国贸易政策的回顾与展望》，《国际贸易问题》，2011年第6期，第35–46页。

② 赵丽娜、孙宁宁：《新贸易保护主义对中国出口贸易的影响及对策研究》，《理论学刊》，2014年第11期，第65页。

③ 彭金美：《去年对华贸易救济调查97起　涉案金额104.9亿美元》，http://world.people.com.cn/n/2015/0130/c157278-26482327.html。

发表重要演讲，第一次提出中国愿意与欧亚各国建设“丝绸之路经济带”的区域合作新兴概念[1]；同年10月，在印度尼西亚国会发表重要演讲时又进一步提出中国愿意与东盟国家共同建设21世纪“海上丝绸之路”[2]。“一带一路”合作倡议由此形成。[3]古代陆上丝绸之路起源于西汉时期中国著名外交家、旅行家张骞出使西域开辟的以长安（今西安）为起点的连接中国与中亚、西亚、欧洲和非洲各国的重要古代通道。丝绸之路对所有沿线国家产生了深刻的影响，因此当习近平主席借鉴历史贸易通道来为全球经济现状提出解决方案时，很快就获得了“一带一路”沿线国家的积极响应。中国政府于2015年2月在北京举行推进“一带一路”建设工作会议，“一带一路”建设工作领导小组成员亮相，随后由国务院副总理张高丽担任小组组长[4]。相关部门也规划和部署了配套的工作机制，形成了一套有效的支撑保障体系。

简而言之，“一带一路”合作倡议是中国为了应对全球经济失衡而联合合作国家推出的新的区域合作机制。中国凭借40年改革开放所积累的经验与雄厚资本，为参与培育该倡议的成员国改善其基础设施和增强其生产能力从而实现经济发展的目标。为了给这一目标战略支撑，经与亚洲合作国家磋商后，中国牵头成立新的银行和基金来完善“一带一路”资金配套机制。

中国自改革开放以来在众多领域有了飞跃式的发展，尤其在基

① 《弘扬人民友谊 共创美好未来》，《人民日报》2013年9月8日，第3版。

② 《携手建设中国—东盟命运共同体》，《人民日报》2013年10月4日，第2版。

③ 《“一带一路”国际经济合作倡议的提出》，http://history.mofcom.gov.cn/?special=2ydylzldtc。

④ 《一带一路领导班子“一正四副”名单首曝光》，https://finance.huanqiu.com/article/9CaKrnJJAQg。

础设施建设方面取得了史无前例的成就。2013年10月2日，习近平主席在印度尼西亚访问时提出筹建亚洲基础设施投资银行的倡议。该银行的宗旨是为了促进亚洲地区互联互通建设和经济一体化进程，愿向包括东盟国家在内的本地区发展中国家基础设施建设提供资金支持。[①]2014年10月24日，包括中国、印度、新加坡等在内的21个首批意向创始成员国的财长和授权代表在北京签约，共同决定成立亚洲区域新多边开发机构"亚洲基础设施投资银行"（简称"亚投行"，AIIB）。[②]2015年3月，英国宣布其愿意成为亚投行的意向创始成员国，成为第一个报名的欧洲发达国家。随后，法国、德国、意大利也确认了加入亚投行的意愿。[③]经过两年的筹备工作，2016年1月16日至18日亚洲基础设施投资银行开业仪式暨理事会和董事会成立大会在北京举行。[④]中国财政部部长楼继伟被选举为首届理事会主席[⑤]，首任行长是金立群[⑥]。截至2018年12月，亚投行已展开24个基础设施投资项目，项目贷款总额42亿美元，主要涉及能源、交通、城市设施等。[⑦]2018年12月19日摩洛哥正式加入亚投资

---

① 杜尚泽、刘慧：《中国印尼关系提升为全面战略伙伴关系》，《人民日报》2013年10月3日，第1版。

② 韩洁、何雨欣：《21国在京签约决定成立亚洲基础设施投资银行》，http://world.people.com.cn/GB/n/2014/1024/c1002-25903205.html。

③ 《法国德国意大利宣布加入亚投行》，http://www.xinhuanet.com//world/2015-03/18/c_127591748.htm。

④ 郝亚琳、韩洁亚：《投行开业仪式今天举行　习近平将出席并致辞》，http://www.xinhuanet.com//politics/2016-01/16/c_1117794312.htm。

⑤ 吴秋余：《携手助力亚洲互联互通》，《人民日报》2016年1月18日，第10版。

⑥ 李伟红：《习近平出席亚洲基础设施投资银行开业仪式并致辞》，《人民日报》2016年1月17日，第1版。

⑦ 和佳：《亚投行这两年：重塑全球经济治理体系　为新兴经济体代言》，http://www.21jingji.com/2018/1-16/yMMDEzODBfMTQyMzUyMA_3.html。

行。[①]2019年亚投行的目标是进行价值约40亿美元的项目投资[②]，截至当年7月，亚投行成员总数达到100个。[③]

与亚投行筹备同步进行的还有专门服务于“一带一路”营运资金的“丝路基金”的筹备工作。2014年11月，习近平主席在“加强互联互通伙伴关系”东道主伙伴对话会上宣布，中国将出资400亿美元成立丝路基金。[④]2017年5月14日，习近平主席在“一带一路”国际合作高峰论坛开幕式时宣布中国将向丝路基金新增资金1000亿元人民币，鼓励金融机构开展人民币海外基金业务，规模预计约3000亿元人民币。[⑤]截至2018年8月底，丝路基金已签约投资项目25个，承诺投资金额超过82亿美元和26亿元人民币，实际出资金额超过68亿美元，涉及基础设施、能源资源、产能合作、金融合作等多个投资领域。[⑥]

中国通过“一带一路”合作倡议希望改善日益恶化的全球自由贸易和投资环境，而对于加入“一带一路”合作倡议的成员国，无疑是看好了中国强大的综合国力可以带动本国机遇的发展。拥有充足资金的中国，可以协助“一带一路”成员国中的发展中国家，在不附加政治条件的情况下吸收中国资本。而中国在外资利用方面所

---

① 郁琼源：《亚投行成员扩至93个继续欢迎新成员》，http://www.xinhuanet.com/2018-12/19/c_1123876984.htm。

② 《亚投行行长金立群：今年将保持审慎重点投资亚洲项目》，http://finance.sina.com.cn/world/gjcj/2019-02-12/doc-ihqfskcp4475607.shtml。

③ 沈忠浩、潘革平：《亚投行成员增至100个》，http://www.xinhuanet.com/world/2019-07/13/c_1124749690.htm。

④ 《联通引领发展 伙伴聚焦合作》，《人民日报》2014年11月9日，第2版。

⑤ 朱竞若、杜尚泽、裴广江：《习近平出席“一带一路”国际合作高峰论坛开幕式并发表主旨演讲》，《人民日报》2017年5月15日，第1版。

⑥ 《丝路基金董事长：以供需再平衡为目标开展金融合作》，https://finance.sina.com.cn/money/bank/bank_hydt/2018-11-02/doc-ihmutuea6364015.shtml。

积累的珍贵经验——即吸收而不依赖，积极利用发展本土产业——可以成为其他发展中国家的借鉴与参考。与此同时，中国资本“走出去”也有利于提升中国企业在境内外利用资本的效率；另外，中国也向成员国积极开放具有14亿人口规模的庞大市场，无疑对成员国有较大的吸引力。

第二节　摩中政治合作加速期

一、国王访华掀开摩中关系新的一页

到2014年，经过50多年的合作，摩中建立了互相尊重的政治合作关系。经贸与文化领域的合作机制也经过反复调适已经具备双边关系升级的条件。在中国发起“一带一路”合作倡议后，摩洛哥在非洲和阿拉伯世界中属于较早响应的国家。摩洛哥驻华大使贾法尔·哈基姆（Jaafar Hakim Alej）也自2014年开始积极参与有关该倡议的外交活动，他认为：“建设‘一带一路’是对过去丝绸之路的延续，是将历史与现实联系起来的极具智慧的构想。摩洛哥非常希望参与到这一构想的践行中来，期待与中国进行更好更深入的合作，把双方交流提升到更高水平。”①

2014年11月28日，由摩洛哥外交与合作部同摩洛哥企业联合总会（CGEM）在北京共同举办的第一届“中国-摩洛哥经济论坛”成

① 蒋洁、李腾：《摩中关系发展前景广阔——访摩洛哥驻华大使贾法尔·哈基姆》，http://www.xinhuanet.com//world/2014-11/04/c_1113109348.htm。

为中国发起“一带一路”合作倡议后的系列双边深化合作的活动。摩洛哥派遣了包括8位大臣和近100名国家要员及企业家代表的高规格代表团参加了本次论坛。这是摩中历史上非国家首脑访问规模最大的代表团。摩方代表团向出席的200余名中国企业家代表介绍摩洛哥的投资环境以及在农业、工业、旅游业、能源与矿业、基础设施与后勤保障等领域存在的投资商机。摩中政府、企业、银行还签署了有关银行业、能源、矿业、基础设施、工业、旅游业、公共工程、物流、农业等领域的30项合作协议，其中银行业的协议占据首位。[①]

经济论坛后，摩中政府和企业代表团频繁互访。两国媒体都对摩中合作加速的现象给予了高度关注。2016年5月11日至12日，应习近平主席的邀请，摩洛哥穆罕默德六世国王对中国进行国事访问。这是穆罕默德六世国王继1991年11月以王储身份和2002年2月以国王身份后第三次正式访问中国。11日当天，穆罕默德六世国王与习近平主席在人民大会堂举行会谈。

摩洛哥因为没有石油资源，因此独立以来一直追求建设一个包括农业、工业和旅游业在内的多元化的经济结构。穆罕默德六世国王通过种种全国性计划进一步强化了这个导向。在会谈中，习近平主席欢迎摩洛哥继续积极参与中非和中阿合作。同时，习近平主席强调，中方愿意积极参与摩方工业振兴计划，鼓励有实力的中方企业参与摩洛哥大型基础设施项目建设，深化在磷酸盐、渔业、医疗卫生、信息通信等传统领域以及电子、装备制造、航空航天、清洁能源利用等新兴领域务实合作。穆罕默德六世国王对摩中合作表示

---

① 严玉洁：《“中国-摩洛哥经济论坛”举办 摩洛哥欢迎中方投资》，http://world.chinadaily.com.cn/2014-11/28/content_18994772.htm。

信心十足，摩洛哥愿意成为中国在非洲大陆和阿拉伯世界的重要合作伙伴。

会谈后，两国元首共同签署了《中华人民共和国和摩洛哥王国关于建立两国战略伙伴关系的联合声明》，并见证了司法、经贸、能矿、金融、文化、旅游、食品安全等领域双边合作文件的签署①，摩中关系揭开了新篇章。

两国元首签署的《中华人民共和国和摩洛哥王国关于建立两国战略伙伴关系的联合声明》较全面地概括了在政治、经济、贸易和投资、文化（还包括教育、卫生、旅游、体育、新闻）、科技、军事以及民间与地方交往方面的合作内容。在政治方面包含：加强和深化高级别政治对话，保持两国国家元首、政府首脑和政府各部门负责人互访势头；发挥两国外交部政治磋商机制的作用，就双边关系和地区、国际问题交换意见；坚持尊重各国主权和领土完整原则；加强在多边领域的合作；中方赞赏摩洛哥王国在中阿合作论坛和中非合作论坛中发挥的作用；双方高度重视保障双方公民和企业的合法权益，鼓励两国人员往来，商讨简化签证手续等内容。在经济、贸易和投资方面包含：中摩双方强调应加强、丰富和扩大两国间经济和贸易伙伴关系，制定共同合作规划，梳理合作方式；中方表示愿扩大进口摩洛哥产品，促进双边贸易平衡；中方坚持鼓励有实力、信誉好的中国企业赴摩洛哥王国投资兴业；支持双方金融机构在满足相关法律法规要求和审慎性基础上互设机构和开展业务合作；加强两国人力资源开发合作；中方积极参与完善摩洛哥城市基础设施；加强两国在相关国际经济组织中的合作与协调，捍卫发展

---

① 杨晔、杜一菲：《习近平同摩洛哥国王穆罕默德六世会谈》，《人民日报》2016年5月12日，第1版。

中国家的真正代表性等内容。在文化、教育、卫生、旅游、体育、新闻方面包含：鼓励双方互设文化中心；继续支持教育合作，鼓励学生赴中、摩大学深造，鼓励两国高校在联合科研等领域签署伙伴关系协议；深化文化、艺术、新闻、体育、广播影视方面的合作；中方继续派遣援摩医疗队，推动卫生人员培训并提升其各方面医药能力；加强双边旅游交流与合作等内容。在科技方面，双方承诺加强两国科研领域机构、人员之间的交流与合作，便利相关信息交换；两国鼓励各自相关单位建立科技领域伙伴关系，并支持“中非科技伙伴计划”。在军事方面，双方承诺保持两国军事机构之间的高水平合作，加强在军事训练领域的合作，鼓励双方军事院校之间的交流，开展两国军舰互访。最后在民间及地方交往方面包括：大力鼓励中摩民间人员往来。加强相互开放程度，为两国妇女、青年、工会和各类非营利组织之间的交往创造条件；进一步加强中华人民共和国地方政府与摩洛哥王国地方机构之间的交流与合作等内容。[1]

5月12日，穆罕默德六世国王还分别受到了中国国务院总理李克强和全国人大常委会委员长张德江的会见。李克强总理表示中方愿同摩方对接发展战略，支持中国企业参与摩基础设施建设和工业化进程，开展工业园区、高铁、可再生能源等领域的产能合作，转让适用技术、培训技术和管理人员，提升摩洛哥自主发展能力。另外，他对穆罕默德六世国王决定自2016年6月1日起对赴摩中国公民实行免办签证政策表示赞赏。张德江委员长表示，中国全国人大愿进一步扩大同摩洛哥参众两院的友好交往，加强双方立法合作和治国理政经验交流，为两国政治交往、经贸合作、人文交流提供良好

---

① 《中华人民共和国和摩洛哥王国关于建立两国战略伙伴关系的联合声明》，《人民日报》2016年5月12日，第3版。

的法律保障。穆罕默德六世国王表示，摩中关系友好互利，造福了两国人民，摩方赞赏中国的对非政策以及不干涉别国内政、以和平方式解决问题的主张，摩方愿同中方加强基础设施建设、高铁、绿色产业等领域务实合作，扩大人文交流，推动两国全方位合作稳步前进，并为促进非中关系发展作出积极努力。①

5月12日下午在北京钓鱼台宾馆，穆罕默德六世国王主持了15个摩中公私合作的签约仪式。合作领域包括基础设施建设、金融与投资、水利工程、新能源以及旅游等。基础设施建设签约项目包括按照中国工业园区建设和管理模式，在摩洛哥北部城市丹吉尔建设联合工业园区；在摩洛哥建设以铁路、汽车和航空航天工业部件制造为核心的工业和物流枢纽；以及利用摩中各自在非洲的优势，建立多个摩中合作物流园区。在金融与投资领域方面，合作的侧重点为协助双边私营企业更好地参与到摩中经贸合作中来，签约项目包括摩洛哥政府与中国工商银行（Industrial and Commercial Bank of China-ICBC）有关投资与贸易的合作协议，中非发展基金与摩洛哥阿提扎利瓦法银行（Attijariwafa Bank）和摩洛哥外贸银行（Moroccan Bank of Foreign Trade-BMCE）关于完善为非洲企业提供的信贷服务，以及摩中联合投资非洲国家的项目。在新能源方面，签约项目包括在摩洛哥联合建设电动公交车、光伏电池和太阳能热水器的生产基地，摩洛哥杰拉达（Jerada）火力发电站的扩建和维护，以及中国将协助摩洛哥实现"北水南调"解决摩洛哥南部省份饮用水和农业水不足的问题。在旅游方面，基于穆罕默德六世国王宣布免除对中国公民赴摩洛哥签证的决定，双边签署了有关加大旅游资源合作

---

① 《李克强张德江分别会见摩洛哥国王》，《人民日报》2016年5月13日，第1版。

的协议。[①]

从上述协议的内容上可以看出，大多数项目已经超越了传统“承建”或“援助”范畴，转为联合开发和建设。因此知识和技术转移成为双方实现互惠的关键。摩洛哥作为非洲经济发展较快的国家，在最近20年积累了珍贵的经验，目前是非洲第一投资国，银行遍布非洲35个国家和地区，尤其与西非19国因历史、文化与宗教原因关系十分紧密。因此，“中摩非”三边合作将有利于摩中进一步加强战略伙伴关系。

二、摩洛哥参与“一带一路”合作倡议的情况

2016年摩洛哥穆罕默德六世国王访华后给摩中关系注入了新动力，两国政府代表团互访变得空前频繁和密切。摩洛哥如何积极参与“一带一路”合作倡议成为这些代表团交流的主要议题。

2016年9月18日至20日，中共中央书记处书记、全国政协副主席杜青林率中共代表团访问摩洛哥并与首相阿卜杜勒伊拉·本·基兰[②]

---

① Yassine Majdi，“Maroc-Chine：15 conventions et plusieurs milliards de dirhams d'investissements，”，https://telquel.ma/2016/05/12/maroc-chine-15-conventions-plusieurs-milliards-investissements_1496977.

② 阿卜杜勒伊拉·本·基兰（Abdelilah Benkirane），摩洛哥政治家、企业家和教师。1954年4月2日出生于拉巴特。1979年在拉巴特高等技术师范学校担任物理专业教师，其后辞职开始经商；1981年创建伊斯兰团体组织；1992年该组织更名为改革与更新组织并加入人民民主宪法运动（Constitutional Democratic People's Movement-MPDC）；1997年在塞拉（Salé）当选为议员；2008年和2012年连续两届当选为公正与发展党（Party of Justice and Development-PJD）总书记；2011年带领该党在全国选举获胜，被穆罕默德六世国王任命为首相；2016年因未能协调新政府被萨杜丁·欧斯曼尼（Saadeddine Othmani）代替，此后没有再担任正式职务。

和参议长哈金·本希马[①]举行了会谈。会谈内容主要讨论如何沿着两国元首指明的发展方向深化中国共产党与摩各政党的友好交往与相互借鉴治党理政经验，不断丰富摩中战略伙伴关系内涵，造福两国人民。[②]2017年4月20日至22日，中共中央政治局委员、中央书记处书记、中宣部部长刘奇葆率中共代表团对摩洛哥进行访问并与摩洛哥新任首相奥斯曼尼、参议长本希马举行会谈。中方主要向摩方介绍了中共十八大以来以习近平同志为核心的党中央治国理政新理念新思想新战略和中国经济社会发展新成就，并希望两国进一步深化人文交流，拓展文化、广电、新闻、教育、旅游等领域的合作，增进两国人民之间的相互了解和友谊。[③]2018年7月9日，中共中央书记处书记、中央统战部部长尤权率领中共代表团访摩，并与奥斯曼尼首相会面，讨论的主要议题包括落实好两国元首重要共识，巩固政治互信，深化互利合作，共同推进“一带一路”建设。[④]

在摩洛哥穆罕默德六世国王访华一年后，摩方代表团也对中国进行多次访问和考察。2017年11月17日，摩洛哥外交与国际合作大

---

① 哈金·本希马（Hakim Benchemas），摩洛哥政治家。1963年9月12日出生于摩洛哥北部城市胡赛马（El Hoceima）。1984年在乌吉达法学系学习并获得博士学位；1993年在拉巴特穆罕默德五世大学担任客座教授；1994年至2001年担任梅克纳斯穆莱·伊斯梅尔大学副教授；2011年至2014年回到拉巴特穆罕默德五世大学担任副教授；2015年担任摩洛哥参议院议长。

② 《杜青林率中共代表团访问摩洛哥》，http://www.xinhuanet.com/politics/2016-09/20/c_1119594844.htm。

③ 《刘奇葆率中共代表团访问摩洛哥》，http://www.xinhuanet.com/politics/2017-04/22/c_1120856370.htm。

④ 《摩洛哥政府首脑奥斯曼尼会见尤权》，http://www.xinhuanet.com/world/2018-07/10/c_1123106057.htm。

臣纳赛尔・布里达[①]对中国进行访问并与中国外交部长王毅举行会谈。王毅表示中摩双方应进一步落实好两国元首重要共识，推动两国战略伙伴关系迈上新的台阶。布里达表示，摩中关系建立在传统友谊和共同利益的基础上，希望与中方继续加强在政治、反恐安全和重大国际地区事务中的相互支持和协调，进一步拓展贸易投资、铁路建设等各领域互利合作。会谈后双方签署了《中华人民共和国政府与摩洛哥王国政府关于共同推进丝绸之路经济带和21世纪海上丝绸之路的谅解备忘录》。摩洛哥成为首个签署该文件的马格里布国家，体现了摩洛哥对发展与中国关系的高度重视。[②]同年12月19日与20日，摩洛哥参议长本希马在北京分别与中国全国政协主席俞正声和全国人大常委会委员长张德江举行会谈。会谈内容涉及治国理政、参政议政、立法以及经贸等方面的交流互鉴，更好地服务于摩中关系发展大局。[③]

2018年9月北京成为全世界关注的焦点，在这里举行了2018年中非合作论坛北京峰会。本次论坛的主题是“合作共赢，携手构建更加紧密的中非命运共同体”。[④]由于摩洛哥于2017年1月31日在时隔

---

① 纳赛尔・布里达（Nasser Bourita），摩洛哥外交家。1969年5月27日出生于拉巴特。1991年毕业于拉巴特法学、经济学与社会科学系国际关系专业。1995年担任摩洛哥驻维也纳大使馆一等秘书；2000年担任联合国多边关系与全球合作总局顾问；2002年担任摩洛哥驻欧盟顾问；2003年担任联合国司司长；2007年至2011年担任外交与合作部大臣办公室主任；2009年至2011年外交与合作部秘书长；2016年至今担任外交与合作部大臣。

② 朱超：《王毅同摩洛哥外交与国际合作大臣布里达举行会谈》，http://www.xinhuanet.com//2017-11/17/c_1121973715.htm。

③ 王慧慧：《俞正声与摩洛哥参议长本希马举行会谈》，http://www.xinhuanet.com/2017-12/19/c_1122136696.htm；王慧慧：《张德江会见摩洛哥参议长本希马》，http://www.xinhuanet.com/world/2017-12/20/c_1122142646.htm。

④ 《与非洲共命运 为人类勇担当——热烈祝贺2018年中非合作论坛北京峰会圆满成功》，http://www.xinhuanet.com/2018-09/06/c_129947876.htm。

33年后重新回到非盟大家庭[①]，此次中非合作论坛也成为摩洛哥以非盟成员的身份来积极参与中非合作建设的契机。

本次中非合作论坛北京峰会与摩中建交60周年并举。摩洛哥由首相奥斯曼尼率代表团参加，并于9月4日与中共中央政治局常委、中央书记处书记王沪宁在北京钓鱼台国宾馆会面。奥斯曼尼表示，中非合作论坛北京峰会成功举行，标志非中关系发展实现质的飞跃，愿同中方深化各领域交流合作，将两国关系提升到新水平。[②]9月5日，习近平主席在人民大会堂会见摩洛哥首相奥斯曼尼。元朝时期曾到访中国的摩洛哥旅行家伊本·白图泰成为本次会谈的焦点。习近平主席指出，中摩交往源远流长，早在14世纪，摩洛哥著名旅行家伊本·白图泰就来到中国，沟通了中国与非洲和阿拉伯世界的联系。习近平主席还表示摩洛哥是共建"一带一路"的重要合作伙伴。奥斯曼尼首相祝贺了中方成功主办这次中非合作论坛北京峰会，习近平主席在峰会上的讲话将有力促进非洲的发展和非中合作，并再次强调摩洛哥将恪守一个中国政策。伊本·白图泰就是海上丝绸之路的先行者。摩洛哥愿成为21世纪"一带一路"合作的强有力伙伴。[③]

2018年11月1日是摩中建交60周年纪念日，为此，摩中两国举办了系列庆祝活动。两国元首互致贺电，庆祝两国建交60周年。穆罕默德六世国王在贺电中对60年来摩中关系顺利发展表示满意，他说，两国一直相互理解和信任，经贸合作持续快速增长。摩方愿积

---

① 王云松：《摩洛哥时隔33年重返非盟》，《人民日报》2017年2月2日，第3版。

② 许可：《王沪宁会见摩洛哥首相奥斯曼尼》，http://www.xinhuanet.com/world/2018-09/05/c_1123379988.htm。

③ 王迪：《习近平分别会见出席中非合作论坛北京峰会的部分非洲国家领导人和国际组织负责人》，《人民日报》2018年9月6日，第1版。

极参与“一带一路”建设，响应中方在中非合作论坛框架内提出的合作倡议，推动摩中和非中合作不断取得积极成果。[①]穆罕默德六世国王还向习近平主席提出来摩洛哥访问的邀请。[②]习近平主席在贺电中指出：“摩洛哥是最早同新中国建交的非洲国家之一。建交60年来，两国关系始终健康稳定发展。2016年中摩建立战略伙伴关系后，双边关系快速发展，各领域合作成果丰硕，我对此感到十分满意。我高度重视中摩关系发展，愿同你一道努力，以两国建交60周年为契机，巩固两国政治互信，深化双方在共建‘一带一路’框架内的各项合作，共同落实好中非合作论坛北京峰会成果，推动中摩战略伙伴关系不断取得新的更大发展。”[③]

2018年11月13日，中国驻摩洛哥大使馆同摩洛哥皇家战略研究院联合举办以“中摩关系在全球化世界中的未来”为主题的“中国和摩洛哥建交60周年研讨会，分设政治、经贸、人文和三方合作四大议题，旨在回顾摩中友好交往历史，为下阶段摩中关系发展建言献策、培植共识。[④]

当天晚上，中国驻摩洛哥大使馆隆重举办摩中建交60周年招待

---

① 《习近平同摩洛哥国王穆罕默德六世互致贺电》，《人民日报》2018年11月2日，第1版。

② “SM le Roi déterminé à renforcer le partenariat stratégique sino-marocain et son extension vers de nouveaux secteurs prometteurs，”，http://www.maroc.ma/fr/activites-royales/sm-le-roi-determine-renforcer-le-partenariat-strategique-sino-marocain-et-son.

③ 同注释①。

④ 《中摩建交60周年研讨会在摩洛哥成功举办》，http://ma.china-embassy.org/chn/xwdts/t1613506.htm。

会，众议长马尔基[①]、首相夫人哈丽玛、政府秘书长穆罕默德·哈基维[②]夫妇、摩洛哥教育部大臣阿姆扎吉[③]、皇家战略研究院院长穆罕默德·陶菲克·穆利内[④]、外贸银行总裁奥特曼·本杰伦[⑤]、前驻摩洛哥大使程涛、孙树忠及摩知名政要、工商、学术和媒体界人士、中资机构和华侨华人代表等近300人出席。回顾摩中建交60年的成就和

---

① 马尔基（Habib Malki），摩洛哥政治家、教授。1946年5月15日出生于摩洛哥中部古城布贾德（Bejaad）。1983年至1992年担任联合国教科文组织（The United Nations Educational，Scientific and Cultural Organization–UNESCO）、经济合作与发展组织（Organization for Economic Cooperation and Development–OECD）、世界卫生组织（Worlf Health Organization–OMS）以及国际农业发展基金（International Fund For Agricultural Development–IFAD）职务；1993年至2011年在胡里卜加（Khouribga）当选议员；1998年担任农业、农村发展和渔业部大臣；2002年担任教育部大臣；2004年担任国民教育和高等教育部大臣；2017年至今担任众议长。

② 穆罕默德·哈基维（Mohamed Hajoui），摩洛哥政治家、教授。1945年9月19日出生于摩洛哥瓦萨尼（Ouazzane）。1977年起在拉巴特多所高校担任法学教授；1993年被国王任命为公共服务总监；1998年兼任公共服务和行政改革部代理秘书长；1999年任首相办公室总秘书处负责人；2000年至2016年担任首相府秘书长；2017年至今担任政府秘书长。

③ 阿姆扎吉（Said Amzazi），摩洛哥政治家、教授。1965年4月11日出生于摩洛哥塞夫鲁（Sefrou）。2001年获生物科学博士学位；2011年至2015年任拉巴特穆罕默德五世大学科学系院长；2015年任拉巴特穆罕默德五世大学校长；2018年担任国民教育、职业培训、高等教育和科研部大臣。

④ 穆罕默德·陶菲克·穆利内（Mohammed Tawfik Mouline），摩洛哥高级行政人员。1952年4月4日出生于拉巴特。1974年毕业于巴黎综合理工学院；1976年毕业于国立巴黎高等矿业学院。1979年在首相办公室担任任务专员（Chargé de mission），分管对矿业、能源、运输与农业国营企业的评估；1982年至1995年在ONA集团担任过高层职务；1995年至2003年担任经济与财政部研究和财务预测司司长；2003年在国王办公厅担任任务专员（Chargé de mission）；2017年至今担任皇家战略研究院院长。

⑤ 奥特曼·本杰伦（Otmane Benjelloune），摩洛哥银行家。1931年11月出生于摩洛哥古城非斯商人家庭。1959年毕业于洛桑联邦理工学院，后加入家族企业；20世纪60年代和20世纪70年代与世界著名集团建立合作关系，包括沃尔沃、通用汽车、固特异、西屋；1988年并购摩洛哥皇家保险（Royal Moroccan Insurance–RMA）；1995年并购摩洛哥外贸银行（Moroccan Bank of Foreign Trade–BMCE），随后担任摩洛哥银行职业团体（Professional Grouping Of Banks Of Morocco–GPBM）主席。2013年被福布斯评为最富有的摩洛哥人。

共建“一带一路”成为本次庆祝活动的主题。招待会现场还播放了由摩洛哥使馆与摩国家广播电视公司合作拍摄的纪念两国建交60周年双边关系发展成就专题片及中摩民生领域合作纪录片，引起与会嘉宾广泛共鸣。[①]12月3日，摩洛哥驻中国大使馆举行了中国同摩洛哥建交60周年庆祝招待会，全国人大常委会副委员长艾力更·依明巴海、摩洛哥驻华大使阿齐兹·梅库阿尔等中外来宾300余人出席。[②]

这些极具活力的政治外交活动证明摩中政治合作已经进入成熟的阶段，经贸合作和文化交流也将在更高的起点上开启新的征程。

第三节　经贸与投资发展

一、摩中两国双边贸易发展现状

从贸易规模来看，自2014年12月摩中两国在北京举办经济论坛以来，两国双边贸易规模快速增长，到2017年，摩中双边贸易额第一次突破400亿迪拉姆（约42.77亿美元），中国成为摩洛哥仅次于西班牙和法国的第三大贸易伙伴。2014年至2017年这4年摩中贸易规模分别为317.69亿迪拉姆（约35.36亿美元）、330.58亿迪拉姆（约33.38亿美元）、395.64亿迪拉姆（约39.12亿美元）和425.34亿迪拉姆（约45.48亿美元），平均年增长率为9.66%。虽然贸易规模不断上升，但2017年中国向摩洛哥出口金额占摩中贸易的93.01%，摩方

---

① 《驻摩洛哥使馆举行中摩建交60周年招待会》，http://ma.china-embassy.org/chn/xwdts/t1613530.htm。

② 《中国同摩洛哥建交60周年庆祝招待会在京举行》，http://www.xinhuanet.com/2018-12/03/c_1123802112.htm。

贸易逆差相当严重，逆差金额达到历史最高的365.87亿迪拉姆（约39.12亿美元）。（详见表2–5）

与2014年相比，2017年摩洛哥从中国进口的商品仍然以机械与设备、纺织品、电信设备及配件、工业与建筑材料为四大主要商品类别。2017年机械与设备的进口额以84.83亿迪拉姆（约9.07亿美元）高居榜首，占进口总额的21.44%，与2014年相比增长37.92%；其次纺织品进口额达67.39亿迪拉姆（约7.21亿美元），占进口总额的17.03%，增长13.27%；电信设备及配件的进口额达45.88亿迪拉姆（约4.91亿美元），占进口总额的11.60%，增长65.36%；用于基础设施和工业建设的工业与建筑材料的进口额达28.57亿迪拉姆（约3.06亿美元），占进口总额的7.22%，增长36.57%。另外发展势头较猛的还有石油化工和医药商品，其进口额分别达9.98亿迪拉姆（约1.07亿美元）和6.20亿迪拉姆（约6635.02万美元），增长63.85%和59.10%。最后，摩洛哥作为从中国进口绿茶的第一国，茶叶进口突破了20亿迪拉姆（约2.14亿美元），增长33.90%。

表5–1　2014年和2017年摩洛哥从中国进口主要商品贸易数据

单位：百万迪拉姆

序号	商品类别	2014年	2017年	增长额	增长率（%）
1	机械与设备	6150.49	8482.63	2332.14	37.92%
2	纺织品	5949.51	6739.08	789.57	13.27%
3	电信设备及配件	2774.61	4588.22	1813.61	65.36%
4	工业与建筑材料	2091.85	2856.8	764.95	36.57%
6	茶叶	1561.52	2090.87	529.35	33.90%
7	石油化工	608.82	997.56	388.74	63.85%
5	医药	389.98	620.47	230.49	59.10%

备注：商品类别按2017年贸易金额递减排序。

数据来源：作者参照摩洛哥外汇管理局数据整理而成。

即便贸易逆差较高，但从商品的结构我们可以看出，摩洛哥从中国进口的商品类别主要以生产元素、半成品和原材料为主，而且大多数集中于工业产品。对于一直追求多元化经济结构的摩洛哥，具有价格优势的中国制造的不同领域的机械、设备、材料等，无疑有利于加快摩洛哥工业化建设。随着中国推动劳动密集型产业的转型升级，越来越多的中国工业企业开始将生产转移到东南亚和非洲国家。摩洛哥优越的地理位置和政府提供的优惠条件，将成为中国企业海外扩张的首选。中国企业在海外设立生产基地也必然会选择中国制造的生产元素和原材料。因此，伴随着中国企业投资摩洛哥的浪潮来临，摩中双边贸易还有望继续增长。

摩洛哥向中国出口方面，虽然在2017年达到了历史最高的29.73亿迪拉姆（大约3.18亿美元），但规模仍然无法达到两国政府的预期。从商品构成角度来看，摩洛哥向中国出口的商品主要以天然矿业资源为主，其中矿及冶金商品出口额高达19.34亿迪拉姆（约2.07亿美元），占出口总额的65.04%，与2014年比增长37.93%；化肥的出口额3.21亿迪拉姆（约3429.25万美元），占出口总额的10.79%，减少7.86%；农产品的出口额2.36亿迪拉姆（约2526.76万美元），占出口总额的7.95%，增长1.21%。

表5-2 2014年和2017年摩洛哥向中国出口主要商品贸易数据

单位：百万迪拉姆

序号	商品类别	2014年	2017年	增长额	增长率（%）
1	矿及冶金产品	1402.07	1933.81	531.74	37.93%
2	化肥	348.09	320.72	–27.37	–7.86%
3	农产品	233.44	236.26	2.82	1.21%

备注：商品类别按2017年贸易金额递减排序。

数据来源：作者参照摩洛哥外汇管理局数据整理而成。

摩洛哥矿产资源丰富，但勘探能力有限，开发技术薄弱。新中国自成立以来，在矿产资源开采方面积累了宝贵的经验。两国可以利用矿业合作来相互借鉴，取长补短。另外，摩洛哥虽然是世界磷酸盐最大储藏国，但近几年，中国也不断加大磷酸盐生产，目前已经成为摩洛哥最大的竞争对手。因此，两国政府在未来希望缩减摩中贸易逆差，除了加强在磷肥方面的创新合作，还需要考虑其他如农产品等具有潜力的领域。摩洛哥因农产品品质优良，一直是欧美国家的主要供货商，但摩洛哥出口商尚未找到最有效的途径来打入庞大的中国市场。

二、中国企业在摩洛哥的投资

摩中自建交以来，虽然建立了良好的政治合作基础，使得双边贸易规模年年上升，但在摩洛哥还没掀起中国企业的投资热潮。尽管如此，两国政府和企业间仍保有交流的信心，双边的投资考察与交流自2016年穆罕默德六世国王访华后变得更加频繁。

2017年12月14日，穆罕默德六世国王主持了摩洛哥汽车产业链26个投资项目的签约仪式。其中13个项目属于标致雪铁龙（PSA）生态系统、6个项目属于雷诺（Renault）生态系统、5个布线和连接器投资项目以及两个法国汽车零件制造商法雷奥（Valeo）生态系统投资项目。在与标致雪铁龙生态系统签署的13个项目中，作为标致雪铁龙生态系统铝轮制造供货商的中国中信戴卡股份有限公司（Citic Dicastal）在肯尼特拉大西洋保税区（Kenitra Atlantic Free Zone-AFZ）的投资项目成为本次签约仪式的亮点。[①]中国中信戴卡

① "HM King Mohammed Ⅵ chairs the launch ceremony for 26 industrial investment projects for the automotive sector in Casablanca，"，http://www.invest.gov.ma/?Id=39&lang=en&RefCat=5&Ref=794&nb_aff=20.

成为继韩国雷诺轮胎供货商手集团（Hands Corp）后[①]，又一个进入摩洛哥的具有较强实力的亚洲汽车零部件制造商。

2018年7月26日，摩洛哥工业、投资、贸易和数字经济大臣穆莱·哈菲兹·阿拉米[②]、摩洛哥财政大臣穆罕默德·布森[③]和中信戴卡副总经理徐佐签署了有关中信戴卡将分别在肯尼特拉和丹吉尔分阶段设立铝轮生产基地的投资协议，投资规模高达3.5亿美元，成为摩中有史以来最大的投资项目。根据摩洛哥官方公布消息，中信戴卡将在肯尼特拉大西洋保税区的12公顷土地上建设以供应标致雪铁龙为主的两家年产量为600万铝轮的工厂，其中90%的产品出口。根据中信戴卡的预计，该项目将为摩洛哥创造1200个就业岗位。[④]

自签署合作备忘录以来，中信戴卡在摩洛哥政府的支持下完成

---

① 《韩国Hands Corporation来摩洛哥设厂》，http://ma.mofcom.gov.cn/article/jmxw/201803/20180302720031.shtml。

② 穆莱·哈菲兹·阿拉米（Moulay Hafid Elalamy），摩洛哥政治家、企业家。1960年1月13日出生于摩洛哥马拉喀什。毕业于加拿大舍布鲁克大学信息系统专业。20世纪90年代初担任ONA集团总经理；1995年创建萨哈木（SAHAM）保险集团；2005年并购国家保险公司（CNIA）并担任董事长兼总经理；2006年至2009年担任摩洛哥企业总联合会（General Confederation of Moroccan Enterprises-CGEM）主席；2013年担任摩洛哥工业、投资、贸易和数字经济大臣。

③ 穆罕默德·布森（Mohamed Boussaid），摩洛哥高级行政人员、政治家。1961年9月26日出生于菲斯。1986年获得巴黎路桥学院工程师称号；1986年至1995年在摩洛哥商业银行和摩洛哥工商银行担任高层职务；1995年担任公共工程部、农业部以及设备与环保部办公室主任；1998年担任设备部计划司司长；2001年至2004年担任财政部私有化司司长；2004年担任公共部门现代化部大臣；2007年担任旅游与手工艺部大臣；2010年担任苏斯-马萨大区（Souss-Massa）大州长；2012年担任卡萨布兰卡大区大州长；2013年至2018年担任财政部大臣。

④ “LE GROUPE CHINOIS CITIC DICASTAL ET L’ETAT MAROCAIN SIGNENT UNE CONVENTION D’INVESTISSEMENT POUR LA RÉALISATION D’UN PROJET INDUSTRIEL DANS LE SECTEUR AUTOMOBILE，”，http://www.mcinet.gov.ma/fr/content/le-groupe-chinois-citic-dicastal-et-l%E2%80%99etat-marocain-signent-une-convention-d%E2%80%99investissement.

了必要的项目可行性分析和项目规划筹备。2018年9月10日，中信戴卡在肯尼特拉大西洋保税区内举行施工启动仪式。根据官方公布的消息，中信戴卡最终选择具有丰富国内外建筑经验的摩洛哥建筑工程总公司（Society General of Public Works-SGTM）作为承建方。在启动施工的同时，中信戴卡开始招聘650名摩洛哥本地员工，部分技术人员也将派遣到中国接受为期6个月的培训。与此同时，中国的高级技术人员也将到摩洛哥提供本土培训。①

中信戴卡股份有限公司是中国中信集团公司于1988年投资组建的铝合金车轮制造企业，经过多年发展已经成为世界一流的汽车零部件研发和制造企业。客户包括许多国际和中国的著名汽车品牌，包括奔驰、宝马、奥迪、大众、标致-雪铁龙、雷诺-日产、通用、福特、菲亚特-克莱斯勒、丰田、本田、马自达、现代-起亚以及一汽、上汽、东风、广汽、北汽、长安等整车制造商。为了更好地服务其国际客户的需求，利用不同地区的产业发展优势，中信戴卡已在欧洲、北美和亚洲建设了30家生产基地。

中信戴卡之所以选择摩洛哥，归功于摩洛哥的地理位置优势、政府为促进汽车产业发展而推行的优惠政策以及摩洛哥保税区对于出口型产业的吸引力。在地理位置方面，摩洛哥处于西北非的地中海沿岸，在从古至今的不同历史阶段均具有较高的战略地位。离西班牙仅仅14海里的地理位置，使得在摩洛哥生产的商品当天即可穿越直布罗陀海峡到达任意欧盟国家。对于希望减少将商品输入到欧盟市场的物流成本的国际企业，这是极具诱惑力的条件。在产业方

---

① “C’est parti pour la 1re usine du chinois Dicastal à Kénitra，”，https://www.leconomiste.com/article/1033389-c-est-parti-pour-la-1re-usine-du-chinois-dicastal-kenitra.

面，作为非石油资源国，摩洛哥自独立以来一直致力于创造一个多元化的经济结构，促进工业化进程成为国家长期发展的重要战略。而汽车行业作为出口型产业中创造国家外汇收入较高的产业，始终得到穆罕默德六世国王的高度重视和亲自指导。到2017年，汽车行业成为摩洛哥主要的出口行业，汽车制造数量共为34.5万辆，第一次超过非洲另一个汽车制造大国南非的33.13万辆，出口金额大约为70亿美元。[①]在政策方面，摩洛哥政府于2014年公布的新投资法中，向在摩洛哥设立生产基地的外企提供了优惠条件，包括企业前5年免缴公司税，第6年起按8.75%征收，免除增值税及海关关税并简化海关通关程序以及资金可以自由进出等条件。法国的雷诺、标致和雪铁龙等汽车制造企业就从中受益，在摩洛哥的生产量逐年递增。最后，中信戴卡在摩洛哥政府的引导下，选择了2012年9月投入使用的肯尼特拉大西洋保税区作为落脚点。该保税区由自由区和免税区两部分组成，由摩洛哥富有工业园建设与管理经验的MEDZ/Edonia集团负责开发运营。[②]标致雪铁龙在该工业园拥有专区并建立了一体化生产系统，中信戴卡将满足其对铝制轮胎的需求。

① “Morocco Surpasses South Africa's Car Production，”，https://www.moroccoworldnews.com/2018/05/246127/morocco-surpasses-south-africas-car-production/.

② 《肯尼特拉大西洋保税区》，http://ma.mofcom.gov.cn/article/ddfg/tzzhch/201608/20160801376198.shtml。

第四节 完善文化合作机制

一、文化中心的诞生

摩中在建交以前就高度重视文化交流。1956年在卡萨布兰卡国际博览会上设立的中国馆使摩洛哥民众第一次有机会近距离接触中国文化。此后，两国政府通过文化团互访不断探索如何建立长期的文化交流机制。中国改革开放初期，对外开放成为基本国策。1982年中国与摩洛哥签订的文化协定为摩中文化合作提供了制度性依据。至今在该协定的基础上摩中已经签署了9个文化协定的执行计划，内容不断丰富。“一带一路”合作倡议的提出为摩中文化合作提供了新的发展空间，文化交流变得更加频繁。而承担执行大多数文化交流项目角色的是两国大使馆和在摩洛哥设立的孔子学院。但因前者外交业务繁忙而后者侧重于语言教学，摩中文化合作一直缺乏一个专注于文化交流的平台。

2016年1月21日，摩洛哥文化大臣穆罕默德·阿明·塞比希[①]和中国国家文物局局长刘玉珠在拉巴特签署《关于在摩洛哥设立中国文化中心的谅解备忘录》。[②]2016年5月11日，习近平主席在与访华的穆罕默德六世国王会谈时表示，中方愿意同摩方加强两军交往，

---

① 穆罕默德·阿明·塞比希（Mohamed Amine Sbihi），摩洛哥政治家、教授。1954年12月24日出生于摩洛哥古城塞拉（Salé）。20世纪80年代末在皮埃尔和玛丽·居里大学–巴黎六世获得统计和运筹学博士学位以及在加拿大麦吉尔大学获得概率和统计博士学位。1990年至2005年于拉巴特穆罕默德五世大学科学系任教；1995年当选摩洛哥进步和社会主义党（PPS）中央委员会委员；2005年当选政治局常委；2012年至2016年担任摩洛哥文化部大臣。

② 蔡施浩：《中摩两国签署〈关于在摩洛哥设立中国文化中心的谅解备忘录〉》，http://www.xinhuanet.com/world/2016-01/22/c_1117855458.htm。

扩大旅游和教育合作，希望中国文化中心早日在摩洛哥落地。[①]习近平主席的指示使中国文化中心的筹建工作进入加速阶段。2018年12月18日，位于拉巴特的中国文化中心正式揭牌，是中国在海外设立的第36个文化中心。[②]中国文化中心将通过履行国情宣介、文化活动、人文对话、产业推广、旅游推介、教学培训、信息服务等职能为摩洛哥民众举办各类文化活动，为中摩两国文化交流与合作以及深化两国人民之间的了解和友谊构筑平台。[③]

中心位于摩洛哥首都拉巴特市阿格达尔区（Agdal），此区域为拉巴特市文化教育的中心地带，人口密集、交通便利。中心总建筑面积达2500平方米，地面5层，地下1层，设有展厅、多功能厅、多媒体教室、报告厅、图书馆等。中心举办包括文艺演出、展览、讲座、研讨会、电影放映、教学培训等在内的各类文化活动，并积极推动两国在旅游、中医药、体育、影视、出版等领域的交流合作。同时，中心也会定期举办展示中国各地特色文化、经济亮点、名胜名产、名镇名城等发展风貌的活动，以加深摩洛哥民众对中国的全面了解。中心的多媒体图书馆为摩洛哥公众查阅有关中国的图书、刊物、光盘等各种形式的资料提供方便。多功能厅不定期对外开放，免费放映配有法文或阿语字幕的中国影片。中心通过网站、社交媒体平台，以及当地各类新闻报刊及时对外分享中心动态。[④]

---

① 郝亚琳：《习近平同摩洛哥国王穆罕默德六世举行会谈决定建立中摩战略伙伴关系》，http://www.xinhuanet.com//politics/2016-05/11/c_1118849281.htm。

② 陈斌杰：《拉巴特中国文化中心在摩洛哥揭牌》，http://www.xinhuanet.com/world/2018-12/19/c_1123874601.htm。

③ 《摩洛哥媒体集中采访为拉巴特中国文化中心揭牌预热》，http://cn.cccweb.org/portal/pubinfo/001002003003/20181221/26a336adf6a64407a6683e2d9ed53254.html。

④ 由拉巴特中国文化中心提供信息。

作为摩中文化交往的重要平台，除了传播中国文化，中心也积极与摩洛哥各界开展交流合作，参与当地文化旅游活动。中心成立后就紧锣密鼓地举办了一系列的文化活动，包括“一带一路”主题讲座、技能培训、中国传统文艺表演，每一场活动均座无虚席。另外为了迎接中国传统节日春节，中心联合摩洛哥地方政府与非洲中国合作与发展协会在深受中国游客喜爱的蓝色城镇舍夫沙万市举办“中国年”主题活动，点燃了喜庆的1500盏中国红灯笼，并邀请中国著名的舞狮队进行表演，成为摩中建交以来最大规模的庆祝活动。在摩洛哥积极参与“一带一路”合作倡议的背景下，摩中文化中心无疑将为构筑加强摩中文化、旅游领域的交流与合作及深化两国人民的了解和友谊的新平台发挥不可代替的作用。

二、摩中双边旅游业的蓬勃发展

中国人民对摩洛哥的认识，最早是通过周恩来总理访问摩洛哥期间《人民日报》发表的系列报道，后来有许多国际影片在摩洛哥拍摄更是加深了中国人民对摩洛哥的了解。因此很多热爱旅游的中国人一直很向往来摩洛哥，但长期以来办理摩洛哥签证的不便成为阻碍中国游客来摩的主要原因。2016年5月摩洛哥穆罕默德六世国王访华期间宣布摩洛哥自6月1日起对赴摩中国公民实行免办签证政策。在次日与穆罕默德六世国王会面时，李克强总理赞赏穆罕默德六世国王的决定，并强调，中方愿同摩方一道推动两国人员往来便利化，密切人文交流，为中摩互利务实合作积势蓄力。[①]

2002年摩中签署《中华人民共和国政府与摩洛哥王国政府旅

---

① 《李克强张德江分别会见摩洛哥国王》，《人民日报》2016年5月13日，第1版。

游合作协定》。与文化协议相同，该协定为摩中未来旅游合作指明了清晰的发展方向，最终目的是加深双方在旅游领域里更广泛的合作。合作协定规定，双方将优先进行旅游促销和宣传，尽可能简化旅行手续的措施，以及旅游业和旅游开发项目方面的信息交换等。[①]2007年10月在该协定的基础上，摩中签署的《中国旅游团队赴摩洛哥旅游实施方案的谅解备忘录》正式实施。[②]摩洛哥成为中国公民组团出国的热门旅游目的地国之一。

对于中国百姓而言，最早接触摩洛哥是通过周恩来总理于1963年12月对摩洛哥进行国事访问时《人民日报》刊登的名为《在独立的摩洛哥》的主题报道。该文向中国读者全面介绍有关摩洛哥优越的地理位置、主要产业、悠久的历史文化还有摩洛哥人民如何在穆罕默德五世国王的带领下驱逐法国殖民当局开始重建国家的那段历史，以及独立后与中国积极推动双边经贸和文化交流的情况。[③]这篇文章使当时的中国人民对摩洛哥的名胜古迹、美景和特产产生了向往。

自20世纪50年代以来，摩洛哥还因其多元化的自然和人文景观成为世界影片的首选拍摄地点。早在1918年，法国导演约瑟夫·斑岩·平纯（Joseph Porphyre Pinchon）在摩洛哥拍摄了摩洛哥历史上第一部影片《使命》（*Mektoub*）。后来几乎所有反映沙漠题材的影片均在摩洛哥拍摄或取景，包括1962年大卫·里恩（David Lean）导演的《阿拉伯的劳伦斯》（*Lawrence of Arabia*）。

---

① 《中华人民共和国政府和摩洛哥王国政府旅游合作协定》（2002-02-06），北大法宝法律数据库，法宝引证码 CLI.T.5976。

② 《国家旅游局关于开展中国旅游团队赴阿曼、保加利亚、摩洛哥、摩纳哥、纳米比亚和叙利亚6国旅游业务的通知》（2007-08-14），北大法宝法律数据库，法宝引证码CLI.4.96453。

③ 王纬：《在独立的摩洛哥》，《人民日报》1963年12月30日，第3版。

表5-3 近年来在摩洛哥拍摄的著名影片目录（部分）

序	电影名称	拍摄年份	导演
1	《飞鹰计划》 *Operation Condor*	1991	成龙 Jackie Chan
2	《角斗士》 *Gladiator*	2000	雷德利·斯科特 Ridley Scott
3	《特洛伊》 *Troy*	2004	沃尔夫冈·彼德森 Wolfgang Petersen
4	《星条旗永不落》 *Home of the Brave*	2006	艾文·温克勒 Irwin Winkler
5	《谎言之躯》 *Body of Lies*	2008	雷德利·斯科特 Ridley Scott
6	《盗梦空间》 *Inception*	2010	克里斯托弗·诺兰 Christopher Nolan
7	《传染病》 *Contagion*	2011	史蒂文·索德伯格 Steven Soderbergh
8	《美国狙击手》 *American Sniper*	2014	克林特·伊斯特伍德 *Clint Eastwood*
9	《007：幽灵党》 *Spectre*	2015	萨姆·门德斯 Sam Mendes
10	《碟中谍5：神秘国度》 *Mission Impossible：Rogue Nation*	2015	克里斯托弗·麦奎里 Christopher McQuarrie
11	《枭雄》 *Raees*	2017	拉胡尔·多拉基亚 Rahul Dholakia
12	《红海行动》 *Operation Red Sea*	2018	林超贤 Dante Lam

数据来源：笔者整理。

新闻报道和影视作品成为中国百姓接触摩洛哥的主要媒介。改革开放后，随着中国百姓生活条件的不断改善，"世界那么大，我想去看看"成为一种主流的生活理念。根据中国旅游研究院2018年3月公布的报告，2017年中国公民出境旅游突破1.3亿人次，花费达1152.9亿美元，保持世界第一大出境旅游客源国地位。报告中游客量增长最快的十大"黑马"目的地，摩洛哥超过土耳其、突尼斯、捷克、越南等国家占据首位。①

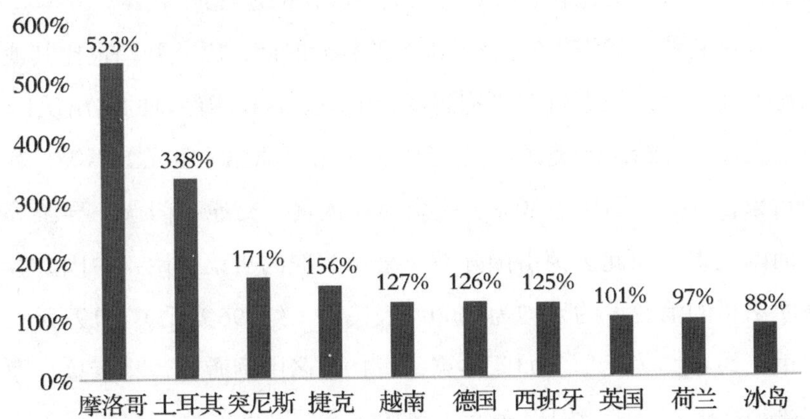

图5.1 2017年中国出境游十大黑马目的地

数据来源：中国旅游研究院、携程旅游集团联合发布《中国游客中国名片，消费升级品质旅游——2017 年中国出境旅游大数据报告》

2016年6月赴摩免签政策一生效就产生了较大反响。中国游客数量从以往一年不超过2000人，猛增到每月6000至7000人。中国大型旅行社纷纷看到商机，在中国驻摩洛哥大使馆的协助下，对接了

---

① 《中国旅游研究院携程发布〈2017出境旅游大数据报告〉》，https://www.sohu.com/a/224643699_124717。

摩洛哥旅游行业机构开始策划最适合中国游客的路线。与欧洲游客不同，来自文明古国的中国游客到摩洛哥的目的除了观光世界闻名的景点如马约尔花园、哈桑二世清真寺、马拉喀什不夜广场、撒哈拉沙丘和蓝色小镇以外，还希望看到摩洛哥悠久历史留下来的人文景观。因此大多数旅行社和旅游平台向中国游客推荐“摩洛哥帝国路线”，这是一条连接了摩洛哥历史上不同朝代的古都包括马拉喀什、菲斯、伊尔福德、梅克纳斯和拉巴特的环线，可以同时近距离体验摩洛哥多元文化和欣赏具有较大差异性的地理地貌。

这种路线一般需要7至15天不等的旅游时间，因此开销也比其他旅游路线要高。根据行业机构测算，中国游客在摩洛哥的支出从1.4万元人民币（约2000美元）至2万元人民币（约2800美元）不等，其中机票占50%、酒店占30%、剩余为在饮食、交通、门票、导游等方面的支出。因此去掉由国际航空公司收取的机票费用，中国游客在摩洛哥的消费大约人均为7000元人民币（约996美元）至1万元人民币（约1423美元）。如此推算，每10万名中国游客，将直接在摩洛哥消费近7亿元（约1亿美元）到10亿元人民币（约1.4亿美元）。摩洛哥本地旅行社、酒店、餐厅、导游、司机、手工艺工匠等旅游相关服务机构和人士都将从中受益。

2017年开始，在“一带一路”合作倡议快速推进的背景下，在摩洛哥的积极参与下，促进摩中旅游合作成为两国文化交流的重要组成部分。摩洛哥旅游部以及社会各界高度重视中国游客的增长和消费规模的数据。根据摩洛哥旅游、航空运输、手工艺和社会经济部（Ministry of Tourism，Air Transport，Crafts and Social Economy）2017年8月8日公布的统计数据，2017年上半年，中国游客人数比去年同期增长565%，创摩洛哥游客增幅最高纪录。同时，中国游客以银联卡支付的消费金额增长了900%，人均刷卡支付额居各国游客之首。

为了给摩洛哥接待中国游客创造良好的条件，中国驻摩洛哥大使馆在工作中发挥了突出的作用。2017年10月27日，中国驻摩洛哥大使馆联合摩洛哥组织了旨在向摩洛哥旅游界介绍如何做好中国游客的地接服务的“中国游客特点研讨会”，超过40家来自中国的旅行社参加了本次活动。中国驻摩洛哥大使李立在会上的致辞中概括了当前摩中的旅游合作的现状，他表示，穆罕默德六世国王访华以来，中摩双边关系进入新的历史时期，摩对华免签后续效应持续放大，摩一跃成为中国游客出游的热门之选，中国来摩人数在一年多时间里增长了近8倍，年底突破10万人次在即。旅游不仅是中摩两国人民心相近、情相通的桥梁，更预示着中摩各领域务实合作的美好前景。着眼未来，中方愿与摩方一道，继续拓展和深化两国在“一带一路”框架下的旅游合作，为中摩战略伙伴关系增添新的亮点。①

在摩中政府和旅行社的努力下，2017年的数据超过所有人预期。根据摩洛哥国家旅游局公布的数据，2017年摩洛哥共接待了12万人次来自中国的游客，而截至2018年5月游客人数已经达到了10万人次。这足以证明摩洛哥对中国游客确实产生了较深刻的影响。如今的游客会通过社交媒体来评价旅游目的地，这就对旅游目的地国家提出了更严峻的挑战，一旦体验不好则很快就会通过社交媒体广泛传播。查阅中国专业的旅游社交网数据可以看到，到2018年年中，摩洛哥已成为中国游客最爱去的非洲国家，超过了毛里求斯、

---

① 《驻摩洛哥大使李立出席中国游客特点研讨会》，http://sf.chinaconsulatesf.org/web/zwbd_673032/gzhd_673042/t1505605.shtml。

埃及、南非、肯尼亚等国。马拉喀什的伊夫·圣罗兰故居和马约尔花园超越埃及吉萨金字塔和毛里求斯鹿岛，占据了最受欢迎目的地的首位。[①]

这些优异的成绩使摩中两国决定把2020年互设为中国年和摩洛哥年，并将目标定为一年吸引50万人次游客。但即便趋势很好，摩中旅游合作仍然面临一些棘手的问题需要解决。一方面，因没有直飞的航班，中国游客来摩洛哥需要在中东或欧洲周转，长途跋涉的旅途不利于更大数量的游客选择摩洛哥作为旅游目的地。另一方面，摩洛哥本地酒店需要在包括饮食、房间布置、中文导游等方面进行必要的调整以便更好地接待中国游客。

综上所述，中国在中国共产党的领导下不断调适对外合作政策和国内商业环境，以便深度融入全球经济体系。20世纪80年代全球贸易自由化浪潮蔓延后，外资吸收和利用成为世界各国发展经济不可或缺的条件。中国在不断向外资开放的过程中，会在历届召开的全国人民代表大会上提出有关优化利用外资的政策。这种在实际工作中不断总结经验教训的方式使中国吸收的外资能更好地服务于发展新技术、提升管理能力和解决不同区域发展不均衡等方面。2008年的金融危机使中国感受到全球自由化已进入失衡状态，中国外需增长受阻情况愈演愈烈。因此政府迅速反应，通过拉动内需来弥补国际市场的脆弱环境。中国政府投入了庞大的财政支出来完善整体的基础设施建设和支持本土企业转型升级。与此同时，西方一些国

① 《非洲游，中国人最爱摩洛哥、毛里求斯和埃及》，http://www.shxwcb.com/190297.html。

家极力传播“中国威胁论”。其中有的国家认为中国产品是阻碍他们本国产品发展的主要障碍，因此开始倾向于向中国产品设限。面临丢失国际市场份额的风险，中国也做出了迅速的反应。为了培育新的市场，减少对西方发达国家市场的依赖，2013年中国发起的“一带一路”合作倡议以及相伴的亚投行的成立和丝路基金的设立正是为了弥补全球经济失衡的状态。一个新的全球多边合作机制就此诞生。

“一带一路”合作倡议发起后，摩中政治交流也进入快速发展阶段。摩洛哥外交与合作部积极参与该倡议的各项活动，并成功举办第一届“中国-摩洛哥经济论坛”。两国的投资与贸易代表团的互访变得更加频繁。2016年5月穆罕默德六世国王访华在摩中关系中具有里程碑的意义。首先从本次访华的背景来看，两国经过58年的合作已经充分认识到了双边的互补性和存在的合作潜力，并完成了在经贸、文化和援助等合作领域的机制建设，合作条件已经相当成熟。其次，在此期间签署的30多项合作协议，使摩中关系进入到快速发展阶段，涉及领域无论对摩洛哥还是中国都具有显著的互惠和互补特征。投资与经贸方面，在摩洛哥穆罕默德六世国王访华后，虽然摩中政治合作变得更加稳固，双边贸易年年增长，但尚未掀起中国企业在摩洛哥投资的浪潮。不过，中信戴卡的投资项目已经成为目前中国企业在摩洛哥投资的最佳模式，对于其他希望来摩洛哥投资的中国企业极具参考价值，因此具有里程碑意义。中信戴卡也向其他中国制造企业揭示了摩洛哥汽车行业存在的商机，尤其是对于瞄准欧洲和非洲市场的中国企业来说。根据摩洛哥政府预期，希望到2020年汽车制造出口金额能增加到200亿美元，到2025年生产数量突破100万辆。如果中信戴卡在摩投资的前几年能够实现预期目标，那么无疑将鼓励更多中国企业选择摩洛哥作为海外扩展的目的地，摩洛哥也将从中创造更多的就业岗位和获得更多的外汇收入，这也将成为另一个中非互惠合作关系的完美典范。

在文化合作方面，中国文化中心的成立是中国自1982年共建的文化合作机制和相配的执行计划的成果。中国文化中心与孔子学院成为中国文化在摩洛哥传播的互补平台。在旅游合作方面，自2016年穆罕默德六世国王访华后采取的免签政策为摩中旅游合作创造了较好的条件，并在两国政府的努力下很快就产生了很好的成绩。对于中国游客而言，摩洛哥满足了他们探索新的出境目的地的精神需求；对于摩洛哥而言，中国游客的消费也促进本国旅游行业的发展，可谓是另一个互惠合作的典范。

结 论

摩中两国在政治交流中，坚持尊重两国主权和领土完整是核心原则。两国国家元首、政府首脑和各部门负责人的互访，政党和社会组织间的频繁交流，加强了两国在国际舞台上对重大事务的协调与配合。自建交以来，摩洛哥在涉及中国核心利益和重大关切问题上始终给予坚定支持，持之以恒地坚持“一个中国”原则的立场。未来，在支持中国捍卫主权与领土完整方面，摩洛哥的立场必定坚持不变。摩洛哥本身也是殖民时期留下的边界问题的受害者，摩洛哥一直通过各种交流渠道向中国政府报告局势的变化和陈述摩方的观点，中国政府在对待这一问题上始终坚持在联合国框架内寻找解决方案的主张。摩中两国这种在相互尊重的基础上追求共同利益的政治合作关系是摩中双边合作成功的基石。中国坚持走和平统一道路，通过富有创新的“一国两制”方针成功解决香港和澳门问题，实现国家统一。中国实行“一国两制”政策所积累的宝贵经验，可以作为摩洛哥未来收回领地、实现全国统一的借鉴与参考。

政治关系的互信巩固了摩中传统的友谊，也促进了两国的贸易往来与投资合作。摩洛哥属于非石油和能源出口国，与中国的贸易却有一定的规模。自中国改革开放以来，虽然摩中贸易逆差年年增长，但摩洛哥从中国进口的产品除了日用品外，更多的是生产元素，包括生产机器与设备、通信设备、纺织业原材料和半成品。与欧美企业相比，中国生产的这些具有较高性价比的生产元素，其实更加有利于加快摩洛哥工业化的进程。当前，中国凭借广阔的本土市场的推动力，技术创新风起云涌，已经打破了新技术被欧美发达国家垄断的局面，中国在不久的未来将在智能制造方面更加成熟，引进“智造化”是助力摩洛哥各行业快速升级的捷径。

摩中的贸易逆差引起社会各界的关注，中国一方面采取鼓励摩洛哥产品打入中国市场的方式，另一方面通过援助方式进行弥补。而在摩洛哥向中国出口方面，矿产品一直处于增长态势。摩洛哥有着丰富的优质农产品和海洋渔业资源，但因摩中地理距离遥远，中方进口商对摩缺乏了解，因而尚未有效打开合作通道。笔者认为未来在磷酸盐和磷肥出口上将有效地使摩中贸易逆顺差变得更加均衡。摩洛哥磷酸盐集团经过100年的发展，在国际磷酸盐和磷肥市场已经成为领袖企业。摩洛哥在磷肥的研发和生产方面也占一席之地。摩洛哥拥有世界磷矿石73%以上的储量，无疑在未来将成为农业不可或缺的磷肥的主要出口国。中国虽然拥有一定的磷矿储备量和较强的生产能力，但以中国先进的生产技术与管理经验，联合摩洛哥进行高质量磷肥的生产，对未来本国的磷肥供应的稳定乃至全球的供应稳定将起到重要作用。而在援助方面，中国对摩洛哥的援助体现在以基础设施项目为主的承建项目的优惠贷款上。虽然规模有限，但所投入的项目运营状况良好，是非洲其他国家援建项目的典范。对于未来援助的发展方向 ，摩洛哥是通往西非国家的门户，中国协助摩洛哥完善连接西非的公路、铁路和民航等基础交通设施，无疑也是为中国产品和技术打入拥有2亿多人口的西非市场搭建通道。

2013年中国发起的“一带一路”合作倡议是对国际市场上出现的贸易保护主义趋势的应对。摩洛哥为此积极响应并于2016年与中国建立了战略伙伴关系。摩洛哥处于欧洲、非洲和阿拉伯世界的交汇处，已经与世界56个国家和地区签署了自由贸易协议。对于希望扩展国际市场和降低物流成本的中国企业来说，摩洛哥成为在海外设立生产与仓储基地的理想选择。中国第一批汽车行业企业已经在摩洛哥设点，以便更快捷地服务于欧美市场。摩洛哥通过实施优化和提升本土国际战略地理的方式，吸引更多中国企业的长期投资，以此缓解就业压力并长期为国家创造收入，用于加强基础设施建设和社会服务，从而实现社会稳定。

最后，文化合作是摩中合作关系最稳定的领域。这依赖于1982年签署的合作协议及之后每3年一签的执行计划。摩中文化合作已经逐渐形成完善机制，孔子学院和中国文化中心的平台更加增进了双方的认识，从而促进了双边关系的发展。在教育合作领域，经济的腾飞，使中国成为世界经济强国，也使更多的摩洛哥青年在家长支持下，开始选择到中国留学深造。中国政府、高校和地方面向摩洛哥大学生的不同类型的奖学金数量也越来越多。摩中需要结合奖学金的发放，联合更新摩洛哥大学生选拔机制和选择的专业，更好地服务于摩中未来不同领域的合作。2016年6月1日，摩洛哥宣布免除对中国公民的签证，摩洛哥优质的旅游资源吸引了大量的中国游客，极大地促进了摩中文化交流与旅游产业的迅速发展。通过文化交流与旅游，中国游客对摩洛哥的认识不断加深，凭借中国改革开放40年积累的经验和资源，中国游客发现了摩洛哥存在许多商机，这也可以解释2016年后，贸易和投资的快速增长趋势。

摩洛哥与中国同属世界上两个文明古国，有着悠久的历史，在新的历史时期，两国领导人以高超的智慧主导推进了两国合作关系的进程，摩中双边关系在相互尊重、互不干预、共商共建等多方面堪称国际关系中的典范。这种建立在传统友谊以及共同利益基础之上的政治、贸易、文化等方面的两国合作关系，存在“互惠关系”特征。2018年9月，在北京举行了中非合作论坛北京峰会，习近平主席宣布了中国对非洲的合作与发展计划，将在未来3年和今后一段时间重点实施“八大行动”措施，包括产业促进、设施联通、贸易便利、绿色发展、能力建设、健康卫生、人文交流以及和平安全。[①]其中有关设立中国非洲研究院（Institute of China Africa-ICA）的人文交流行动无疑将促进中国与非洲国家学者共同建构基于互惠关系的南南合作新理论。如此一来，中非合作可以摆脱西方发达国家的主流国际关系理论，更好地推动中国与其他发展中国家的合作关系。在新理论建构的努力中，摩洛哥与中国的良好关系无疑将为学者提供一定启发和借鉴。

① 朱竞若、管克江、杜尚泽：《中非合作论坛北京峰会隆重开幕　习近平出席开幕式并发表主旨讲话》，《人民日报》2018年9月4日，第3版。

参考文献

一、图书

［1］方连庆，王炳元，刘金质. 国际关系史：近代卷　下册[M]. 北京：北京大学出版社，2006.

［2］刘鸿武，杨洁勉. 中非合作50年：背景、进程与意义：中国学者论中非关系[M]. 昆明：云南大学出版社， 2009.

［3］马继森. 外交部文革纪实[M]. 香港：香港中文大学出版社，2003.

［4］穆文，张辉桐. 从日落之邦说起[M]. 上海：东方出版中心，2008.

［5］沈志华，李丹慧. 战后中苏关系若干问题研究：来自中俄双方的档案文献[M]. 北京：人民出版社，2006.

［6］沈福伟. 丝绸之路中国与非洲文化交流研究[M]. 乌鲁木齐：新疆人民出版社，2010.

［7］孙红旗. 殖民主义与非洲专论[M]. 徐州：中国矿业大学出版社，2008.

［8］夏杏珍. 六十年国事纪要：文化卷[M]. 长沙：湖南人民出版社，2009.

[9] 欧高顿. 非洲：经济增长的新大陆[M]. 北京：经济科学出版社，2010.

[10] 杨琪良. 在摩洛哥王国的六年概忆[M]//外交部：当代中国使节外交生涯编委会. 当代中国使节外交生涯：第三辑. 北京：世界知识出版社，1996.

[11] 伊本·白图泰. 伊本·白图泰游记[M]. 马金鹏，译. 宁夏：宁夏人民出版社，1985.

[12] 袁南生. 走进非洲[M]. 北京：中国社会科学出版社，2011.

[13] 翟风杰，王玉华，潘良. 非洲一体化背景下的中非合作[M]. 北京：世界知识出版社，2013.

[14] 张春. 地方参与中非合作研究[M]. 上海：上海人民出版社，2015.

[15] 张忠祥. 中非合作论坛研究[M]. 北京：世界知识出版社，2012.

[16] 赵长峰. 国际视角下的中非合作研究[M]. 武汉：华中师范大学出版社，2016.

[17] 周弘，张浚，张敏. 外援在中国[M]. 北京：社会科学文献出版社，2007.

[18] 周弘. 外援书札[M]. 北京：中国社会科学出版社，2015.

[19] 周弘，熊厚. 中国援外60年[M]. 北京：社会科学文献出版社，2013.

[20] 张永蓬. 国际发展合作与非洲：中国与西方援助非洲比较研究[M]. 北京：社会科学文献出版社，2012.

[21] 中华人民共和国外交部档案馆. 中华人民共和国外交档案

选编：第2集 中国代表团出席1955年亚非会议[M]. 北京：世界知识出版社，2007.

[22] Peter Michael Blau. Exchange and Power in Social Life[M]. New York：Transaction Publishers，1964.

[23] Deborah Brautigam. The Dragon's Gift：The Real Story of China in Africa[M]. Oxford：Oxford University Press，2009.

[24] Penny Davies. China and the End of Poverty in Africa–towards mutual benefit? [M]. Sundbyberg：Diakonia，2007.

[25] Steven W. Hook. National interest and foreign aid[M]. Boulder，Colorado：Lynne Rienner Publishers，1995.

[26] Myriam Catusse. Morocco's Political Economy[M]//Daniela Pioppi，Laura Guazzone. The Arab State and Neo–liberal Globalization: The Restructuring of State Power in the Middle East. Uthaca Press，2009.

[27] Robert I. Rotberg. China into Africa：Trade，Aid，and Influence[M]. Washington，DC：Brookings Institution Press，2008.

[28] John White. The politics of foreign aid[M]. London; Toronto：Bodley Head，1974.

[29] Peter P. Ekeh. Social exchange theory：The two traditions[M]. London：Heinemann，1974.

[30] Tade Akin Aina. Development theory and Africa's lost decade: Critical reflections on Africa's crisis and current trends in development thinking and practice[M]// Margaretha von Troil. Changing Paradigms in Development–South，East and West：A Meeting of Mind in Arica. Uppsala：The Scandinavian Institute of African Studies，1993.

二、期刊、学位论文、电子资源

[31] 伏霄汉. “对外经济技术援助的八项原则”决策的层次分析[J]. 历史教学（高校版），2008（01）：95–98.

[32] 耿殿忠. 南南合作的开端与典范——纪念万隆会议40周年[J]. 世界经济与政治，1995（03）：79，85.

[33] 黄梅波，张晓倩. 中非产能对接与非洲三网一化建设：合作基础及作用机制[J]. 国际论坛，2016，18（01）：59–65，81.

[34] 黄梅波. 中国对外援助机制：现状和趋势[J]. 国际经济合作，2007（06）：4–11.

[35] 马勇. 难忘中非友谊——忆非洲三国领导人访问桂林[J]. 广西文史，2007（02）：77–78.

[36] 钱国安. 我国同非洲国家开展经济技术合作的四项原则[J]. 国际贸易，1984（05）：36–38.

[37] 沈志华. 新中国建立初期苏联对华经济援助的基本情况（上）——来自中国和俄国的档案材料[J]. 俄罗斯研究，2001（01）：53–66.

[38] 王蔚，朱慧博. 简析改革开放以来中国的对外援助[J]. 毛泽东邓小平理论研究，2008（08）：17，45–49，85.

[39] 杨鸿玺. 中阿经贸合作的动力分析与路径选择[J]. 阿拉伯世界研究，2011（02）：29–35.

[40] 余伟斌，刘雯. 1955～1965年中国对非洲贸易研究[J]. 当代中国史研究，2017，24（02）：85–95，127–128.

[41] 张海冰. 关于中国对非洲援助能源导向的观点分析[J]. 世界经济研究，2007（10）：76–80，88.

[42] 张丽娟. 金融危机以来美国贸易政策的回顾与展望[J]. 国

际贸易问题，2011（06）：35-46.

[43] 周弘. 中国援外六十年的回顾与展望[J]. 外交评论（外交学院学报），2010，27（05）：3-11.

[44] 廖心文. 开启和发展中非关系的两个里程碑——兼谈周恩来的历史贡献[J]. 党的文献，2013（02）：39-49.

[45] 牛建立. 二十世纪六十年代前期中国从西方国家引进成套技术设备研究[J]. 中共党史研究，2016（07）：46-56.

[46] 钱国安. 我国同非洲国家开展经济技术合作的四项原则[J]. 国际贸易，1984（05）：36-38.

[47] 赵丽娜，孙宁宁. 新贸易保护主义对中国出口贸易的影响及对策研究[J]. 理论学刊，2014（11）：63-71.

[48] 许文颖. 上海援摩洛哥医疗队研究（1975-1985）[D]. 华东师范大学，2011.

[49] Daniel Large. Beyond "Dragon in the Bush": The Study of China-Africa Relations[J]. African Affairs，2008，107（426）：45-61.

[50] Hans J. Morgenthau. Public Affairs: The Impotence of American Power[J]. Commentary，1963，36（05）：384.

[51] Montserrat Emperador Badimon. Does unemployment spark collective contentious action? Evidence from a Moroccan social movement[J]. Journal of Contemporary African Studies，2013，31（02）：194-212.

[52] Mina Baliamoune-Lutz. Does FDI Contribute to Economic Growth? [J]. Business Economics，2004，39（02）：49.

[53] Karine Bennafla，Haoues Seniguer. Le Maroc à l'épreuve du printemps arabe: une contestation désamorcée? [J]. Outre-Terre，

2011，29（03）：143.

［54］Sylvia I. Bergh. ‘Inclusive’ Neoliberalism, Local Governance Reforms and the Redeployment of State Power: The Case of the National Initiative for Human Development（INDH）in Morocco[J]. Mediterranean Politics，2012，17（03）：410–426.

［55］Blanca Callén Moreu. Donner une seconde vie aux déchets électroniques：Économies informelles et innovation sociotechnique par les marges[J]. Techniques et culture，2016（65–66）：206–219.

［56］Pádraig R. Carmody，Francis Y. Owusu. Competing hegemons? Chinese versus American geo–economic strategies in Africa[J]. Political Geography，2007，26（05）：504–524.

［57］Guoqiang Cheng. China's Agriculture within the World Trading System[C]// International Agricultural Trade Research Consortium，2007.

［58］Jean–Francois Clément. Les effets sociaux du programme d'ajustement structurel marocain[J]. Politique étrangère，1995–1996，60（04）：1003–1013.

［59］Noureddine El Aoufi. L'impératif social au Maroc：de l'ajustement à la régulation[J]. Critique économique，2000（03）：53–79.

［60］Raquel Ojeda García，Ángela Suárez Collado. The Project of Advanced Regionalisation in Morocco：Analysis of a Lampedusian Reform[J]. British Journal of Middle Eastern Studies，2015，42（1）：46–58.

［61］Béatrice HIBOU. Maroc：d'un conservatisme à l'autre[J]. Legs Colonial Et Gouvernance Contemporaine，2006：154–196.

［62］Samuel P. Huntington. Foreign aid for what and for whom[J]. Foreign Policy，1970–1971（01）：161–189.

［63］United Nations Development Programme. Human Development Report 2011：Sustainability and Equity：A Better Future for All[R/OL].（2013-09-11）. http://hdr.undp.org/en/content/human-development-report-2011.

［64］Haut commissariat au plan，Centre des etudes et des recherches demographiques. Démographie Marocaine: tendances passées et perspectives d'avenir[R/OL].（2005-05）. http://redouan.larhzal.com/wp-content/uploads/2015/05/demographie-Marocaine.pdf

［65］Dominique Maillot. La Politique marocaine de non-dépendance[J]. Revue juridique et politique d'Outre-Mer：communauté，assistance，technique，coopération，1963，17（01）：3-85.

［66］Irina Gabriela Radulescu，Bogdan Dumbravescu. From GATT to WTO[J]. PetroleumGas University of Ploiesti Bulletin，Ecoromic Sciences Series 60，2008（04）：21-30.

［67］Tinasti Khalid. Morocco's policy choices to achieve Universal health coverage[J]. Pan African Medical Journal，2015，21：53.

［68］Ngaire Woods. The shifting politics of foreign aid[J]. International Affairs，2005，81（2）：393-409.

［69］Ali Zafar. The Growing Relationship Between China and Sub-Saharan Africa：Macroeconomic，Trade，Investment，and Aid Links[J]. World Bank Research Observer，2007.

三、中华人民共和国政府和摩洛哥王国政府签署的主要双边协议

［70］中华人民共和国政府和摩洛哥王国政府一九六三年三月

三十日签订的贸易协定的附加议定书[Z/OL].（1966–05–20）[2018–07–01]. 北大法宝法律数据库. 法宝引证码CLI.T.5189.

［71］中摩两国政府关于延长支付协定有效期的换文[Z/OL].（1966–09–30）[2018–07–01]. 北大法宝法律数据库. 法宝引证码CLI.T.1736.

［72］中华人民共和国政府和摩洛哥王国政府一九六三年三月三十日签订的贸易协定的补充议定书[Z/OL].（1971–04–26）[2018–12–01]. 北大法宝法律数据库. 法宝引证码CLI.T.5188.

［73］中华人民共和国政府和摩洛哥王国政府长期贸易协定[Z/OL].（1975–03–18）[2018–12–01]. 北大法宝法律数据库. 法宝引证码CLI.T.2195.

［74］中华人民共和国政府和摩洛哥王国政府关于改变支付方式的议定书[Z/OL].（1975–03–18）[2018–07–01]. 北大法宝法律数据库. 法宝引证码CLI.T.2194.

［75］中华人民共和国政府和摩洛哥王国政府关于在摩洛哥建设一个综合体育设施的合作协定[Z/OL].（1975–03–18）[2018–07–01]. 北大法宝法律数据库. 法宝引证码CLI.T.2162.

［76］中华人民共和国政府和摩洛哥王国政府关于中国派遣医疗队赴摩洛哥工作的议定书[Z/OL].（1975–03–18）[2018–12–01]. 北大法宝法律数据库. 法宝引证码CLI.T.2222.

［77］中华人民共和国政府和摩洛哥王国政府关于中国派遣医疗队和医疗专家组赴摩洛哥工作的议定书[Z/OL].（1980–06–05）[2018–12–01]. 北大法宝法律数据库. 法宝引证码CLI.T.2501.

［78］中华人民共和国政府和摩洛哥王国政府关于医疗合作的议定书[Z/OL].（1983–05–03）[2018–12–01]. 北大法宝法律数据库. 法宝引证码CLI.T.2670.

［79］中华人民共和国政府和摩洛哥王国政府文化协定一九八八、一九八九、一九九〇年执行计划[Z/OL].（1988-06-10）[2018-11-01]. 北大法宝法律数据库. 法宝引证码CLI.T.3255.

［80］中华人民共和国政府和摩洛哥王国政府文化合作一九九一至一九九四年执行计划[Z/OL].（1991-10-23）[2018-11-01]. 北大法宝法律数据库. 法宝引证码CLI.T.1158.

［81］中华人民共和国政府和摩洛哥王国政府关于鼓励和相互保护投资协定[Z/OL].（1995-03-27）[2018-12-01]. 北大法宝法律数据库. 法宝引证码CLI.T.3644.

［82］中华人民共和国政府和摩洛哥王国政府经济和贸易协定[Z/OL].（1995-03-28）[2018-07-01]. 北大法宝法律数据库. 法宝引证码CLI.T.5184.

［83］中华人民共和国和摩洛哥王国关于民事和商事司法协助的协定[Z/OL].（1996-04-16）[2018-12-01]. 北大法宝法律数据库. 法宝引证码CLI.T.262.

［84］中华人民共和国政府和摩洛哥王国政府关于医疗合作的议定书[Z/OL].（1998-04-22）[2018-12-01]. 北大法宝法律数据库. 法宝引证码CLI.T.1686.

［85］中华人民共和国外交部和摩洛哥王国外交与合作部定期政治磋商协定[Z/OL].（1996-12-25）[2018-07-01]. 北大法宝法律数据库. 法宝引证码CLI.T.3691.

［86］中华人民共和国政府和摩洛哥王国政府民用航空运输协定[Z/OL].（1998-12-03）[2018-05-01]. 北大法宝法律数据库. 法宝引证码CLI.T.3422.

［87］中华人民共和国政府和摩洛哥王国政府关于动物检疫合

作协定[Z/OL].（1998-12-03）[2018-05-01]. 北大法宝法律数据库. 法宝引证码CLI.T.3423.

[88] 中华人民共和国政府和摩洛哥王国政府关于商业航运领域的协定[Z/OL].（1999-07-05）[2018-05-01]. 北大法宝法律数据库. 法宝引证码CLI.T.5183.

[89] 中华人民共和国政府与摩洛哥王国政府环境合作协定[Z/OL].（2002-02-05）[2018-05-01]. 北大法宝法律数据库. 法宝引证码CLI.T.6018.

[90] 中华人民共和国政府和摩洛哥王国政府旅游合作协定[Z/OL].（2002-02-06）[2018-12-01]. 北大法宝法律数据库. 法宝引证码CLI.T.5976.

[91] 中华人民共和国政府和摩洛哥王国政府关于对所得避免双重征税和防止偷漏税的协定[Z/OL].（2002-08-27）[2018-05-01]. 北大法宝法律数据库. 法宝引证码CLI.T.4026.

[92] 中华人民共和国政府和摩洛哥王国政府2006-2007-2008年文化合作执行计划[Z/OL].（2006-04-24）[2018-11-01]. 北大法宝法律数据库. 法宝引证码CLI.T.6185.

[93] 中华人民共和国政府和摩洛哥王国政府文化合作协定2010年至2013年执行计划[Z/OL].（2010-06-22）[2018-12-01]. 北大法宝法律数据库. 法宝引证码 CLI.T.7106.

附 录

附录1：摩洛哥王国概况

一、摩洛哥王国的政治、经济与社会环境

摩洛哥王国（以下简称为摩洛哥）位于非洲的西北部，总面积71.085万平方公里（摩洛哥外交部官方数据）。其东部与阿尔及利亚接壤，南部与毛里塔尼亚相邻，西濒大西洋，北部是地中海南岸，隔直布罗陀海峡与西班牙、葡萄牙相望。2014年9月的人口普查显示，摩洛哥人口数量达3376万，是地中海沿岸人口较多的国家之一。阿拉伯语和阿马齐格语是国家的官方语言，而法语也被广泛使用。摩洛哥首都拉巴特，人口500万，是摩洛哥重要的政治、文化和商业中心。卡萨布兰卡是摩洛哥最大的港口城市。摩洛哥是个多民族国家，包括柏柏尔人、阿拉伯人和欧洲人的后裔。伊斯兰教逊尼派是摩洛哥的官方宗教，伊斯兰教信徒大约占总人口的99%。另外还有天主教与基督教教徒大约10 000人以及犹太教教徒2500人左右。[①]

① Central Intelligence Agency，*World Factbook 2014–15*（Washington，DC：Central Intelligence Agency，2015）.

政治环境方面，在2011年阿拉伯世界“颜色革命”爆发之时，摩洛哥国王穆罕默德六世通过进行赋予民选政府更多权力的宪法改革并启动大量促进经济发展与社会稳定的工程项目，成功平息民众抗议，使国家免遭政治危机。摩洛哥是一个二元制君主立宪制、多党制国家。国王是国家元首、宗教领袖和武装部队最高统帅；首相由议会选举中得票最多的政党任命，并向国王推荐政府大臣人选提名，行使政府行政等多项重要权力。2011年颁布的新宪法保证了言论和新闻自由，使人权自由更加有保障，同时增加了一直受歧视的女性的权利；少数民族语阿马齐格语正式成为官方语言，大区自治化成为国家的正式组织方式，并初步建立了反腐法律框架。在2017年3月17日举行的立法选举中，伊斯兰教背景的公正与发展党获胜，国王任命其总书记萨杜丁·欧斯曼尼为新首相。新政府从2011年开始开展系列立法项目来实施新宪法。与新宪法同时进行的是社会组织参与社会问题的治理，社会组织成为继国王、政府、议会后的第四种衍生政治力量。①

经济环境方面，摩洛哥的经济属于利伯维尔场经济体系。从1993年起，摩洛哥实行私有化和债券股政策，吸引海外投资成为重要的经济和社会发展动力。目前根据非洲国家GDP排名，摩洛哥可位列前五。1999年穆罕默德六世继任王位后，进行全范围的经济与社会改革，并引进海外直接投资，摩洛哥的经济保持了10年的稳定增长。在北非政治危机发生的同时，摩洛哥的经济增长率从2010年的3.7%增加到2011年的5%。但这种经济增长只面向内需，因此无法

---

① Karine Bennafla，Haoues Seniguer，“Le Maroc à l'épreuve Du Printemps Arabe：Une Contestation Désamorcée? ” *Outre-Terre*，no.3，（2011）：143-158.

吸收大量的失业人口并彻底消除贫困。15至24岁年轻人的失业率为17.9%，城市的失业率则高达32.2%。[①]

2011年开始，为了应对国内大规模抗议活动的危机以及适应全球化带来的挑战，以穆罕默德六世国王为首的政府在国际伙伴的支持下，开始加快摩洛哥各产业的工业现代化进程，并促进出口为导向的经济模式发展。农业和能源是影响摩洛哥经济的主要因素。摩洛哥农业很大程度依赖于降雨量与先进农耕设备的应用。作为非石油国家，能源的进口拖累了公共财政和贸易平衡。政府为了确保社会稳定，对白糖、食用油、面粉和石油等必需品采用补贴制度，这也加大了政府的财政困难，最后也导致各大区的发展不均匀。摩洛哥12大区中，6个大区贡献了GDP的63%。

社会环境方面，2011年的政治危机是与北非国家的社会环境恶化有关。虽然摩洛哥在工业和农业表现突出，但根据联合国开发计划署（United Nations Development Programme–UNDP）2011年的人类发展报告（Human Development Report–2011），2010年摩洛哥在全球的人类发展指数排名（Human Development Index–HDI）第130位，揭示了其在出生时的预期寿命、基础教育状况、人均国民总收入、偏远农村地区脆弱的社会服务状况等社会发展指数的严重落后程度。

其实，在北非危机开始前夕，自穆罕默德六世国王继任王位后，不断加大在社会工程的投入。自2004年至2010年，政府的人均社会投入从183迪拉姆（约22美元）/人上升到328迪拉姆（约39.50美元）/人，但却没有能够改善偏远农村人口获得社会服务的状况。尽管贫困人口规模不断降低，但70%的贫困人口生活在农村。

---

① 世界银行.《摩洛哥经济发展报告》. 2014年.

虽然农村电气覆盖率由2000年的45%增加到2010年的97%，文盲率从2000年的67%降低至2010年的55%，产妇死亡率从0.227%降低至0.112%，上述人类发展关键指标仍然与城市水平存在较大的差距，性别歧视及城乡差异等社会平等问题仍然显著。在教育方面，15至19岁的平均就学年数为5.5年，低于周围其他北非国家7.65年的平均就学年数。儿童与青年文盲率到2011年仍高达30%。[①]上述不足使摩洛哥政府自2011年后开始重新重视社会领域的投入，2019年的人类发展报告，摩洛哥在全球的人类发展指数排名（HDI）第121位，虽然比2010年排名有所改善，但仍然揭示了严重的社会问题。

在医疗卫生方面，在法国、中国等国际伙伴的支持下，摩洛哥启动全面的医疗改革取得了显著的成功。2012年在穆罕默德六世国王的指导下，摩洛哥为低收入者和贫困人口在全国实行经济困难人口医疗协助计划（RAMED），享用该医疗社会保障制度的人口超过850万。尽管医疗保障得以普及，但医疗机构只集中于大城市，公共医疗机构的医生与辅助医务人员数量不足、药品供应不足，加上儿童死亡率为4%、新生儿死亡率为2.3%以及相对较高的产妇死亡率，使严峻的医疗卫生状况成为摩洛哥最棘手的社会问题。[②]

二、摩洛哥国家发展战略

摩洛哥的长期发展愿景是由作为政治、军事与宗教最高领袖的国王制定的。摩洛哥的国家发展战略包括对政治、经济与社会的系

---

① United Nations Development Programme, *Human Development Report 2011: Sustainability and Equity: A Better Future for All*, http://hdr.undp.org/en/content/human-development-report-2011.

② Khalid Tinasti, "Morocco's policy choices to achieve Universal health coverage," *Pan African Medical Journal*, no.21, (2015): 53.

列改革措施，目标是建立符合摩洛哥国情的民主政治制度，实现能够满足稳定就业和稳定的经济增长，增进社会和谐，消除贫困并减小城乡贫富差距。

在政治改革方面，摩洛哥政府通过调整公共财政管理、国有企业现代化以及大区自治化普及来加快民主化进程，特别是以下具体改革措施：一、调整公共财政管理。由于20世纪80年代实施高度自由化改革，向国际市场的开放导致海关税收收入降低，加上政府各部门的支出存在不合理和严重的浪费现象，摩洛哥自2004年开始，实行基于间接税的过渡财政战略，包括对增值税、所得税以及对税收管理的现代化改革。这些措施使摩洛哥财政收入持续增长。自2004年至2010年，增值税的GDP比例每年均有增长，从5.8%增至8.6%。二、国有企业现代化。为了优化国有企业的管理体制，提高透明度、公信度以及效率，在全国启动系列改革工程，包括农业、能源、物流、港口以及工业领域的改革。到2011年国有企业占据国家公共投资的64%，仍然是产业发展的核心推动力。①三、普及大区自治化。为了让偏远地区的居民获得更好的公共服务，自2008年由内务部负责协调，在全国实行国家去中央化加强计划（National Plan for Strengthening Decentralization–PNDR）。②

在经济改革方面，摩洛哥设定系列中长期改革措施，具体包括：一、通过引进海外投资、新技术以及加强对专业人才的培养来强化生产基础，从而提高摩洛哥经济的国际竞争力，同时促进出

① Béatrice Hibou, “Maroc: d'un conservatisme à l'autre,” *Legs colonial et gouvernance contemporaine*, no.2, （2006）: 154–196.

② Raquel Ojeda García, “Ángela Suárez Collado. The Project of Advanced Regionalisation in Morocco: Analysis of a Lampedusian Reform,” *British Journal of Middle Eastern Studies*, no.42（2015）: 46–58.

口，以此来促进就业率的稳定与增长；二、通过培育新行业来实现经济增长的多元化，例如汽车与航空行业；三、通过持续的法务改革来为民营企业创造有利的商业环境，尤其在劳资关系、投资优惠政策、知识产权以及合同法等方面；四、加强农业现代化，并提高其对经济增长的贡献；五、与欧盟、美国、非洲、阿拉伯等国家签订自由贸易协议，并不断调适对这些市场的进口标准和法规。[①]

在社会改革方面，最突出的是穆罕默德六世国王于2005年5月18日发起的旨在消除贫困和减小贫富差距的国家人类发展倡议（National Initiative for Human Development–INDH），其战略规划涉及教育、医疗卫生、性别平等等方面。在农村社会工程方面，主要规划涉及农村饮用水、电化普及、义务教育的普及以及农村公路网络[②]的修建。

---

① Mina Baliamoune–Lutz, "Does FDI Contribute to Economic Growth? ," *Business Economics*, no.4（2004）: 49–56.

② Sylvia I. Bergh, " 'Inclusive' Neoliberalism, Local Governance Reforms and the Redeployment of State Power: The Case of the National Initiative for Human Development（INDH）in Morocco," *Mediterranean Politics*, no.3（2012）: 410–426.

附录2：中华人民共和国政府和摩洛哥王国政府签署的主要合作文件（1958—2016）

序号	协定	签约日期	主要内容
1	《贸易协定》	1958年10月	摩中历史上第一个贸易协定。规定了交易商品目录和进出口金额。
2	《支付议定》	1961年10月	基于1958年的贸易协定确定支付方式为记账支付方式。
3	《贸易协定》	1963年3月	进一步完善1958年贸易协定。规定了未来摩中贸易的交易范围、商品配额、进出口规模和支付方式。
4	《一九六三年三月三十日签订的贸易协定的附加议定书》	1966年5月	根据1961年10月的支付协定和1963年3月的贸易协定，替换新的货单，签署为期1年的补充议定书。
5	《一九六三年三月三十日签订的贸易协定的补充议定书》	1971年4月	根据1961年10月的支付协定和1963年3月的贸易协定，替换新的货单，签署为期1年的补充议定书。
6	《长期贸易协定》	1975年3月	不再限制具体的商品交易范围，在发给进出口许可证和海关方面互相给予优惠的待遇。
7	《关于改变支付方式的议定书》	1975年3月	把记账支付方式改为现汇支付方式。
8	《关于在摩洛哥建设一个综合体育设施的合作协定》	1975年3月	在拉巴特建设包含一个规模为六万人座、设有田径跑道和足球场的体育场，以及一个规模为八千人座的体育馆的综合体育设施。
9	《关于中国派遣医疗队赴摩洛哥工作的议定书》*	1975年3月	中国医疗队按照定点和巡回医疗相结合的方法，为摩洛哥提供医疗援助，协议有效期为两年。

（续表）

序号	协定	签约日期	主要内容
10	《体育、青年合作议定书》	1980年10月	1981年至1982年摩中鼓励体育互派代表团和青年交流的合作议定书。
11	《文化合作协定》**	1982年2月	摩中两国将通过组织艺术、教育、科学、卫生、体育、影视、出版和新闻等领域的文化活动以及互派文艺代表团、教师、运动员和教练员来促进双边文化交流发展。摩中政府每三年会定期签署文化合作执行计划来落实协定的各项内容。
12	《经济技术合作协定》	1992年6月	鼓励增强经贸往来和技术转移以及中国政府向摩洛哥政府提供无偿援助。
13	《关于鼓励和相互保护投资协定》	1995年3月	用法律的形式维护两国投资者的利益，双方经贸合作范围扩大到投资领域。
14	《经济和贸易协定》	1995年3月	交易商品增加了服务贸易；鼓励两国自然人和法人之间建立经贸合作关系；规定两国贸易之间的免征关税产品、产品推广、支付方式以及成立负责监督本协定执行的混合委员会。该协定生效之日起，1975年3月18日签订的贸易协定同时失效。
15	《关于民事和商事司法协助的协定》	1996年4月	规定了两国有关司法保护、司法救助、法人、司法协助的费用和联系途径、书面文字、法院裁决的适用范围等法务合作事务。

（续表）

序号	协定	签约日期	主要内容
16	《中华人民共和国外交部和摩洛哥王国外交与合作部定期政治磋商协定》	1996年12月	促进双方高级别会议以及在各领域两国对共同感兴趣的国际问题进行磋商。
17	《摩洛哥王国出口促进中心和中国国际贸易促进委员会合作协议》	1996年6月	促进两机构间进行贸易和经济信息的交流。
18	《关于动物检疫合作协定》	1998年12月	加强在动物保健和动物、动物产品检疫方面的合作，协调实验室分析方法，以促进动物、动物产品的贸易往来。
19	《关于植物检疫合作协定》	1998年12月	加强两国植物检疫领域的合作，有效防止有害生物的传播和蔓延，保护双方的生产和植物资源。
20	《民用航空运输协定》	1998年12月	作为1944年12月7日在美国芝加哥开放签字的《国际民用航空公约》的参加国，两国缔结一项补充上述公约的协定，为了建立和发展两国领土之间及其以远地区的航班。
21	《中国国土资源部与摩洛哥能源矿产部关于开展地质、矿产和能源合作的谅解备忘录》	1998年12月	涉及能源资源评价及规划，矿产资源勘查与开发，地球物理、地球化学、水文地质、实验测试和遥感技术的应用，基础地质（区域地质填图），矿产开发的环境研究，信息交流、培训等未来可开发合作项目。

（续表）

序号	协定	签约日期	主要内容
22	《关于商业航运领域的协定》	1999年7月	建立两国商业航运领域的友好合作，促进两国港口间客、货运输。
23	《经济技术合作协定》	2002年2月	中国政府将向摩洛哥政府提供用于实施双方商定的经济技术合作项目的无偿援助。
24	《在社会发展、就业和职业培训领域的合作议定书》	2002年2月	协助摩洛哥发展职业教育和促进青年就业。
25	《中华人民共和国建设部和摩洛哥王国领土整治、城建、住房与环境部合作议定书》	2002年2月	开展住房和城乡建设方面的国际交流与合作。
26	《环境合作协定》	2002年2月	开展环境保护和合理利用自然资源方面的双边合作，规定了环境保护合作领域和方式，鼓励两国环境机构、从事环保工作的学术团体以及企业增强交流。
27	《中华人民共和国卫生部和摩洛哥王国卫生部卫生合作协议》	2002年2月	更新上海援摩医疗队在摩洛哥实行援助的协定。
28	《旅游合作协定》	2002年2月	双方将鼓励采取促进和增加彼此之间旅游交流的措施并做好旅游推广和统计工作。
29	《中国广播电影电视总局与摩洛哥广播电视局合作协议》	2002年2月	中国广播电影电视总局与摩洛哥广播电视局合作协议。

（续表）

序号	协定	签约日期	主要内容
30	《中华人民共和国新华通讯社与摩洛哥马格里布阿拉伯通讯社合作协定》	2002年2月	加强中华人民共和国新华通讯社与摩洛哥马格里布阿拉伯通讯社相互间的交流与合作。
31	《贸易关系促进合作备忘录》	2002年2月	摩中企业家在上海签署的合作文件。
32	《关于对所得避免双重征税和防止偷漏税的协定》	2002年8月	为涉税各方和两国适用的现行税种给予定义并说明缔约国双方不同的征税情况。该协定于2006年8月16日起生效，2007年1月1日起执行。
33	《经济技术合作协议》	2005年9月	中国政府将向摩洛哥政府提供2000万元人民币无偿援助，用于实施双方商定的经济技术合作项目。
34	《关于在中国举办摩洛哥纺织领域管理和技术人员研修班的换文》	2005年9月	中国政府邀请摩洛哥政府派遣60名纺织管理和技术人员赴华研修，研修班分三期进行，每期20人20天，所需费用在中国提供的无偿援助项下支付。
35	《经济技术合作定》	2006年4月	中国政府将向摩洛哥政府提供用于实施双方商定的经济技术合作项目的无偿援助。
36	《中华人民共和国国家旅游局和摩洛哥王国旅游部关于中国公民组团赴摩洛哥旅游实施方案的谅解备忘录》	2006年4月	规定中国公民组团赴摩洛哥旅游的实施方案。

（续表）

序号	协定	签约日期	主要内容
37	《关于中国派遣医疗队赴摩洛哥工作的议定书》	2006年4月	更新上海援摩医疗队在摩洛哥实行援助的协定。
38	《2006—2007—2008年文化合作执行计划》	2006年4月	三年文化合作执行计划包括举办文化周、艺术节、展览会等活动，加快落实两国旅游合作协议，积极推动地方、民间机构的交往。
39	《提供施工机械的换文》	2006年4月	中国向摩洛哥提供用于公共工程项目的施工机械的换文。
40	《科技合作协定》	2006年4月	重点加强摩中科技、通信、农业、油气资源开发和信息交流。
41	《中国中化集团公司与摩洛哥磷酸盐集团公司2007年磷肥进口合同》	2006年4月	中国中化集团公司与摩洛哥磷酸盐集团公司2007年磷肥进口合同。
42	《中华人民共和国水利部与摩洛哥王国国土整治、水资源与环境部水务国务秘书处在水资源领域合作谅解备忘录》	2006年7月	加强和扩大中国与摩洛哥在水资源管理和水资源开发利用和可持续发展领域的科技和经济合作，发展短期、中期和长期的合作关系。
43	《设立拉巴特孔子学院的合作协议》	2008年3月	由北京第二外语国际合作学院和摩洛哥穆罕默德五世大学合作设立孔子学院。合作形式由中国国家汉办派遣教师、提供教材并收取象征性的报名费，由摩方提供教学场地。

（续表）

序号	协定	签约日期	主要内容
44	《关于摩洛哥柑橘出口中国植物检疫要求议定书》***	2008年3月	允许符合议定书要求的摩洛哥柑橘向中国出口。
45	《青年与体育合作谅解备忘录》	2015年3月	加强2015年至2018年期间的体育方面的合作。
46	《关于在摩设立中国文化中心的谅解备忘录》	2016年1月	中国文化部代表团访摩期间，同摩洛哥文化部议定在拉巴特设立中国文化中心。
47	《水利灌溉领域合作谅解备忘录》	2016年2月	在灌溉排水技术的研发与应用、雨水收集及雨水灌溉技术的示范推广、灌区洪涝灾害防治与管理、废水处理及其在灌溉中的应用、气候变化对水资源影响及对策、灌溉建设与管理人员的能力建设等领域开展交流与合作。
48	《中华人民共和国和摩洛哥王国关于建立两国战略伙伴关系的联合声明》	2016年5月	两国领导人决定建立以相互尊重、平等互利原则为基础的中摩战略伙伴关系，并在政治、经济等六方面达成共识。
49	《经济和工业合作谅解备忘录》	2016年5月	涉及协助中国企业在摩洛哥设立有利于创造就业的领域，包括汽车、航天航空、纺织业等领域。
50	《经济和工业合作区建设谅解备忘录》	2016年5月	在摩洛哥专门为中国企业建设中摩合作经济和工业合作区。
51	《引渡公约》	2016年5月	涉及互相引渡被另一国司法当局起诉或判刑的个人。
52	《司法互助协议》	2016年5月	涉及刑事案件互相协助。
53	《经济与技术合作协议》	2016年5月	1亿元人民币赠款。

（续表）

序号	协定	签约日期	主要内容
54	《领事合作谅解备忘录》	2016年5月	为中国持有“公共事务护照”和摩洛哥持有“特殊护照”人员免除签证。该备忘录在穆罕默德六世国王免除中国公民签证前一天签署。
55	《铁路合作谅解备忘录》	2016年5月	由中国铁路总公司和摩洛哥国家铁路局签署，有关中国铁路技术的引进。
56	《基础设施建设合作备忘录》	2016年5月	涉及协助两国企业在规划、施工、安装、运营以及相关建筑和工业材料的供应与生产。
57	《地质与矿业合作协议》	2016年5月	关于两国加强地质勘探和矿产开发的合作。
58	《货币互换协议》	2016年5月	由摩洛哥银行和中央人民银行签署的货币互换协议。
59	《加强旅游合作谅解备忘录》	2016年5月	包括旅游职业培训、实习岗位、专家交换以及旅行社交流。
60	《碳氢化合物和能源领域的合作协议》	2016年5月	碳氢化合物合作涉及石油和天然气勘探；能源合作涉及电力、可再生能源、能源效率等。
61	《关于食品安全合作的谅解备忘录》	2016年5月	规定进出口业务中的食品安全领域合作内容。
62	《科学、技术和国防工业领域的合作协议》	2016年5月	加强国防科技开发合作。

备注：

* 根据1975年签订的《中华人民共和国政府和摩洛哥王国政府关于中国派遣医疗队赴摩洛哥工作的议定书》，协议有效期为两年，每更新合作议定书一次则轮换一批医疗队，至今已更新20次。包括2002年2月摩洛哥穆罕默德

六世国王访华和2006年4月中国国家主席胡锦涛访问摩洛哥期间签署的卫生合作协议。

** 根据1982年签订的协议，摩中政府每三年会定期签署文化合作执行计划来落实协议的各项内容，包括2006年4月中国国家主席胡锦涛访问摩洛哥期间签署的2006—2007—2008年文化合作执行计划。至今在该协议的基础上摩中已经签署了9个文化协议的执行计划。

***2008年至2014年因摩中两国政府基本完成所有的框架协议签署，因此摩中签署更多的是关于投资、贸易或文化的执行性合作文件。另外因没有发生两国元首互访，因此政府间协议比较少。

信息来源：笔者整理。

附录3：中摩签署的贸易协定范本

签订日期：1975年3月18日

生效日期：1975年3月18日

签订地点：北京

中华人民共和国政府和摩洛哥王国政府长期贸易协定

中华人民共和国政府和摩洛哥王国政府为了在平等互利原则的基础上发展两国之间的贸易关系，达成协议如下：

第一条　中华人民共和国政府和摩洛哥王国政府，为促进和发展两国间协调平衡的贸易，在发给进出口许可证和海关方面互相给予优惠的待遇。

第二条　为便利两国贸易的发展，符合缔约双方特别利益的产品已列入本协定所附的货单“甲表”和“乙表”，这些货单仅供参考。

中华人民共和国向摩洛哥王国出口的产品见“甲表”。

摩洛哥王国向中华人民共和国出口的产品见“乙表”。

缔约双方对上述两个货单内未列入的商品并无限制之意。

第三条　两国间的贸易将在中华人民共和国的各外贸公司与摩洛哥王国自然人或法人之间根据两国各自现行的规章所签订的合同基础上进行。

第四条　为鼓励两国贸易关系的发展，缔约双方将互相给予参加博览会和组织贸易展览必要的便利。

第五条　来自缔约另一方的下列物品，进入缔约一方的海关时，应免征关税：

甲、免费的贸易样品；

乙、目录、价格单、画册和其它说明材料；

丙、用于博览会和展览会的将再运出的物品。

第六条　本协定范围内的商品贸易将根据两国各自现行的外汇管理法令进行并以任何一种可兑换的货币支付。

第七条　成立一个由双方政府代表组成的混合委员会负责监督本协定的良好执行。

在缔约任何一方要求下，委员会将举行会议交流情况，研究本协定执行中发生的问题，并在必要时向两国政府建议一切适宜的措施。

会议的时间和地点由双方商定。

第八条　本协定自签字之日起生效，有效期为三年，如在期满前三个月缔约任何一方未以书面通知缔约另一方终止本协定，则本协定将逐年自动延长。

自本协定生效之日起，一九六三年三月三十日在北京签订的中华人民共和国政府和摩洛哥王国政府贸易协定即行失效。

本协定于一九七五年三月十八日在北京签字，共两份，每份都用中文和法文写成，两种文本具有同等效力。

中华人民共和国政府代表	摩洛哥王国政府代表
外交部长	外交国务大臣
乔冠华	艾哈迈德·拉腊基博士
（签字）	（签字）

附录4：中摩签署的文化合作协定执行计划范本

签订日期：2010年6月22日

生效日期：2010年6月22日

签约地点：北京

中华人民共和国政府和摩洛哥王国政府文化合作协定
2010年至2013年执行计划

中华人民共和国政府和摩洛哥王国政府（以下简称为双方），希望加强和发展两国的文化合作，并根据两国1982年2月25日缔结的文化协定，决定签订2010年至2013年度文化合作执行计划，条款如下：

一、文化

（一）古迹与遗产：

第一条　双方互换有关文化遗产的清点、整理以及保护、维修历史建筑和名胜古迹的各种文献资料和出版物。

第二条　双方鼓励文化遗产保护机构在古建筑的修缮、维护和使用方面进行合作，并交换保护、修缮名胜古迹方面的资料和经验。

第三条　根据双方商定的时间表，双方每年互派1—2名文化财产研究和保护方面的专家进行互访，考察对方在保护、修缮历史文物古迹方面的工作。

第四条　双方鼓励摩洛哥王国国家文化遗产科学研究院与中国相应机构建立联系并进行合作，通过派遣和接待考古学和古迹维护方面的专家来交流相关的经验和资料。

第五条 双方将探讨并商签《防止盗窃、盗掘和非法进出境文化财产的协定》的可行性。

第六条 双方鼓励中国有关博物馆与摩洛哥相关博物馆在博物馆运作、管理、馆藏文物保护及文物展览等方面进行合作，并每年互派1至2名该领域的专家以了解对方的经验，交流信息。

第七条 双方共同组建手工艺、传统工艺方面的工作室。

（二）图书、出版与档案

第八条

1. 双方鼓励在图书、出版及公众阅读方面进行合作。

2. 双方在本计划有效期内组派5人新闻出版代表团互访，为期一周。

3. 双方鼓励相互介绍对方国家包括儿童读物在内的重要的思想和创作成果，并在本国翻译、出版。中方根据现有项目向摩方有关出版机构翻译和出版中国的图书提供资金帮助。

第九条 双方鼓励各自的图书出版和发行机构积极参加在对方国家举办的国际书展。

第十条 双方鼓励摩洛哥王国国家图书馆和中国国家图书馆之间开展合作，交换两馆文化和遗产方面的阿拉伯语或拉丁语图书、论文和出版物。

第十一条 双方派遣2名手稿修复和数字化领域的专家进行互访，交换经验，并为摩方在此领域学习中方经验提供方便。双方派遣4名多媒体图书馆和图书保管方面的专家进行互访，以互相了解公众阅读领域的经验。

第十二条 双方派遣2名图书馆学或图书馆信息网络方面的专家

进行互访，并接待对方2名公共图书馆管理人员，以了解对方在公众阅览管理方面的经验。

第十三条 双方鼓励互换两国文化遗产方面的光盘和视听资料。

（三）艺术与戏剧

第十四条 双方在绘画和造型艺术领域交流经验并互办展览，鼓励摩洛哥德土安国家美术学院与中国相应机构中造型艺术领域的教授进行互访。

第十五条

1．双方鼓励两国传统音乐团组参加在对方国举办的文化艺术节。

2．中方支持摩方参加将于2010年上海世博会期间举办的文化活动。

第十六条 双方鼓励拉巴特穆罕默德五世剧院与在北京的国家剧院开展合作，建立机构间的文化合作关系，交流戏剧方面的经验并互派专家。

第十七条 双方鼓励在戏剧艺术与文化活动领域开展合作，互换信息、资料，中方派遣形体表演、杂技动作技巧等舞台艺术和技术领域的专业老师，到拉巴特高等戏剧学院为学生授课并组织培训。

第十八条 中方派遣2名哑剧和木偶剧专业的老师到拉巴特高等戏剧学院授课。

第十九条 摩方派遣1名拉巴特高等戏剧和文化活动学院的教授或负责人访华，以了解中国高等院校在戏剧创作方面的经验。

第二十条 双方鼓励两国的文学艺术联合会等有关机构增进了

解和直接联系。

（四）文化活动

第二十一条　双方互换文化发展、文化活动和民间艺术方面的信息和资料，加强上述相关机构，特别是摩洛哥有关文化官的管理和运行机构与中国相应机构间的合作关系。

第二十二条　双方互办各种文化艺术活动，包括举办为期1—2周的造型艺术展。

第二十三条　双方在本计划有效期内派高级文化代表团互访，磋商和交流文化领域的经验。

二、基础教育

第二十四条　双方致力于围绕摩洛哥王国为振兴教育而制定的促进改革计划内容开展合作，特别是以下领域：

1．支持摩洛哥的教育体制建设，在非中的范围内统一资源；

2．提高初等教育水平，拓宽教学基础；

3．支持技术教育；

4．在认证教学机构和提高学校生活质量方面交流经验；

5．提高精英教育和科研；

6．加强语言教学；

7．杜绝教育资源浪费；

8．提高特需教育，强调就学机会均等；

9．发展教育培训、跟踪和校正机制；

10．提高管理和教育人员素质，合理配置资源；

11．在教学制度中使用现代通讯手段；

12．在教育领域制定集宣传、联络和指导为一体的计划。

第二十五条　双方努力与非洲国家发展教育领域的三方合作。

三、高等教育

第二十六条　双方鼓励两国大学、高教科研机构、人才培训机构之间通过签订合作协定进行直接的合作。

第二十七条　鼓励双方在以下领域交流经验：

1. 职业技术培训，特别是一些需要授予文凭证书的培训；

2. 如何发挥学校的自主独立性；

3. 校际合作与经济和社会环境的联系；

4. 高等教育投资；

5. 对学生的引导；

6. 在摩洛哥大学开展中文教学；

7. 保证高等教育质量；

8. 创新和科技领域；

9. 大学排名的主要指标。

第二十八条

1. 中方每年向摩方提供15个研究生全额奖学金名额（即摩方每年在华的留学生人数不超过15人）。

2. 摩方每年向中方提供10个研究生奖学金名额，注册专业由双方商定，中方学生应符合摩洛哥有关机构所要求的资历条件。

第二十九条　双方鼓励互换：

1. 两国高校和科研机构的文献资料、出版物、图书和学术论文。

2. 大学教师进行短期访问，举办讲座，并参加对方大学举办的各种研讨会、论坛或科学、文化展览会。

3. 专家和负责人访问，考察对方的教学大纲和科研领域。

4. 两国高等教育制度的文献资料和信息、高等教育大纲及文凭。

四、新闻与宣传

（一）广播与电视

第三十条 双方致力于：

1. 安排两国新闻机构的负责人和专家定期会面，探讨合作机会，确定合作领域，并制定专门的协定。

2. 交换反映重大事件及两国各个机构历史发展和进步面貌的节目。

3. 鼓励两国合作进行电视节目制作，特别是儿童节目制作。

4. 交换两国视听方面的档案资料和图片，以便制作有关两国历史文化遗产的节目。

5. 在双方新闻机构达成共识的领域为两国的专家和技术人员安排培训。

（二）通讯社

第三十一条 双方鼓励和支持交流经验，互派阿拉伯摩洛哥通讯社和新华社的记者和工作人员进行访问，推动执行两家通讯社之间已经签署的合作条款。

（三）电影

第三十二条 双方轮流在对方国家举办电影周，参加在对方国家举办的电影节。

第三十三条 双方鼓励在本国发行对方国家的电影片；鼓励两国的国家电影资料馆交换馆藏影片及资料。

（四）培训

第三十四条 双方鼓励摩洛哥新闻通讯高等学院与中国相关机构在新闻、通讯、信息技术等领域的人才培训方面开展合作，并交流经验和研究论文。

（五）广告

第三十五条　双方鼓励两国广告机构间的技术合作。

第三十六条　双方交换下列资料和统计数据：

1. 两国的广告市场状况。

2. 电视频道中的广告价格。

3. 广告制作及其评估。

4. 两国负责电视和广播收视调查的相关机构的经验。

5. 广告方面的立法。

6. 广告业的行业准则。

第三十七条　摩方吸取中方在广告赞助领域的经验。

五、青年与体育

第三十八条　根据摩洛哥青年与体育部和中华人民共和国国家体育总局于2009年9月17日在北京签署的体育合作会议纪要有关内容，双方鼓励和支持两国在体育领域的合作。

第三十九条　根据摩洛哥青年体育部和中华全国青年联合会达成的共识，双方鼓励两国在青年领域的合作。

六、妇女、儿童与残疾人事务

第四十条　双方在以下方面交流信息、研究成果和经验：

1. 改善妇女地位和状况；

2. 帮助残疾人士；

3. 保护儿童；

4. 关爱老年人；

5. 两国开辟新的志愿者工作和社区工作的领域。

第四十一条　双方在专业教师培训课程方面交流经验，使残疾儿童能够上学，使那些条件困难的儿童能够得到社会救助。

第四十二条　双方促进以下方面的合作：

1．共同推动联合国制订和实施《残疾人权利公约》；

2．相互交流残疾人领域中的立法经验和政策研究结果；

3．利用先进信息手段促进残疾人士职业技能培训。

第四十三条 双方在体育、文化、艺术方面：

1．发展残疾人体育、文化和艺术活动，鼓励他们参与多种国际性或地区性竞赛；

2．参加残疾人、关心儿童、提高妇女社会地位的相关的各类论坛、讲座和展览。

七、宗教与伊斯兰事务

第四十四条　双方在伊斯兰研究、宗教律法教学方面交流信息和经验，鼓励中摩两国伊斯兰宗教学校的教师互访。

第四十五条　双方鼓励两国全国性宗教团体互赠为培训宗教人才编写的教材，并在两国的宗教学院和宗教机构之间进行制定培训计划和战略规划方面的合作，同时在培训伊玛姆（相当于阿訇）和从事伊斯兰教演说、训诫、宗教指导人才方面交流经验。

第四十六条　摩方研究中方提出的官方推荐人选，招收中方10名穆斯林学生在摩方的宗教学校学习阿拉伯语和宗教哲学。

第四十七条　双方鼓励在伊斯兰图书印刷领域进行合作，把其翻译成阿拉伯语、中文和其他外语出版发行，并优先考虑反映当代社会伊斯兰教内容的图书，鼓励在复兴伊斯兰遗产领域的合作，鼓励交换伊斯兰题材的书籍、印刷品和手稿。

第四十八条　双方通过正式渠道，互相邀请对方学者参加在本国举办的座谈会、见面会及讲座。

第四十九条　双方在制作宗教宣传的视听节目方面交流经验。

八、总则与财务

第五十条　本计划不排除通过外交途径商定的其他合作项目。

第五十一条　双方努力于实施本计划内既定项目，关于费用、举办时间、代表团人数以及任何需要通过外交途径确定的细节，双方根据以下条款执行：

1. 任何一方在邀请对方参加其组织的会议、艺术节及各种活动时，应提前足够的时间向对方发送邀请函。

2. 在对方国家举办文化艺术活动，举办方应提前三个月将活动举办的日期通知对方，并提供所有必要的艺术和技术资料。

3. 任何一方至少提前一个月通知对方有关互访团组的抵达日期。

4. 派遣方负担参加文化活动的代表团成员及展品和电影片的往返国际旅运费和保险费用；接待方负担代表团在其国内的食宿、交通、医疗费用，以及组织展览和举办电影活动的费用，并负责展品和影片在其国内的安全和维护。

5. 留学生派遣方负担其往返国际旅费。此外双方留学生的住宿和学习等相关费用，根据各自规定执行。

第五十二条　本计划自签字之日起生效。有效期至2013年。本计划将持续生效，直至双方签署新的相同领域内的执行计划。

本计划于2010年6月22日在北京签署，一式两份，每份用中文和阿拉伯文写成，两份文本具有同等效力。

中华人民共和国政府代表	摩洛哥王国政府代表
文化部部长	文化部大臣
蔡武	本萨姆·希米什
（签字）	（签字）

附录5：中国对摩洛哥援助及优惠贷款数据汇总表（2000—2018）

序号	援助项目	年份	领域	形式	金额（万）	货币	美元等值（万）
1	上海援摩洛哥医疗队	1975—2018	社会	医生派遣			
2	经贸与技术合作	2000	经济	无息贷款	3000.00	MAD	282.34
3	社会公共设施贷款	2000	社会	优惠贷款			
4	向穆罕默德五世基金提供社会公共服务援助	2000	社会	赠款	60.00	MAD	5.65
5	向侯赛马提供物资，用于修建通向本地偏远城市的道路	2000	社会	物资赠送	65.00	MAD	6.13
6	用于建设两个微型水电中心必需的设备	2000	社会	物资援助			
7	综合医疗诊所项目建设	2001	社会	优惠贷款	16 500.00	CNY	1812.24
8	伊夫兰、沙温和侯赛马建设三个小型水坝	2002	经济	优惠贷款	603.00	USD	603.00
9	设备赠送	2002	社会	物资赠送	80.00	CNY	9.67
10	古利明–斯马拉地区地球化学填图项目	2002	生产	优惠贷款	500.00	CNY	60.41
11	经贸与技术合作	2002	经济	无息贷款	3000.00	CNY	362.45

（续表）

序号	援助项目	年份	领域	形式	金额（万）	货币	美元等值（万）
12	社会公共设施	2003	社会	优惠贷款	4000.00	CNY	483.26
13	用于实现经济与技术合作和中国物资进口计划	2003	经济	赠款	530.00	CNY	56.49
14	位于肯尼特拉、菲斯和马拉喀什的三个游泳馆项目	2003	社会	优惠贷款	5000.00	CNY	726.47
15	地震紧急援助	2004	社会	物资援助	500.00	CNY	60.41
16	地震紧急援助	2004	社会	医生派遣			
17	医疗机构建设	2004	社会	优惠贷款	12 522.78	CNY	1513.00
18	议会院办公用品	2005	社会	物资赠送			
19	水利工程项目	2006	经济	物资赠送	2200.00	MAD	250.13
20	社会公共设施建设	2006	社会	赠款	4000.00	CNY	501.67
21	妇联办公用品	2006	社会	物资赠送			
22	摩洛哥塔扎—乌吉达高速公路项目	2008	经济	优惠贷款	25 700.00	USD	25 700.00
23	水稻种植	2008	经济	技术培训			
24	创办孔子学院	2008	社会	老师派遣			
25	社会公共设施建设	2009	社会	赠款	1000.00	MAD	124.11

（续表）

序号	援助项目	年份	领域	形式	金额（万）	货币	美元等值（万）
26	太阳能技术合作	2009	生产	赠款	1000.00	CNY	146.38
27	农村学校	2009	社会	物资赠送	1100.00	MAD	136.53
28	名胜古迹维护	2010	社会	技术支持			
29	互派留学生	2010	社会	奖学金			
30	摩洛哥外交学院教育设备	2010	社会	赠款			
31	贝哈希德—拜尼梅拉高速公路	2011	经济	优惠贷款	24 800.00	USD	24 800.00
32	磷矿采购	2011	经济	扩大采购量			
33	农业设备	2011	社会	物资赠送			
34	体育设备	2011	社会	物资赠送			
35	水利建设水坝建设	2011	经济	优惠贷款			
36	中小企业发展	2012	经济	优惠贷款	10 000.00	USD	10 000.00
37	摩洛哥茶叶博物馆	2012	社会	技术支持			
38	创办孔子学院	2012	社会	教师派遣			
39	太阳能设备	2012	社会	物资赠送			

（续表）

序号	援助项目	年份	领域	形式	金额（万）	货币	美元等值（万）
40	社会公共设施建设	2013	社会	赠款	2000.00	CNY	317.46
41	燃煤电厂	2014	生产	优惠贷款	29 988.00	USD	29 988.00
42	中小企业发展	2014	经济	优惠贷款	10 000.00	USD	10 000.00
43	地球化学填图项目	2015	生产	赠款	500.00	CNY	79.37
44	地质软件	2016	生产	培训/赠送			
45	公务员和技术人员赴华培训	2016	社会	培训			
46	太阳能路灯项目	2017	社会	物资赠送			
47	公务员和技术人员赴华培训	2017	社会	培训			
48	竞速轮椅和篮球轮椅	2018	社会	物资赠送			
49	饮用水供应项目	2018	生产	优惠贷款	4336.00	EUR	4878.37

数据来源：作者基于中国商务部、中国卫生部、摩洛哥相关受援部门、摩中官方媒体、摩中使领馆提供的公开信息整理而成。

附录6：纳赛尔 · 布希巴在中非智库论坛第八届会议开幕式上的演讲[①]（2019年8月26日）

尊敬的诸位中非领导，尊敬的诸位中非智库学者，女士们，先生们，朋友们：

大家好！

首先，请允许我向本次活动的主办方致以衷心的感谢！感谢主办方邀请我们“中非大家庭”相聚在北京，相聚在这具有800多年悠久历史的钓鱼台，共同探讨“构建中非命运共同体”。

北京，是一个非常美丽的城市，在20世纪90年代，我非常荣幸地在这里度过了一段难忘的学习时光。那时，在北京学习期间，我与同学们一起游览颐和园，荡舟昆明湖，金秋时节，我们爬香山、赏红叶，还常常漫步在极富老北京特色的条条胡同。

在北京学习的日子里，我与中国的同学们共同见证了三次举国同庆的历史时刻：一次是1997年7月1日香港的回归，一次是1999年澳门的回归，还有一次就是2001年北京申奥成功！

自新中国成立以来，就与非洲新独立的国家保持了基于互相尊重、互不干涉以及在重大国际事务上外交团结一致的密切关系。1971年10月，26个非洲国家代表——包括我的祖国摩洛哥代表，在联合国大会上热烈欢庆：联合国通过了有关“恢复中华人民共和国的一切权利，承认她的政府的代表为中国在联合国组织的唯一合法代表”的决议。此举巩固了中国作为发展中国家的“带领

① 《提质增效，推动中非合作取得新进展》，《人民日报》2019年8月30日，第3版。

者”的身份。

我们摩洛哥有一句谚语，可以用来描述中非关系：当你在顺风顺水的时候，会有很多人来与你合作；当情况不妙的时候，只有靠家人相助。20世纪80年代初，非洲国家经历了许多灾难，以至于许多西方发达国家的学者，将非洲描述成“迷失的一洲”（The Lost Continent），意指没有希望的大洲。大多数国际跨国公司放弃了在非洲的发展计划，而中国依然如故，像家人一样，不离不弃，坚持加大与非洲的贸易往来和对非洲的经济援助。

如今，非洲大多数国家通过加强内部合作与不断努力，发展增速，成为新兴市场和海外直接投资的新热点，即便最近10年来，全球性经济危机的影响仍在持续，但非洲已经成为富有商机、生机勃勃、快速发展的大陆。而中国，仍然像一名家庭成员一般，继续提供长远的、珍贵的支持。

20世纪90年代末，随着中非关系进入快速发展的新阶段，成立一个制度性平台，将中非合作、发展、帮扶援助提升到一个新高度，就显得十分迫切。因此，中非合作论坛于2000年在北京应运而生。论坛的成员将论坛的目标设定为通过具体阶段性措施，促进中国在非洲的投资和贸易往来。这对非洲国家完善基础设施建设，促进产业升级发展，都起到了巨大作用。

2018年9月，在北京举行了第七届中非合作论坛北京峰会，中国国家主席习近平阁下，宣布了中国在推进中非“十大合作计划”基础上，同非洲国家密切配合，未来3年和今后一段时间重点实施“八大行动”，包括产业促进、设施联通、贸易便利、绿色发展、能力建设、健康卫生、人文交流以及和平安全。

“八大行动”内容可谓高屋建瓴，高瞻远瞩。

在这些措施中，有些已经落地实施。比如在贸易便利化方面，中国国际进口博览会（进博会）于去年11月5日至10日在上海成功举行。会展期间，非洲生产商有机会向中国采购商展示自己的商品，为非洲出口企业打开了新的通道与市场空间。

在人文交流领域，就在今年4月，在北京成立了“中国非洲研究院”（CAI），相信该研究院将为未来中非合作与发展，提供有力的理论建构基础与丰富的实践性案例。

除此之外，我们观察到中国政府向非洲青年学生提供的“政府奖学金”——涵盖来华留学、职业培训和公务员培训——在数量上有显著增加。还有，驻非洲各国的医疗援助，也增加了力度。

这些措施无疑将进一步加强中非合作。但是当一切顺利平稳的时候，我们需要敢于大胆突破与创新，开创新局面。我们作为关注中非事务的智库，应当向我们的政治和经济决策者不断提供有力的提案，无论是在政策的初级建构阶段，还是在评估总结与优化阶段。

我认为，为了确保2018年9月北京峰会提出的“八大行动”的顺利实现，在本次论坛中，我本人将与与会的中非智库代表们讨论以下三个方面的内容：

第一、加强非洲智库参与对不同的“措施”的落实情况的评估任务，以便为将来新措施的设计提供优化依据。例如：自2014年我们与中山大学政治与公共事务管理学院共同发起了对中国援助摩洛哥医疗队的评估。通过评估调研，在40多年的援助工作中，中国医疗队参与改善了摩洛哥许多偏远农村地区的医疗条件。不仅如此，还发现中国医疗队在摩洛哥还有更广泛的待开发的发展空间，包括协助摩洛哥培养非常紧缺的青年医生和护士，促进在摩洛哥开展中国传统中医的传播工作。众所周知，中医因为其对疾病有预防性功能，可以极大地减少国家的医疗投入。

另一个正在进行的评估任务，就是关于中国博士奖学金在摩洛哥的落实情况评估，我们希望通过该评估能够识别摩洛哥博士生来华前和学习期间需要哪一些支持，以便让这些博士生在学成之后，更好地发挥专业才能，为中摩的科研与发展贡献力量。

第二、如何使这些“措施”符合不同的非洲国家的特征。实践经验证明，20世纪80年代初，非洲国家被迫接受的“通用版”的结构调整计划，并没有考虑到非洲各国的不同国情。因此，基于中国采取的“措施”，我们非洲的智库也可以联合中国的智库，大家共同研究和识别不同非洲国家之间存在的制度上、需求上的差别，以供决策者参考。为实现这一目标，建议可以鼓励中非学者，整理、编写中国与各非洲国家的合作关系历史文献和案例的相关著作。

我个人已经与中国花城出版社合作开展了有关中摩合作关系史的著作的编撰工作，计划明年出版。我愿意与感兴趣的学者们分享有关的研究方法和数据获取以及分析的心得。

第三、也是本次论坛的议题之一，希望能加强推进、号召关注中非关系的智库、高校、协会、科研中心等机构，共同成立一个数据、案例、经验共享的沟通与交流平台。

最后，我再次向本次活动的组织者表示感谢，感谢他们创造了这样一个具有高参与度、融会融合了中非智慧的平台。我们已经准备好，将积极参与论坛的讨论，提出自己有用、有效、有利、有真情实感的看法与观点。

祝中非友谊天长地久！

谢谢大家。